深圳市宝安区"薪火计划"中小学骨干教师素养提升工程系列成果

撷英慧语　砥砺传薪

——初中英语教育教学论文集

深圳市宝安区教育局　主编

中国财富出版社有限公司

图书在版编目（CIP）数据

撷英慧语　砥砺传薪：初中英语教育教学论文集／深圳市宝安区教育局主编．－－北京：中国财富出版社有限公司，2024.11．－－ISBN 978 - 7 - 5047 - 8292 - 2

Ⅰ. G633.412 - 53

中国国家版本馆 CIP 数据核字第 2025FC5265 号

策划编辑	谷秀莉	**责任编辑**	朱凯琳　张天穹	**版权编辑**	武　玥
责任印制	苟　宁	**责任校对**	卓闪闪	**责任发行**	于　宁

出版发行　中国财富出版社有限公司

社　　址	北京市丰台区南四环西路 188 号 5 区 20 楼	邮政编码	100070
电　　话	010 - 52227588 转 2098（发行部）		010 - 52227588 转 321（总编室）
	010 - 52227566（24 小时读者服务）		010 - 52227588 转 305（质检部）
网　　址	http://www.cfpress.com.cn	排　　版	宝蕾元
经　　销	新华书店	印　　刷	北京九州迅驰传媒文化有限公司
书　　号	ISBN 978 - 7 - 5047 - 8292 - 2/G · 0823		
开　　本	787mm×1092mm　1/16	版　　次	2025 年 6 月第 1 版
印　　张	16.5	印　　次	2025 年 6 月第 1 次印刷
字　　数	323 千字	定　　价	68.00 元

专家指导小组导师名单

（排名不分先后）

杨晓钰　崔艳丽

编 委 会

（排名不分先后）

主　编：亓俊国　陈锦香

副主编：韩向东　管爱邦

编　委：刘超敏

序

深耕课堂田野　赓续教育薪火

　　宝安区委区政府对教育高度重视，提出了"教育优先发展"战略。为促进区内骨干教师快速成长，让教育精髓薪火相传，带动全区整体教师队伍发展，提升全区教师的创新能力和教育教学水平，加快宝安区教育质量提升，宝安区教育局依托高校高端资源，从2017年起陆续开展"薪火计划"中小学骨干教师素养提升工程。在2019年，北京的金秋十月，初中英语项目拉开了与北京师范大学合作的序幕，我有幸受邀成为项目的核心专家。几年来，学员们刻苦学习，开拓创新，收获了累累硕果。

　　值此《撷英慧语　砥砺传薪——初中英语教育教学论文集》付梓之际，回望与宝安区初中英语"薪火计划"骨干教师共度的时光，那些云端共研的专注、跟岗学习的踏实、课堂打磨的热忱，恰似春风化雨，浸润出这一页页具有实践智慧的文字。

　　翻开目录，宛若展开一幅宝安教育的"耕耘长卷"——从"中小学英语教学衔接"的破冰探索，到"线上线下混合式教学"的双线并进；从"项目式学习"中学生以英语写作解决现实问题，到"大单元情境教学"中通过情境教学提升学生兴趣；从"分层阅读教学"为每个孩子点亮思维灯火，到"单元整体教学设计"让零散知识点凝成文化明珠……这些扎根课堂的探索，既是对新课标理念的鲜活诠释，也是宝安教师对教育初心的深情告白。

　　项目实施恰逢《义务教育英语课程标准（2022年版）》颁布，我们共研"核心素养导向"的课堂转型——从教学目标的精准撰写到语音教学的创新实践，从单元整体教学的落地到中考备考策略的优化。在"专家进课堂"活动中，对标深圳中考要求，我们以"问题驱动"为锚点，构建"理论—实践—反思"的成长闭环。学员们分组深耕题型研究，历经"研讨—展示—改进—再构"的淬炼，不仅实现个人专业的跃升，更在全区示范中引领备考方向。欣喜的是，宝安区近年英语中考成绩稳步提升，国测、省测数据亮眼，教师比赛成绩斐然——这正是区域教研"深耕本土、务实创新"的生动注脚。

五年躬耕，教育创新的脉络清晰可见：在"双减"背景下，"单元主题作业多样化设计"让机械抄写蜕变为创意实践——学生用英语拍摄校园安全微电影，以"一带一路"文化手账串联历史与语言；在"学习共同体"研究中，"分层教学十步法"与"词汇复现率策略"激活城中村课堂，让每个孩子找到成长坐标；"中考听说机考人工定标"的攻坚，更以考试评价反哺教学，催生出"主题情境听说课"等鲜活范式。这些成果，既有青年教师"十八易其稿"的执着，亦有资深教师"廿年磨一剑"的匠心，更藏着重庆跟岗时笔记里密布的反思——"山城取经"的智慧，终化作"单元整体教学""绘本分级阅读"等章节的破局密钥。

此刻，缙云山麓的晚樱翩然飘落，而南海之滨的宝安校园里，凤凰木新芽吐翠，风铃木绽若云霞。书中"三感"随笔与"春风化雨育桃李"的成长叙事，恰似教育者的精神图谱：当读到教师以"图形组织器"破解阅读课堂的沉默，当看到"文化意识培养"重构卡通单元教学，当发现"项目式学习"让写作课成为社会参与的窗口……我们终会懂得，教育的真谛不在宏大的叙事，而在细微处生长的力量。

愿这本集子成为一座桥——让"英语学习活动观"的探索者在此相遇，让"思维品质培养"的实践者在此共鸣。愿它成为一方驿站——当我们倦怠时，可在此品一盏茶，看同行者如何化难题为阶梯；当我们收获时，亦在此播撒新思想的种子。愿它更是一粒火种——让教育的薪火在"且学且思且行"中生生不息，续写中国基础教育最美的春天。

西南大学教育学院

杨晓钰

2025 年 3 月

目　　录

英语教学实践研究

中考备考与英语教学改进策略

英语阅读与写作教学

创新教学设计与作业研究

整体教学设计与活动研究

教师个人成长和教学改革

英语教学实践研究

中小学英语教学衔接实践研究

蔡美玲　深圳市宝安区塘尾万里学校

【摘要】随着九年一贯制的推行，身处过渡期的学生和教师都面临很多的困难，如知识体系不完整、心理适应能力不足、能力要求骤变等都是师生要逐一解决的问题。为此，进行中小学英语教学衔接实践研究，对于学生的英语素养、思维品质和自主学习有一定的帮助。

【关键词】中学英语；小学英语；衔接；实践研究

中学教育与小学教育是相对独立的两个阶段，但绝对不是孤立分割的，它们是相互依存、密切关联的一个整体。中小学英语教学目标都是培养学生的英语核心素养，培养具有深度思维、优秀学习品质，以及前沿跨文化意识的人才，让学生能用英语进行交流、学习和思考。但是，中学生和小学生的心理认知特点发生了很大变化，加上中小学教学内容、教学方法、评价方式等存在着差异，很多刚升上初中的学生很难适应，学业成绩急剧下降，对英语学习失去兴趣和信心，甚至产生抵触心理。因此，作为一线教师，中小学英语教学衔接实践研究是一项必不可少的关键性课题。只有深入分析中小学英语教学衔接中的问题，并在实践中探究相应的衔接策略，才能够真正地培养学生持久的学习兴趣，启发学生的深度思考，发挥英语的实际语用功能。

一、中小学英语教学衔接的主要问题

（一）中小学生心理认知特点的差异

小学生的情绪发展比较稳定，独立性和自觉性不强，有明显的依赖性，以形象具体的思维方式为主。而中学生的依赖性减弱，独立性和个性化凸显，更追求自我体验和同伴互助，更多地转向于抽象思维。在小初衔接的阶段，学生正好处于心理调适的过程，他们需要有很强大的自我控制力，进行思维方式的转变。在这一过程中，中学生可能会经历各种自我冲突、和解与进步，如果没有得到适当、合理的引导，就会出现自我怀疑与否定。

（二）中小学英语教学内容的差异

中小学英语教学中使用的教材有很大的不同，因此，教学侧重点也不尽相同。小学教材更趋向于日常口语交际、开放性思维的培养。同一话题的教学内容，小学简单很多，缺乏对学习策略的提炼，表达不够深入。一到初中，容量和难度发生断崖式的改变。初中侧重于阅读能力、综合表达能力和批判性思维的培养。因此，仅依靠小学阶段有限的基础知识，学生很难适应初中教学对学生能力和思维提出的跨越性要求。中小学英语教学衔接，就是助力建构教学梯度的有利方式。小学教师中有的只局限在小学阶段教材的教学，有的能够在教材基础上进行扩充，但是扩充的依据并不是中高考的指向。在这种情况下，学生要么学得少而不广，要么学得杂而不精。而初中教师由于对小学教学内容的了解不够充分，对学生学习情况的掌握不够系统，在讲授过程中容易详略不得当。更何况是面对来自不同小学的学生，他们所学内容、掌握的知识技能、能力养成情况参差不齐，因此教师在初中起始年级对教学内容的把握更要全面系统。

（三）中小学英语教学方法的差异

中小学英语教学方法其实大相径庭。比如情境教学法、任务型教学法、整体语篇教学法等，都是当下英语基础教育比较推崇的。小学英语教学习惯于采用较为活泼、动感的教学方式，多采用直观教学法，即将大量图片、实物等作为载体传递教学信息，引起学生的注意，多通过设计大量的游戏、唱歌、模仿等趣味活动进行输出。但初中课堂略显内收，社会实践性、概括性强的报告等经常被选用。以阅读课型为例，小学推行绘本教学，以讲故事、演故事、编故事的方式激发学生阅读的兴趣。但是初中的阅读材料更多的是时事类的，说明文和议论文居多，很难以处理绘本的方式来展开。初中阅读课除了要求学生读懂文章，更重要的是阅读策略和逻辑思维的训练。此外，初中课堂更要求学生自主学习，而小学课堂中学生更依赖于教师的指导。因此，为了有效融合，阅读的趣味性应该在初中教学中得到提升，而阅读策略的指导和思维的培养也应该贯彻整个义务教育阶段。

（四）中小学英语教学评价方式的差异

上述三个问题产生的根本原因在于中小学英语教学评价方式的不同。即便同样是考查阅读能力，两个阶段的侧重点也不太一样。初中阅读理解不仅考查学生寻找信息的能力，更多的是考查学生概括提炼和推理判断能力以及阅读积累的情况。同时，初中的评价标准更看重完整性和准确性，当然还有个性化。以听力和写作为例，小学的听力考查在于看学生是否能听懂，写作要求在话题限定下有话可说，但是初中的听力和写作给学生提出了更高的要求。听力中信息转述部分要求学生不仅要听明白信息内容，还要转述人称、数等。写作亦是如此，初中要求学生不但要有个性化的表达，还要在语篇结构和语法精准上达到一定水平。

综上所述，初中更应该采用形成性评价，而非终结性评价。

二、中小学英语教学衔接策略

（一）非智力因素的衔接

对于心理变化巨大的学生，首先，应该在六年级的时候就有针对性地做一些心理培训，帮助其充分了解初中生活，并促使其在心理上有所准备。其次，进入七年级后，进行心理状态排查、初中生活适应能力调查以及知识能力摸底，以便与后期数据进行对比。在建立学生成长档案后，对自信心不足、学习兴趣不够、能力不强的学生要重点关注和跟踪。发挥教师的人格魅力，建立和谐的师生关系和同学关系，通过同伴的示范实现互助的效果。利用小学教学的优势，尤其是在教学内容和教学方式上增加趣味性，让学生有话想说，有事可做。最后，为了树立学生的自信心，教师应不吝鼓励和表扬，并不断创造实践与展示的机会，让学生积极参与。

（二）教学内容的衔接

中小学教师应该通读中小学教材、教辅资料、考纲和考点，对比异同，以话题为依据，梳理知识点，以课标为根本，量化分级能力目标，对新旧知识能力进行系统整合。在小学阶段，应重点关注书写练习、语法意识养成和阅读理解策略的指导。小学阶段应在教学内容上为中学英语学习有侧重地做好铺垫，如1—6年级强调核心词汇、常用句型的学习，积累成个性化单词本或小词典，并要求学生保存好这些资源。此外，应让英语书法比赛成为每学期的常规，1—3年级的学生可用四线三格书写，而4—6年级学生改用笔记本书写。4—6年级加强阅读训练，在绘本导读的基础上加入阅读技巧指导；同时加强思维导图的运用，如可以利用思维导图进行背诵或写作。初中教学中应多开展趣味英语活动，营造英语学习氛围，激发并保持学生的学习兴趣。例如，以赛促学，定期举办单词、阅读、写作、演讲、配音等比赛；在做《21世纪学生英文报》阅读时，可以让学生围绕特定话题完成一个整体项目并进行阅读分享。

（三）教学方式的衔接

延续小学阶段比较有效而成熟的做法，例如，自然拼读、逐句跟读、思维导图等。在小学阶段就要用好小组合作和自主学习模式。无论是小学还是初中，都可以通过任务型教学法，创设真实语境，设计真实的语言使用任务。学生在完成任务的过程中，不仅可以习得语言，还能培养用英语思维解决问题的能力。

（四）教学评价的衔接

初中教学应更有效地结合终结性评价和形成性评价方式，把小学和初中看作一个有机整体。如果条件允许，可以从小学到初中建立一体化的学生成长档案，既要培养学生的发散性思维，也要培养学生的逻辑性和批判性思维。

三、结语

为了培养学生的英语素养，中小学英语教学衔接显得尤为重要。教师要加大小学和初中英语教学的整体教育科研力度，不仅要在心理、教材、教法、评价等方面进行衔接，而且要落实在课堂实践中。有效的融合，必须以有序整理、充分对比、有目的的整合为基础，这要求教师注重理论与实践相结合。

参考文献

［1］中华人民共和国教育部．义务教育英语课程标准：2011 年版［M］．北京：北京师范大学出版社，2011.

［2］陈丽媚．核心素养导向下的英语教学初小衔接策略［J］．福建教育学院学报，2018，19（11）：53 - 54.

［3］殷新元．建构主义视角下的中小学英语教学衔接策略［J］．课程教学研究，2015（6）：61 - 64.

［4］孙春艳．浅论小学升初中英语教学衔接的策略［J］．基础教育研究，2013（15）.

线上线下混合式教学在初中英语
教学中的实践研究

崔文芳　深圳市宝安中学（集团）第二外国语学校

【摘要】在初中英语教学中，混合式教学打破了传统课堂教学的限制，通过将线上线下教学相结合，有效提高了教学效果。英语作为重要科目之一，混合式教学法的应用突出了学生的主体地位，有利于学生个性发展。本文将对混合式教学进行简要概述，并探究混合式教学法在初中英语教学中的有效应用策略。

【关键词】初中英语；混合式教学；教学策略

随着科技发展和信息技术的普及，现代社会已经进入了信息化时代。信息技术逐渐成为人们生活和学习中不可或缺的一部分。在初中英语教学中，传统课堂教学方式难以体现学生的个体差异，而教师可以根据学生的不同水平，利用信息技术构建线上线下相结合的混合式教学模式，围绕特定知识点以视频的形式开展教学，不仅能反映教师教学活动的全部过程，还能有效提高英语教学质量。

一、线上线下混合式教学在初中英语教学中的可行性

在初中英语教学中，教师要将线上线下混合式教学与自身的教学方式相结合，应从以下几个环节开展线上线下混合式教学。首先，教师要研究教材，并在网络平台上发布课程安排、教学目标、教学评价等信息，让学生能够了解教学内容和课程安排。其次，教师应利用信息技术与学生进行沟通，并建立学习群，让学生将作业以文件的形式发送到学习群中。最后，教师应利用信息技术及时对学生的作业进行评价和指导。

开展线上线下混合式教学，能够改变传统的师生角色，学生不再处于被动地位。教师可以利用多媒体、白板、学习软件等工具辅助教学，不仅丰富了教学手段，还能满足学生多样化学习需求。同时，运用信息技术，教师还能够及时获得反馈，了解学生存在的问题，并将问题进行整合，在课堂上进行讲解，从而消除学生的疑问，提高学习的有效性。在线上线下混合式教学中，学生可以自由讨论，表达自己的想法，在课堂中获得满足感。教师应将微课融入线上线下混合式教学中，将

听、说、读、写四个板块内容进行整合，融入课程教学中，利用微课开放性、灵活性的特点，突出教学内容，培养学生的综合能力。在以往的教学中，教师需要在课堂中花费较多的时间进行基础内容教学，由于课堂时间有限，部分学生无法按时完成任务，难以跟上教师的脚步，教学效果显然不佳。但应用线上线下混合式教学后，鼓励学生提前预习，有效利用课余时间，根据自身情况合理安排，教师可以有效提高学习效率。

二、初中英语线上线下混合式教学中的问题

一方面，教学方法不恰当。初中生年龄较小，自制力相对较弱，因此，在英语教学中，教师需要适度采用一些监督措施。许多教师在英语课堂上倾向于根据自己的想法向学生灌输知识，而忽视了学生的实际需求。这种教学方式可能给学生带来了较大的学习压力，导致学生丧失对英语的学习兴趣。

另一方面，教师能力有待提升。线上线下混合式教学是一种新的教学方式，对教师的专业水平、信息技术运用能力和创新思维等都提出了较高要求。初中英语教师之间存在着较大的差异性，如教龄较长的教师对现代信息技术较为陌生，不能够灵活使用各种教学软件，且传统观念根深蒂固；新教师虽然能够灵活运用信息技术，但缺乏教学经验，教学水平还有待提升。

三、初中英语线上线下混合式教学策略

线上线下混合式教学作为信息时代的产物，在教学中的应用还存在着一些不足，主要体现在教师的能力、教学方法等方面，教师要采取有效的策略，将线上线下混合式教学运用到课前预习、课堂教学和课后复习中，从而提高教学质量。

（一）运用线上教学进行课前预习，让学生课前自主预习

在初中英语教学中，课前预习是提高教学效果的有效策略。由于教师往往口头要求学生预习，没有布置具体的任务，学生又缺乏自制力，所以容易忽视课前预习。因此，教师要运用线上教学平台进行课前预习指导，提前制作并发布教学视频，让学生在课前观看，帮助学生初步了解新课内容，并布置预习任务，让学生自主预习。学生在预习的过程中发现知识的难点，并记录存在的问题，为课堂教学做好充分的准备。通过线上教学平台进行预习，能够有效提高预习的实效性，让学生掌握基础知识，了解学习目标，明白学习的任务。同时，教师要借助视频引导学生，让学生了解知识的分布特点以及下节课所要学习的重点内容，帮助学生克服预

习中的困难，培养学生的自学能力，让学生养成课前预习的良好习惯。

（二）利用线上线下混合式教学进行任务驱动，让学生自主探究学习

在初中英语教学中，教师可以利用信息技术创建线上线下混合式教学模式，转变学生在课堂中的角色，培养学生的学习能力。首先，教师要利用微课进行课堂导入，通过视频吸引学生的注意，使其快速进入学习状态。其次，教师要运用提问法、情景交际法、游戏教学法、激励法等，结合微课开展教学，将线上线下混合式教学以任务驱动为主导，由浅入深引导学生探究学习，在小组合作中教授学习方法，让学生由被动接受变为主动学习，培养学生的听说读写各方面能力。以"What's your name?"为例，教师可以将歌谣融入教学内容中，利用信息技术制作教学视频，在视频中创设情境，让学生掌握基础知识。最后，教师要发挥合作学习的优势，将学生分为不同的小组，并选出小组长，布置学习任务，让学生在小组中相互讨论，尝试解决问题，通过自主学习完成学习任务。在课堂教学中，教师要多听少说，将课堂交给学生，从旁引导和点拨，培养学生的探究能力和问题解决能力。通过这种方式，学生成为课堂的主人，从而实现线上线下混合式教学的目的。

（三）利用线上线下混合式教学构建学习环境，让学生掌握基础知识

教学视频的效果对线上线下混合式教学的教学质量有着直接的影响。因此，教师要重视教学视频的录制过程。例如，教师在制作教学视频时，除了录像，还可以在视频中插入复写板等硬件，方便教师在实际教学中根据教学情况灵活地进行演示。为了提升学生对视频的观看体验，教师还可以在视频中插入字幕，使教学过程更加清晰，便于学生理解。因此，英语教师既要拍摄教学过程，还要注重后期的制作设计，在视频中插入图片、字幕、复写板等内容，使教学视频在课堂中应用更加灵活。教师在制作完视频后，还要测试视频的效果。教师可以选择主动性较弱、主动性一般、主动性较强等不同特点的学生进行测试，观察学生在观看视频中的反应和学习态度，不断调整和优化教学内容，从而提高英语教学效率。同时，在初中英语课堂教学中，教师除了利用线上线下混合式教学进行英语知识的教学，还可以在英语复习中运用线上线下混合式教学模式。教师可以将教材中的重难点知识整合，让学生对英语知识有更加系统的了解，从而提高复习效率。此外，教师还可以将教学视频上传到学习平台，让学生在课余时间根据自己的学习需求反复观看视频，使英语教学更加有针对性，帮助学生更好地学习和巩固英语知识。

四、结语

总而言之，线上线下混合式教学是信息技术与教育相结合所产生的一种新的教学模式。教师将线上线下混合式教学应用于初中英语教学中，以信息技术为基础，以教学视频为核心，为学生提供丰富的学习资源和广阔的学习平台，让学生通过信息技术进行学习，解决学习中的问题，完成相关的作业，从而有效提高教学质量，促进学生综合发展。

参考文献

［1］凌雄喜．浅谈线上线下混合教学在初中英语课堂中的应用［J］．新课程，2020（36）：138．

［2］郑艳，杨勇．线上线下混合教学模式在初中英语课堂中的实践探究［J］．校园英语，2021（25）：239－240．

［3］唐继辉．混合教学模式下的初中英语实践探索［J］．吉林教育，2021（36）：51，63．

基于项目式学习的初中英语写作教学探究

陈钰丹　深圳市福永中学

【摘要】项目式学习注重通过设计有挑战性的任务来激发学生的学习兴趣，并帮助学生更好地完成学业。在当今世界，英语写作已成为一种重要的沟通方式，它可以反映出一个人的多种语言技巧。本文通过笔者的教学实践，探究项目式学习驱动下的初中英语写作教学中存在的问题，并提出相应的教学策略建议。

【关键词】项目式学习；英语写作；策略建议

一、开展项目式学习的背景

（一）新课标课程实施要求

《义务教育英语课程标准（2022年版）》（以下简称"新课标"）中指出，教师要秉持英语学习活动观组织和实施教学，要有意识地为学生创设主动参与和探究主题意义的情境和空间，使学生获得积极的学习体验，成为意义探究的主体和积极主动的知识建构者。同时，新课标中也指出，教师要引导学生乐学善学。教师要设计多感官参与的语言实践活动，让学生在丰富有趣的情境中，围绕主题意义，通过感知、模仿、观察、思考、交流和展示等活动，感受学习英语的乐趣，引导学生采用多种学习方式，发挥自己的优势和特长，发现自己的兴趣和潜能，增强学习效能感。

（二）初中英语写作教学中存在的问题

初中英语写作教学中普遍存在学生"不懂写""害怕写"的问题。一是学生看到写作题目，不懂得如何谋篇布局，不懂得如何用恰当的词汇和句子来表达自己的所思所想；二是学生思维局限性大，对于题目中没有提供的内容，很难发散思维，无法结合实际进行深度思考；三是常规的英语写作课堂枯燥无味，很难调动学生写作的积极性，很难提高学生写作的兴趣和信心。

二、项目式学习与初中英语写作教学

(一) 项目式学习的概念

项目式学习是指教师通过创设真实的情境，围绕一个终极项目，将学习任务分解，引导学生形成以项目为中心的合作学习小组，然后学生围绕一个主题，明确任务，积极主动地开展自主探究和分析，将静态的被动学习过程发展成为动态建构知识的过程，真正成为学习的主人。

(二) 项目式学习的优点

项目式学习把学习任务分解成可操作的项目，然后将学生组成几个学习小组，通过合作、探究的学习方法，激发学生内驱力，提高学生的学习积极性，不仅能促进同伴间的学习交流，降低英语写作困难，同时也培养了学生的写作思维。

三、项目式学习驱动下的初中英语写作教学实践与思考

(一) 项目式学习驱动下的初中英语写作教学中存在的问题

笔者根据自己教授的学生的学习情况，围绕人与社会的主题，主要以活动报道的语篇为依托，创设真实情境——为学校英语节完成报道的项目任务，设计了一节读写结合课。在开展项目式学习驱动下的初中英语写作教学实践过程中，笔者发现了以下几个问题。

1. 项目的创设缺乏创意

笔者开展的项目式学习驱动下的初中英语写作教学实践，因为是在毕业班开展的教学实践，时间有限，所以项目的设计更多的是为了迎合考纲，缺乏一定的创意。报道是九年级学生必须掌握的写作体裁。笔者通过为学校英语节完成一份报道的任务来开展这类文体的写作教学实践。创设的项目任务虽然是贴近学生生活的，学生也相对比较熟悉，但是作品最后呈现的只是一篇作文，没有其他比较有创意的呈现形式，比如除了作文，也可以是一个报道的视频或者海报。因此，此次教学实践研究因为具体的学情受限，作品呈现成果比较单一。

2. 项目的分工缺乏细致的指导

九年级学生的英语写作水平有明显的差距，在项目开始前，教师对小组的分工

没有给出详细的指导，项目小组长缺乏经验和理论的支撑，没有有效地对小组成员进行分工，导致在完成项目的过程中，小组里的部分学生全程都没有参与项目的实施。因此此次项目式学习也就没有在这部分学生身上真正发生，效果没有得到体现，导致教学实践没有达到预期的效果。

3. 项目的实操缺乏目标指导

项目在实操的过程中，虽然教师已经把具体的任务细致化，但是因为没有更好的目标指引，学生在课后搜索资料时如大海捞针，没有头绪。也有部分小组成员因为目标不清晰，搜索资料没有针对性，为项目实操所做的资料储备太广太泛，浪费了大量的时间，导致完成项目时因选择太多无从下手，浪费了很多资源。同时，还有部分学生对搜索功能不熟悉，导致在项目实操过程中产生了畏难心理，排斥完成项目任务。

4. 项目的结果缺乏多样化的评价

笔者所做的教学项目最终的成品是一篇关于英语节的活动报道。相关的教学评价只有最后对报道内容的点评和对课堂上学生表现的评价。新课标中要求教学评价应采用多种评价方式和手段，体现多渠道、多视角、多层次和多方式的特点。笔者在教学实践过程中缺乏多视角、多方式的评价手段，大部分是师生评价，缺乏从学生角度出发的评价，也缺乏从作品作者本人角度出发的评价。

（二）项目式学习驱动下的初中英语写作教学策略建议

项目式学习应符合新课标的要求，具有时代特色。在项目式学习驱动下，学生将在参与、合作、体验中进行探究性学习，从"让我学"转变为"我要学"，从被动接受变为主动探究，激发学生积极性和学习潜力，增强团队意识、合作意识，提升责任感和沟通交流能力。英语教学中采用项目式学习方式，能够更好地提升学生英语学科的核心素养和培养英语学习活动观。经过教学实践，笔者认为在英语写作教学中开展项目式学习，可以采取以下策略。

1. 对应新课标，设定学习项目

新课标对于初中英语写作教学有非常清晰的语篇体裁指引。教师在设立写作的项目时，应对应新课标，深入研读语篇体裁的结构，分析不同的语篇体裁的语言特点，清晰体裁写作涉及的词汇、短语和句型。设计基于活动观的学习活动，在教研团队共同深入解读、整合和理解下，根据学生学习情况，设定合理的、符合新课标要求的学习项目。

2. 建立课堂文化，组建学习小组

建立课堂文化和班级文化共同价值观。教师和学生共同设计学习公约和课堂规则，建立小型的学习小组，加强培养学生的团队合作精神和独立思考精神，激发学生学习内驱力。关于小型学习小组的组建，建议根据班级学生人数，6～8人为一个小组，每一小组里都有A、B、C三个不同学习层次的学生，每个学生都有自己的角色，明确不同角色的任务，学习小组共同商讨制定小组学习公约，包括责任义务。同时，保证完成项目的过程中每个组员都有任务，都能学有所获。

3. 选择学习项目进行设计与实施

教师根据新课标设定学习项目后，小型学习小组可以根据小组成员学习情况，选择符合小组的学习项目，并在小组里进行讨论商定，在教师的协助下制定项目的目标、人员分工名单以及项目实施的步骤，包括最后需要呈现的项目成果。虽然学习小组可以自主选择项目，但教师一定要给予指导和帮助，帮助学生梳理内容、审核项目实施计划，保证学生在项目实施过程中对学习内容重难点的把握是正确的，没有偏离学习目标。同时，还要帮助学生设计评价量表，为学生搭建学习"支架"，让学生在学习过程中有所参考。教师要跟踪学生的实施过程，随时记录学生的进步情况，并根据学生实施的情况，适度调整实施计划。

4. 项目式学习过程中要实现教学评一体化

教学评价有助于学生不断了解英语学习中的进步和成功，更加全面地认识自我，发现自我，保持并提高英语学习的兴趣和自信心。同时，也有助于教师获取英语教学的反馈信息，对自己的教学行为和效果进行反思，不断提高教学水平和专业能力。项目式学习教学模式要实现评价单一化向多样化的转变。师生可以共同设计评价量化表，评价的方式要体现师生评价、生生评价和自我评价等多种方式，包括教师对小组的评价，小组对个人的评价，以及小组内部组员之间的评价；此外，组员对自己项目实施过程中的表现也要有所评价。总之，在项目式学习中要充分做到教学评一体化，用评价来促进项目式学习效果的提升。

四、结语

综上所述，在项目式学习驱动下的初中英语写作教学中，一定要关注几个问题：项目的提出，方案的规划，学习小组的组建，学习目标的设定，学习过程的监督，项目成果的输出，以及评价标准的量化。在每一个环节，教师都要给予学生指导和帮助，根据项目式学习主题不同、主题意义不同、学习内容不同、学情不同、小组结构不同以及表现不同等情况，帮助学生及时调整项目式学习的实施和进展情

况。教师帮助学生有序地组织学习，积极地开展合作，顺利地完成项目式学习，练就和培养适应社会和未来发展需要的人才，让英语学科真正从英语教学走向英语教育，达到培根铸魂、立德树人的教育目标。

参考文献

［1］中华人民共和国教育部．义务教育英语课程标准：2022 年版［M］．北京：北京师范大学出版社，2022.

［2］任丽燕．项目式学习驱动下的初中英语写作教学模式的思考［J］．海外英语，2018（8）：20 – 21.

小组活动提高初中英语课堂质效

邓　杰　深圳市海滨中学

【摘要】 现阶段，随着新课程改革和现代教学理念的深入与推广，初中英语课堂教学改革如火如荼。教师依据英语学科语言类教学特点，以培养学生学习意识、习惯、能力为主要教学目标，在创新和改革课堂教学时，发现小组活动可以有效提高英语课堂教学质效。基于此，本文对小组活动提高初中英语课堂质效的教学策略展开了研究与分析，希望可以为广大一线初中英语教师提供一些参考和帮助。

【关键词】 初中英语；小组活动；课堂质效；提高

课堂教学中小组活动的主体是学生，小组活动可以凸显学生学习主体地位和培养学生合作意识与能力。在初中英语课堂开展小组活动学习，可为课堂教学注入新鲜活力，在丰富课堂教学形式的同时，增加课堂互动性与趣味性。在教学实践中，教师可指导学生在小组活动中借助合作学习中产生的问题展开探究性学习，在互利互助良好学习局面下，实现学生共同进步，从而提高英语课堂学习质量与学习效果。

一、什么是小组活动

小组活动是以合作学习小组为基础组建形式，经过相互合作与沟通讨论完成学习任务，并最终以团队整体成绩为评价标准的一种创新性课堂教学活动。其本质是提高学生课堂学习质量与学习效果，培养学生合作学习能力。小组活动能够帮助学生形成终身受益的合作意识，使学生透过小组合作体验到学习乐趣，并在合作学习中锻炼沟通与交际能力，是一线初中英语教师较为青睐和推崇的一种高效教学形式。

二、为什么开展小组活动能提高课堂质效

第一，能够明确学生学习目标。小组活动是在教师的驱动和指导下进行的，但引导学生合作探究与交流学习的却是教师提前布置的学习任务。因为只有借助教师设计与布置的教学任务，学生才能在课堂中有目的性地展开小组活动学习，学生学

习才会有统一的方向。而学习目标作为提高学生课堂学习效率的首要因素，具有不可替代性，所以开展小组活动能够明确学生学习目标，也能提高课堂质效。

第二，有助于学生合作交流。小组活动是以小团体为核心展开合作学习的，也是建立在自主学习之上的一种互助性学习。因为开展小组合作与交流讨论时，学生的观点要具有说服力，这样才能得到其他成员认可。也可以说小组活动的顺利开展和所取得的效果，是以小组成员之间的合作交流讨论为基础的。所以初中英语教师开展小组活动，可以增加学生之间合作交流与讨论的机会，促进学生之间相互学习与效仿，形成优劣互补或共同进步的良好教学局面。因此，开展小组活动有助于学生合作交流，同时提高课堂质效。

三、怎样通过开展小组活动来提高课堂质效

首先，教师要想通过开展小组活动提高课堂质效，可从指导学生分组做起，让学生在小组活动中实现英语学习能力强、中、弱的合理组合，使学生在不同特质、不同层次的优化式组合中相互促进，达到优势互补，巩固课堂学习基础。例如，教师可依据对学生的了解，将英语能力强、中等和弱的学生进行均衡分配，每个小组内人数平均为 4 人，包括 1 名英语能力强的学生、2 名英语能力中等的学生和 1 名英语能力较弱的学生，通过这样的组合，可以科学、合理、有效地开展小组活动，提高课堂教学质效。

其次，教师可依据英语课堂教学内容，设计适合小组合作探讨的问题，使学生能够通过合作探究问题，达成学习共识，取得理想学习效果。在设计英语课堂问题时，教师还可以根据学生的思维能力，有针对性地设计合作问题，借助问题实现提升学生英语学习能力的目标。例如，教师进行 Newspaper 教学时，可通过设计引导性问题，如"Do you like reading newspapers?""Do you read any newspapers?""What newspapers do you like best?"由浅入深引导学生带着问题进行思考与探究，有效开展小组活动，提高学生思维能力，进而提高课堂质效。

最后，教师还应指导学生进行小组活动分工，明确小组成员职责，帮助每个学生积极参与活动，获得所需。例如，每个小组内可设有小组长、书记员、朗读者、监管员等角色，依据每个学生的特点，分配其所担任的角色。通过这样的角色和责任划分，学生之间可相互支持、密切配合，发挥团队合作精神，高效率地完成学习任务。通过合作学习，营造和谐融洽的学习氛围，激发学生学习热情，从而提高课堂学习质量与学习效率，取得理想的教学效果。

四、结语

总之，开展小组活动是提高初中英语课堂质效的一种行之有效的教学方法，能够使初中英语课堂焕发勃勃生机，可激发学生英语课堂学习兴趣，让学生在和谐氛围中体验到合作学习的魅力，并养成合作意识与习惯。因此，初中英语教师应依据实际教学需要创新课堂教学，将小组活动灵活应用于课堂教学之中，在达成英语课堂教学目标的同时，提高学生英语学习质量与学习效果。

参考文献

［1］高雪梅．初中英语课堂小组活动的有效性初探［J］．校园英语，2021（8）：113－114.

［2］吴精梅．初中英语课堂小组活动的设计与实施［J］．英语画刊（高级版），2020（20）：126.

关于初中英语情境教学在大单元
视域下的实践策略

古强林　深圳市新安中学（集团）第二外国语学校

【摘要】随着新课程改革的不断深入，提高初中英语课堂教学效率和提升学生的英语核心素养已经成为现阶段初中英语教师重点关注的内容。大单元教学可以整合教学内容，情境教学可以激发学生兴趣，促进学生对知识的学习。本文从初中英语情境教学在大单元视域下的意义和现状展开，结合笔者多年的教学经验，提出一些看法和观点，希望能为广大教育工作者提供一定的参考，以此来推动情境教学在英语课堂中的广泛应用并提升课堂教学效果。

【关键词】初中英语；情境教学；大单元

卢梭曾说："问题不在于教他各种学问，而在于培养他有爱好学问的兴趣，而且在这种兴趣充分增长起来的时候，教他以研究学问的方法。"大单元教学和情境教学已经成为当前教师经常采用的一种有效的教学方法，大幅提升了教师的教学效率。教师应重视初中英语教学在大单元视域下的重要性，深入分析学生的学习情况和性格特点，从教学目标、创设情境、实践活动等方面来进行创新。

一、初中英语情境教学在大单元视域下的意义

大单元教学就是指在掌握了英语学科的基本发展规律的基础上，对教材中一个单元的知识点进行整合，找出这些知识点的共同点，并进行有效串联，同时将初中英语的实际教学目标和课堂学习相结合，进行科学的英语教学活动。在英语教学中，创设情境可以使学生遵循知识的规律，有效把握学习的内容，并实现知识的迁移和应用，情境中的知识和内容还能激发学生的情感，使学生更加积极主动地学习知识。在大单元的教学中，通过创设英语教学情境引导教学，可以帮助学生更好地理解、接受、掌握和运用知识，促进学生核心素养的提升。

二、初中英语情境教学在大单元视域下的现状

在初中阶段的英语情境教学的过程中还存在着一定的问题。首先，教师对大单

元教学下的情境教学缺乏重视。教师普遍认为传统的教学方式足以引导学生有效学习知识，并不需要多此一举，这就对学生的学习效果产生了一定的影响。其次，教师在大单元教学中创设情境的方式过于单一。这种单一的情境创设方式或许在短期内有效，但是长期来看，并不能促进学生的学习。最后，教师的教学方案缺乏灵活性。灵活的教学方式可以大幅提升学生的学习效率，反之则会对学生的学习造成一定影响。

三、初中英语情境教学在大单元视域下的实践策略

（一）设计单元情境教学目标

明确的教学目标是教师开展大单元课堂教学的基本前提和基础，对于大单元情境教学具有重要的推动作用。教师在大单元情境教学中应深入分析教材内容，根据学生的情况制定教学目标。例如，在沪教牛津版英语七年级上册"Visiting the Moon"这一课的大单元教学过程中，教师深入分析教材内容，明确本课的教学目标，并引导学生学习相关的单词，如 hotel、warm、air、window、swimming pool、star、cost、money 等，引导学生正确说出相关的英语单词，从而激发学生对于英语的兴趣，帮助学生树立学习英语的信心。确定教学目标后，教师围绕着这一教学目标传授知识，引导学生掌握知识。

（二）利用信息技术创设情境

教师要想使大单元课堂教学取得有效成果，创设教学情境来进行引导非常重要。教师在创设教学情境的时候可以充分利用信息技术的优势和数字化的手段。例如，运用多媒体平台来进行音频、视频、动画、图片等的展示。例如，在沪教牛津版英语八年级上册"Amazing things"这一大单元教学过程中，教师利用信息技术在网络上收集了一些电影和戏剧的片段，为学生展示故事中的主人公所遇到的一些amazing things，并提出问题进行引导："What amazing things do you encounter in your daily life?How did all this happen?"学生们跟随教师的引导来进行思考，并对问题产生兴趣。在思考的时候，学生在教师的引导下学习到一些英语单词和短语，如even、however、invention、notebook、perhaps、scientist、go to see a doctor、in zoos、in museums、everywhere 等，从而在大单元教学中取得一定的进步和提升。

（三）设计英语情境实践活动

学生在课堂中学到英语知识后，要想对教材之中的英语知识更加深入地内化和

吸收，教师就要根据本单元的教学主题来开展相应的英语实践活动。通过有效的英语实践活动，学生将所学习到的英语知识和英语表达技巧进行充分有效的运用，可以提升英语核心素养。例如，在沪教牛津版英语九年级上册"Leisure time"这一大单元教学过程中，教师向学生提出问题："What do people do in their spare time?"学生们回答："Watch TV.""Read.""Play football.""Watch movies.""Sing.""Learn."教师根据学生的回答组织一个以"Tell interesting stories in your spare time"为主题的演讲活动，让学生结合教材中所学习到的知识来进行分享。学生可以在这个演讲活动中充分利用英语进行表达，提升英语学科的核心素养。

四、结语

综上所述，初中英语知识比较复杂，教师通过大单元教学可以将各种知识点进行有效整合，使学生在学习知识时更加顺利。同时，情境教学的方式也可以提升学生的学习兴趣，引导学生带着兴趣积极主动地进行探索和学习。所以，初中英语教师可以将大单元教学和情境教学二者进行结合，充分激发学生学习语言的积极性和主动性，让学生在良好的教学氛围中进行快乐的学习，从而达到提升学生语言能力和英语核心素养的目标。

参考文献

［1］崔小雨．大单元视域下初中英语情境教学法的运用策略分析［J］．校园英语，2023（13）：142－144．

［2］于彦芬．大单元视域下初中英语情境教学的策略分析［J］．中学生英语，2023（6）：83－84．

［3］曾玉萍，曾可琪．大单元视域下初中英语情境教学的实践策略［J］．中小学英语教学与研究，2022（7）：25－28．

分层教学在英语阅读教学中的运用

郭嘉颖　华中师范大学宝安附属学校

【摘要】随着英语新课标的出台和深圳英语新中考的改革，分层教学在我们的课堂中发挥着越来越重要的作用，而过往的分层教学往往集中在课后作业中。为改善这种单一化的分层模式，本文通过具体课堂案例，深入探讨在课堂上进行有效分层教学的方案。该研究的意义在于增进教师对分层教学的认知和理解，让英语课堂教学更好地推动学生核心素养的发展。

【关键词】分层教学；英语阅读

一、研究背景

《普通高中英语课程标准（2017 年版）》提出了英语学科核心素养——语言能力、文化意识、思维品质、学习能力，明确将思维品质列为学科四大核心素养之一。2021 年深圳英语新中考改革，增加六选五阅读填空、信息匹配，对学生语篇理解能力，尤其是对学生的观察与比较、分析与推断等思维品质提出了更高、更明确的要求。深圳新中考政策下，英语学科更加侧重对学生综合语言运用能力的考查，而英语阅读教学是中学英语教学的重中之重，是培养学生英语学科核心素养的重要载体。《上海市中小学英语课程标准》也指出：英语教学要强调以学生为主体，既要面向全体学生的基础目标，又要尊重个体差异，使课程具有一定的选择性。这就要求在英语教学方面，对于不同水平的学生，应当采用不同的教学策略、教学模式，确定不同的教学目标和要求，通过分层教学设计来适应学生发展。

在教育教学改革风向标的指引下，初中英语教学已经在逐步推广与落实素质教育，培养学生英语学科的核心素养。但在实际教学中，由于应试教育的固有特点，部分教师的教学模式存在模式化、表层化问题，忽视了对学生核心素养的培养。因此，学生的学习能力较难得到提升。

如何在英语阅读教学中实现科学有效的分层教学，以促进九年级学生英语核心素养的发展，需要教师在课堂活动和课后交流中深刻了解学生个体的发展差异，并将其纳入分层框架之中。

二、分层教学

分层理念的最初目的是培优，后意为依据学生现有知识、能力结构和发展需求等，有针对性地设计不同教学方案以适应学生发展的差异性，最终目标在于促进不同层次学生的优势潜能得以发挥。

分层教学是教师根据学生现有的知识水平和学习能力将学生分成水平相近的群体，并采取不同的教学手段，使不同层次的学生在教师的分层策略和相互作用中获得更好的发展。在核心素养背景下，教师要有效实施分层教学，对每个学生进行深入探析，了解他们的英语水平和学习能力，再对其划分等级，因材施教。这样才能使初中英语教学面向全体学生，培养学生的英语思维，使其形成对英语文化的理解，并做到学会学习，逐步形成分析问题和解决问题的能力，促进学生的进步和发展。

三、案例描述

在英语阅读教学中，根据学生英语成绩的考核情况，将学生分为 A、B、C 三个层级，其中 A 层级为优等生，B 层级为中等生，C 层级为后进生。为了不让这种分层制约优等生的不断发展、不让中等生和后进生丧失英语学习的动力和兴趣，可在课堂活动以及课后作业中设置不同的难度阶梯。

以沪教牛津版深圳九年级上册 Unit 4 Problems and advice 的教学为例。

（一）练习分层

课文主篇章为 Aunt Linda 收到四个学生的来信，在学习完主篇章阅读后，为学生布置作业，根据自己的能力水平可以选择以下三种形式。

（1）用英文以书信的格式写一封给 Aunt Linda 的信，要求描述清楚自己所遇到的问题或烦恼，并向对方寻求帮助。

（2）以小纸条的形式用英文写下自己的问题或烦恼给 Aunt Linda。

（3）以第一人称的口吻，用英文写下自己所面临的问题或烦恼。

回收作业后，教师在课前提前进行筛选，从各个书写形式当中选出相对优秀或具有代表性的作品，在 More practice 和 Project 的教学环节中使用。

在分层练习的模式下，教师能够最大限度地保证学生对英语基础知识的掌握，并能够在兼顾学生个体差异的前提下，尽可能地去运用英语进行思维拓展，从而更好地促进学生综合能力的提升，培养其英语核心素养。

（二）提问分层

教学提问设置是教师作为课堂活动的组织者最常使用的一种介入课堂方式，而分层提问就是基于学生的水平与能力差异设置不同难度的问题，让学生在思考和回答问题的过程中，既能获得思维的锻炼，又能获得自信心的提升。

在进行 More practice 的课文学习之前，根据学生分层情况，教师可以提前设置课堂提问内容。对于 B、C 层级的学生，他们的英语思维能力和学习能力相对较弱，可以设置复习类的问题，如"Do you still remember the four students' problems? What are they?"；对于 A 层级的学生，他们的英语思维较为敏捷，学习与综合运用能力较强，可以设置发散性思维问题，如"Suppose you are Aunt Linda, what advice would you like to give? If you are Anna's friend, what will you do to help her?"。

在分层提问的模式下，学生所思考与回答的问题能够与自己的英语学习能力、知识基础、思维能力相匹配，既能激发学生思考问题和学习英语的兴趣，又不会因设置问题难度过大而挫伤部分学生的自信心，所有学生都能学有所得。

（三）小组合作分层

More practice 为本单元的阅读副篇章，内容为 Aunt Linda 给四个学生的回信。在进行完阅读理解后，请学生结合课堂要求和课本 Project 部分的内容，以小组为单位设计 advice page。教师会将事先筛选好的学生问题随机派发给各个小组。

例如：

Suppose you are a working group of our school newspaper. You are going to design an advice page for it. Do it according to the following rules.

1. Each member of the group has his own position（职位）：chief editor（主编）/art director（美编）/reporter（记者）…

2. Your advice must include at least four sentence patterns used to give advice.

3. Remember to be considerate and show your kindness.

为了小组活动能够更好地进行，教师提前根据学生的综合能力差异，设置了不同的活动角色，并通过不同职位名称使分层隐性化，增强学生的参与感和学习兴趣。除此之外，担任主编角色的学生，还可以在教师的巡堂指导下，积极组织小组成员进行讨论、加强组员之间的合作，继而从整体上提高英语水平。

四、结语

综上所述，在开展初中英语阅读教学时，教师合理地运用分层教学策略，并将其渗透到英语教学课内外活动的各个环节中，有助于不同基础与学习能力的学生更好地掌握语言知识和学习技能，实现班级的总体提升和共同发展。此外，学生对英语的学习兴趣也会更加浓厚，学习的欲望也将更加强烈，能够最大限度地发挥自己的潜能和价值，从而提高英语学习的质量和效率。

同时，教师本身也需要更加仔细和反复地研读英语课程标准，明确其中心目标是培养学生的核心素养。这要求教师在教学中应以课程标准为指导，仔细观察并发现学生的个体差异，根据学生和班级的实际情况，制订合理高效的分层教学方案，使不同层次的学生都能够在英语学习中取得进步，为学生英语素养的发展打下基础。

参考文献

[1] 赵多祖. 初中英语核心素养下分层教学的实践与探索 [J]. 学周刊，2022（3）：67-68.

[2] 刘田芳. 基于学情分析的初中英语分层教学与实践 [J]. 教育参考，2021（4）：99-103，112.

[3] 郑美玲. 分层教学的历史发展与当代审思 [J]. 教育评论，2016（4）：144-146.

[4] 翁丽锋. 隐性分层教学在高中英语阅读课堂的应用 [J]. 黑河教育，2022（1）：32-33.

[5] 司利华. 分层教学模式在初中英语阅读教学中的应用思考 [J]. 新课程，2021（50）：148.

[6] 李影璇. 初中英语阅读教学过程中分层教学策略的运用分析 [J]. 当代教育实践与教学研究，2020（8）：186-187.

初中英语优质词汇课教学模式初探

何盛琦　深圳市宝安第一外国语学校

【摘要】本文通过对一线教师和学生的访谈，分析在词汇教学中现存的问题，然后根据一节词汇课的实例，来进行初中英语优质词汇课的教学模式分析，从英语单词的词音、词义和词用三个方面总结了优质词汇课的教学模式。

【关键词】词汇教学；中学英语；二语习得

一、引言

2017 年，教育部印发了《普通高中课程方案和语文等学科课程标准（2017 年版)》。随着新课标的颁布，各地开始围绕以体现国家意志、落实立德树人的根本任务为目标，进行了一系列的课程改革和教学模式的革新。2014 年，教育部发布了《教育部关于全面深化课程改革落实立德树人根本任务的意见》，文中提出了核心素养的概念。随后，学生核心素养的发展成为教育领域最受关注的热点之一。各学科的课程改革的核心任务围绕"学科核心素养"展开。英语学科的核心素养主要由语言能力、文化意识、思维品质和学习能力构成。通过实现三个转变：从以教师为中心向以学生学习为中心转变，从碎片化学习向整合化、情境化和结构化学习转变，从学科知识为本向学科育人为本的转变。

新课标的颁布和英语学科核心素养的提出，为打造更优质的课堂提供了强有力的支持和理论指导。从小组合作学习模式融入课堂到"互联网＋"进入课堂辅助教学，英语课堂变得更加丰富有趣，也更加注重学生英语实际运用能力和综合人文素养的提升。然而，实践中也出现了有些教师将时间及精力花在如何设计"活跃"的课堂及如何运用多媒体上，而忽略了最基本的知识传授及核心素养的培养。而且在升学考试的压力之下，大多教师不敢大胆尝试新理念，在课堂的授课中依旧更多地关注教授知识，而非通过教学的手段来培养学生的核心素养，达到育人的目的。

因此，探讨新课程理念下英语课堂优质教学模式，在学科教学的背景下着力培养学生的核心素养，最大限度地提高课堂效率，开展优质高效的课堂教学，是教师在课改新背景下需要思考和研究的新方向。

二、词汇教学的现状

一直以来，英语的词汇教学都是处于英语教学中的附属地位，并没有引起教师和学生的足够重视。而通过对学生的问卷调查和对一线教师的访谈，我们发现传统的词汇教学模式包含以下步骤：①教师布置学生跟读一个单元的单词；②提前抄写单词的中英文；③上课时学生跟录音读单词，教师通过音标对学生的读音进行纠正；④教师用 PPT 讲解每个单词的意思和拓展单词的词义、短语和句型；⑤进行单词练习，一般为同义词连线、首字母填空、根据中文意思填空等书面练习；⑥某些课堂会穿插一些单词游戏，例如根据提示和图片猜单词、连词成句和单词寻宝游戏等。在检测学生是否掌握单词方面，教师大部分采取的方式是要求听写和背默单词。通常机械的记忆往往让学生觉得单词的学习是枯燥的，从而容易产生厌学的情绪。

通过对学生的访谈发现，学生对单词学习的困惑主要包含以下三个方面。①准确的单词发音。课堂上采用的辨识读音的方法通常是根据音标来读单词。所以，大部分教师在学生刚入初一时会教授一遍音标，这确实很好地解决了一部分发音问题。但是音标的构成形式和单词的拼写形式很多是不一致的，所以学生从音标迁移到单词拼读是存在问题的。同时，大部分的文本并没有标注音标，这又为学生正确地拼读造成了困难。②记忆单词的方法。教师在布置给学生记单词任务时，往往会忽略教授记忆单词的方法。如果只是靠死记硬背并不能引导学生有效地记忆单词，并且很容易遗忘。③单词在语境中的准确使用。学生在口语和写作中，对单词的准确使用存在疑惑，这往往跟单词的输入是有关联的。教师在教授单词时是孤立地教单词，不是给予一定的语境来帮助学生理解单词的使用。

根据教师和学生反馈的问题，可以总结出初中英语词汇课亟待解决的主要是词音、词义和词用三个方面的问题。如何在词汇课设计中更好地解决这三个问题是我们研究的方向。

三、词汇教学的研究现状

通过梳理知网上近十年的关于词汇教学的期刊文章和论文，我们发现在这个领域的研究是百花齐放的。其中在语音学上，有研究自然拼读法在中小学语音教学中的应用，也有英语国际音标与自然拼读法的比较等。在单词记忆法中，有思维导图在中学词汇教学中的应用和基于词源学的高中英语词汇教学探究等。在词用上，有词汇组块教学法在初中英语教学中的应用，也有语义和主题聚类呈现对英语词汇联想反应的影响，等等。可见，教师对词汇学习所涉及的词音、记忆单词和词义、词用方面都有相关的深入研究，但是在针对一线教学的整合性的词汇教学模式方面的研究很少。

四、词汇教学课堂实例分析

针对文献以及大量的词汇教学研究，我们以一堂真实的词汇课为例来进行优质词汇教学模式的研究分析。本课选用的教材为沪教牛津版深圳七年级下册第 7 单元。学生是七年级学生，已经接受了音标和自然拼读法的基本训练。选用的单词共20 个，与本单元的主题相关。

（一）课堂的词音输入环节

学生在前一天的家庭作业中已经完成了跟读单词的任务，对于单词的发音有了基本的准备。课堂的第一个环节是学生在学案上读单词并划分出所给的 11 个多音节单词的音节，同时观察每个音节的字母构成。教师在 PPT 上呈现并引导学生总结自然拼读法中字母构成的发音规律。例如，通过观察 ordinary 和 order，推导出字母"or"组合发［ɔ:］；通过观察 feeling 和 agree，推导出字母"ee"组合发［i:］；通过观察 shower、crowd 和 narrow，推导出字母"ow"组合可以发［au］或［əu］。教师用自然拼读法引导学生看字母发音并由读音迁移到单词拼写，帮助学生解决单词的发音并为单词拼写做好准备。

（二）新词的呈现环节

解决了单词的发音后，到了新词的呈现环节。本堂课将采用图片加单词的呈现方式，因为图片对于七年级学生大脑的刺激有更优的效果。教师在 PPT 上呈现 Picture Memory 的活动。每一个单词匹配一张相关的图片，在图片选择上尽量选取有趣的、让学生有记忆点的图片，使学生的大脑中实现单词和图片的联想记忆。在新词呈现完毕后，开展 Quick Show 的活动，即学生以小组积分制的形式进行看图说单词的活动，从而进行图片联想记忆的巩固。

（三）单词拓展环节

新词导入后，进入拓展单词的环节。教师开展 Dictionary Work 活动，即教师通过筛选后在 PPT 上呈现 8 个基本词并给出拓展词的线索，让学生查阅词典完成拓展单词的学案任务。例如，以 poem 为词根写出它的名词；以 agree 为词根写出它的反义词等。在这个环节，学生经过了查阅英语词典的训练，并对派生词中的词根、词缀有了基本的认识。学生完成学案后进行分享，教师给予一定指导并对单词进行深度拓展。

（四）单词记忆巩固和应用阶段

本堂课采用的是思维导图和联想记忆法。教师给出一个小范例，引导学生把所学单词用联想记忆的方法串起来，并用思维导图的形式呈现（如图 1 所示）。学生用造句的方式来解说单词的联想，从而实现单词的记忆巩固和词语的使用。

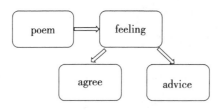

图 1　单词记忆思维导图

例句：I wrote a poem to show my feeling. Tom agreed with me and gave me some advice.

学生所串起来的词越多，得分越高。因为学生的水平不同，对于一些水平较弱的同学，可以采用一部分中文来进行串词。

五、总结优质初中英语词汇课教学模式

没有语法，人们不能表达很多东西；没有词汇，人们则不能表达任何东西。词汇是所有语言教学的基础，也是学生在学习英语中普遍感到困惑的一部分。因此，我们不能忽视或回避词汇的学习。笔者结合词汇教学的专业理论学习和一线教学的观察与实践，初步构建了一种优质初中英语词汇课教学模式。

（一）利用自然拼读法解决单词发音

自然拼读法源于英美等以英语为母语的国家，适合初学者尤其是儿童学习特点的注音系统。其核心是建立字母与读音之间的对应关系，将语音转化为文字符号，以提高阅读能力。随着自然拼读法在国内的推广，许多小学已经开始重视拼读规律对学习单词的影响。但笔者目前接触的学生，在小学阶段普遍缺乏自然拼读法的系统学习，这也是国内初中学生的现状，导致他们在单词的拼读和拼写上存在很大的困扰。而自然拼读法所能实现的"见词能读、听词能写"功能正好能帮助学生解决

这些问题。在使用自然拼读法时，我们需要注意以下事项：一是学生必须有音标的基础，因为自然拼读法只能解决英语词汇中 80% 的拼读，剩下 20% 的词仍需要借助音标来实现发音；二是自然拼读法的训练需要借助阅读来巩固。我们学习自然拼读法最终的目的是帮助学生阅读，而广泛阅读也可以巩固对自然拼读法的学习。

（二）在词汇教学中，应配套教授学生记忆单词的方法

在新词呈现阶段，我们可以采用图片联想记忆法和主题聚类呈现法。教师孤立地教授单词不利于学生的记忆，但如果把单词和图片联系起来，可以帮助学生在大脑中形成立体化的记忆。而主题聚类呈现是指把单词以一个同主题的形式呈现，在呈现初期，单词之间就自然形成了联系。在设计单词课时，教师就应考虑学生的认知规律和他们已有的单词水平。在拓展单词和巩固单词记忆方面，我们可以采用派生法，引导学生通过词根、词缀来自主地学习并拓展单词。在这个环节，教师要注意词根、词缀的教授和归类，并在平时的课堂中以多种方式不断呈现，以刺激学生的记忆，从而帮助他们达到巩固和应用的目的。

（三）使用思维导图和语块化小语境教学来引导学生实现词汇的实际运用

词汇的学习最终是导向词汇的使用。如果教师在教授学生学习单词时，以语块化的小语境来进行教学，既可以帮助学生在语境中理解和记忆单词，也可以引导学生在语境中使用单词。而思维导图可以帮助学生在大脑中形成一个词汇的记忆和使用脉络并提升学生学习单词的趣味性。

六、结语

优质的教学模式一定是符合学生认知规律和学习水平的。教学设计的初衷就是设计适合学生并能启发学生思维的教学课堂。教师在引导学生学习的同时，要注意培养他们掌握学习方法的能力，启发学生思考，同时注重对学生核心素养的培养。

参考文献

［1］王蔷．从综合语言运用能力到英语学科核心素养：高中英语课程改革的新挑战［J］．英语教师，2015（16）：6－7.

［2］李金兰．自然拼读法在中小学英语语音教学中的运用［J］．山东师范大学外国语学院学报（基础英语教育），2013（3）：93－96.

［3］梁燕葵，蒙雅娜．英语国际音标与自然拼读法的比较［J］．佛山科学技术学院学报（社会科学版），2010（5）：93－96.

［4］任杨，何高大．自然拼读法与词汇间接习得有效性实证研究［J］．外语学刊，2014（5）：117－120.

［5］张倩怡．思维导图在中学英语词汇教学中的应用［J］．西部素质教育，2018（5）：236－237.

［6］刘硕．词汇组块教学法在初中英语教学中的应用［J］．现代交际，2018（1）：158－160.

［7］陈艳艳，张萍．语义和主题聚类呈现对英语词汇联想反应的影响［J］．外语界，2018（6）：61－78.

［8］张萍，陈艳艳，陈颖园．语境类型对英语词汇联想反应的启动效应［J］．外语教学，2018（3）：48－54.

图形组织器在初中英语阅读智慧课堂中的应用

姜　薇　深圳市新安中学（集团）第一实验学校

【摘要】本文探讨图形组织器在初中英语阅读智慧课堂中的应用策略与实践效果，通过理论分析与案例研究，指出图形组织器作为一种可视化思维工具，能够有效激发学生阅读兴趣，促进信息结构化与逻辑化，提升语言能力、思维品质及学习能力。结合智慧课堂的信息技术手段（如希沃白板、智能答题器等），图形组织器在课前、课中、课后各环节中发挥着重要作用：前置作业中激活背景知识，阅读教学中辅助语篇剖析与信息整合，课后活动中拓展思维迁移。本文以沪教牛津版英语八年级下册 Unit 2 Body language 为例，具体展示了气泡图、矩阵图、推理表等工具的应用，证明其能够实现思维可视化，提升学生对文本的理解程度与批判性思维能力。研究强调图形组织器与智慧课堂融合对英语阅读教学改革的实践意义，并提出进一步探索的方向。

【关键词】图形组织器；智慧课堂；初中英语阅读教学；思维可视化；信息技术赋能

一、引言

阅读课作为英语教学的主要课型之一，是培养学生语言能力、思维品质、学习能力等核心素养的重要途径。随着教育信息化的发展，信息技术赋能英语阅读教学，大大提升了教师课堂教学效率、学生的课堂阅读效率和课堂评价的时效性，对推动教学的优化与改革显得尤为重要。图形组织器（Graphic Organizer）作为一种有效促进初中英语阅读教学的教学策略或工具，可以有效激发和培养学生的阅读兴趣，提升学生的语言能力、思维能力和审美能力，培养和发展学生良好的阅读习惯。图形组织器的形式多样，更能引起学生使用的兴趣，体现他们的个性化特点。在应用方面，图形组织器能够提升学生的阅读专注力，促进学生与文本的深层互动，有助于教师了解学生阅读中的思维过程及理解程度。此外，它不仅有利于培养学生提取信息和整合信息的能力，还有利于培养学生的逻辑性思维、批判性思维和创造性思维。

二、核心概念界定

（一）图形组织器

图形组织器是一种可视化的思维图表工具，又被称为知识地图、概念图或故事地图。它重在引导学生在阅读或思考过程中，用结构化图形、图表的方式帮助组织重要信息、概念或话题，用可视化的形式体现信息之间的逻辑关联性，理顺文本逻辑，建构内容意义，从而实现学生对文本的深层次理解。图形组织器比概念图（Concept Map）、思维导图（Mind Map）表现形式更多样，应用范围更广泛，主要包含星形网状图、矩阵图、树状图、链状图、韦恩图和鱼骨图等类型。

（二）智慧课堂

智慧课堂是以信息技术为手段，建设智能化课堂学习环境的新型课堂。它以信息技术为媒介，以改革课堂模式为目的，摆脱了传统课堂在空间和时间上的局限。从技术方面看，智慧课堂具有实时内容推送、智能学习分析、资源分层共享、移动通信互联、学习情景采集、协作互动交流、即时反馈评价七大技术特征。在智慧课堂中，教师可以通过智能设备快速了解学生的学习进度，从而精准推送学习资源和开展学习活动；而学生可以在课堂上使用智慧终端的交互界面来提升自主学习能力和思维能力。

（三）英语阅读教学

英语阅读教学是初中英语教学的重中之重，也是培养英语学科核心素养的重要方法。英语阅读能力的提升有助于促进初中生语言能力、文化意识、思维品质和学习能力的全方位提升。国内专家、学者和广大一线教师将日常的教学实践总结为英语阅读教学理论。

教师在进行阅读教学时要依据基本原则，打破传统阅读教学的禁锢，采用多样的形式，以此来引导学生主动地阅读。无论是国内专家提出的"以学生'学'为中心"的观点，还是国外的建构主义理论，都体现了以学生为主的特点。

三、图形组织器在初中英语阅读智慧课堂中的应用现状

图形组织器运用于英语阅读教学，很多教育者从不同角度、不同层面进行了探

讨。在教学流程的设计中，教师可以从 Pre-reading、While-reading、Post-reading 三个环节入手，发挥图形组织器的作用。在 Pre-reading 环节，可以运用气泡图等图形组织器，激活学生已有储备，帮助学生快速聚焦课文主题，从而降低学习的难度，调动学生阅读文本的积极性。在 While-reading 环节，可以运用矩阵图、鱼骨图等图形组织器，搭建语句脉络，助力语篇剖析，帮助学生全面理解语篇、快速抓住主线，突出教学中的重难点，提升学生的分析能力，培养学生的发散性思维。在 Post-reading 环节，可以运用谱系图、圆圈图等图形组织器，帮助学生联系生活实际，拓展学生思维，同时可设置多元场景，丰富单元主题内涵。在三个教学环节中运用阅读组织器，可以帮助学生直观捕捉关键信息，分析文本逻辑，归纳文本主旨。

在教学活动的设计中，教师可以从"学习理解""应用实践"和"迁移创新"三个方面入手，运用图形组织器设计相应的阅读活动，帮助学生厘清主线、深挖文本、运用创新。在分析层面，教师可以选用韦恩图、鱼骨图和柱形图等突出整体与各部分之间的关系，帮助学生推理某一事物的内部逻辑；在评价层面，图形组织器中的素描图、KWL 表和矩阵图等可以为学生提供思维路径，学生按照图形层层深入评价，最后表达自己的观点；在创造层面，决策图、网络树等能帮助学生整合要素，为解决新问题做语言和思维上的准备。

上述研究均对图形组织器在英语阅读教学中的运用进行了不同层面的讨论，但对智慧课堂场景下图形组织器在英语阅读课堂中的运用研究几乎空白，结合具体应用案例，展开对活动设计和教学策略的论述亦少之又少。

四、图形组织器在初中英语阅读智慧课堂中的应用实践

教师在运用图形组织器设计阅读教学课例时，可以借助希沃白板、懂你教育系统、智能答题器、云端课堂等信息技术平台构建智慧课堂，为阅读教学赋能，从而实现英语阅读课堂的提质增效。教师通过设计教学流程和教学活动，针对不同的阅读文本灵活选用不同的图形组织器，帮助学生把阅读信息结构化和网络化，兼顾语言学习与思维训练，最后实现延伸运用和拓展思维的目的。

这里将结合沪教牛津版初中英语八年级下册 Unit 2 Body language 的课文阅读，探索图形组织器在英语阅读智慧课堂教学中的应用。

（一）运用图形组织器导入前置性作业，激发学生课前思考，丰富背景知识

本单元主题"Body language"与学生日常生活情境紧密相关，巧用图形组织器

可激活学生的储备知识，激发学生的阅读兴趣。教师可以在前置作业中运用气泡图（如图1所示），列举不同的表达心情的词汇，让学生尝试用 body language 演示出来，并设计几个开放性气泡填空（还有哪些情绪可以通过 body language 传达？），开放性填空可借助懂你教育系统收集学生的答案，为本节阅读课导入环节提供丰富的话题素材。

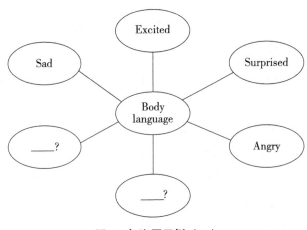

图1　气泡图示例（一）

（二）运用图形组织器设计阅读教学活动，帮助学生梳理关键信息、分析文本逻辑

1. 激活背景信息，掌握故事要素

基于前置作业，教师可以用希沃白板展示气泡图，并使用蒙层遮住单词，邀请学生用 body language 展示心情词汇，让全班同学猜词。公布懂你教育系统收集的可用 body language 展示的其他情绪的答案，并邀请学生上台展示，激发学生对本单元课文的阅读兴趣，引出本节课的主题：Body language communicates things。

在开始阅读之前，教师再次运用气泡图（如图2所示），引导学生通过浏览课文配图、标题、开头和结尾段落，掌握课文故事的基本要素。

2. 搭建文本"支架"，辅助语篇剖析

英语阅读教学中，教师要搭建语言和思维之间的"支架"，让学生利用"支架"体会主题意义。教师可以利用矩阵图、韦恩图、KWL 表、鱼骨图、流程图等让学生纵横对比，剖析语篇，提升获取信息和分析信息的能力。

在本单元的文本阅读中，可以设计信息图（如图3所示），帮助学生快速厘清 Simon 和 Debbie 在面对客户时的 body language 的区别，分析两个人物由此而带

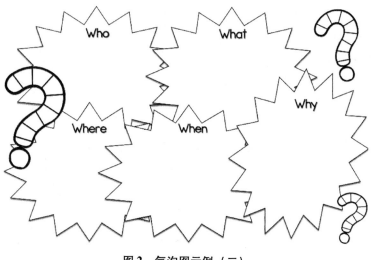

图 2　气泡图示例（二）

来的不同效果，从而帮助学生理解 body language 是什么，以及它对 communication 的重要性。教师可运用希沃白板即时展示学生填写的信息图表，让学生的学习成果可视化。

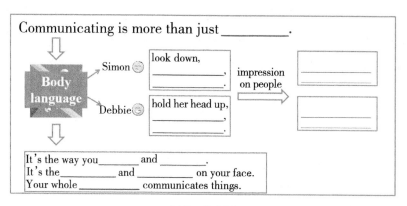

图 3　信息图

教师可运用推理图（如图 4 所示）针对 Simon 在课文结尾的变化，引导学生带着问题深度剖析语篇："According to the passage, did Simon's improvement make a difference?"让学生通过填写 clue 的方式，找出支撑 prediction 的文本线索，促进学生进一步理解 body language 给 Simon 带来的改变。教师可以基于 clue 选项，降低探究难度，并用答题器收集学生的选项答案，帮助阅读能力较弱的学生完成阅读任务。

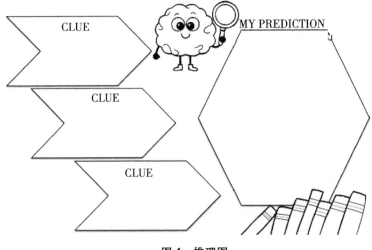

图4　推理图

五、结语

图形组织器对于提升英语阅读智慧课堂效率、帮助学生梳理文章架构意义重大，它能让思维可视化，让文章研读的广度和深度大大提升，进而促进学生英语综合素养的发展。因此，我们应继续探索适合英语阅读教学的图形组织器的应用，巧用智慧课堂场景，让学生的阅读过程可视化，让学生的阅读思维得到最大锻炼，从而最大化地挖掘学生的阅读潜能。

参考文献

[1] 中华人民共和国教育部．义务教育英语课程标准：2022年版［M］．北京：北京师范大学出版社，2022.

[2] 姚一．图形组织器在小学英语阅读教学中的运用策略：以PEP《英语》为例［J］．教学月刊：小学版（综合），2023（7）：65－68.

[3] 李湛荣．图形组织器研究综述［J］．吉林省教育学院学报，2022（12）：172－176.

[4] 张献臣．基于英语学科核心素养的中学英语阅读教学［J］．中小学外语教学（中学篇），2018（6）：1－5.

初中英语词汇教学提升词汇复现率的方法探究

黎冬梅　深圳市宝安区文汇学校

【摘要】词汇教学是英语教学的基础和关键。词汇的复现率对语言习得起着不可或缺的作用，词汇复现率的高低在一定程度上决定了学生对词汇的掌握程度。

【关键词】初中英语；词汇教学；词汇复现率

一、引言

词汇是语言的一个重要组成部分。词汇量的多少决定了学生学习语言的效率。学生只有提高词汇量，才能更好地提升英语水平，否则一切都将成为空谈。所以词汇教学是英语教学中非常重要的一个环节。教师在教学中应该想方设法让学生积累大量的词汇量，帮助学生打好基础。然而，目前国内词汇教学方法仍然比较传统，大部分都是采用在课堂讲授用法，课后让学生死记硬背，然后采用题海战术的方式来让学生积累词汇。在这个过程中，学生的学习缺乏主动性和逻辑性，而且出现大量重复性的词汇记忆现象，让学生对语言学习丧失兴趣，所以学习效率较为低下。此外，在传统教学中，即便教师重复讲解词汇的正确使用方法，学生在实际运用中得分率也不高。因此，笔者在日常教学中尝试探索一种通过提升词汇复现率来有效提高学生词汇学习效率的方法。

二、词汇复现率对词汇习得的重要性

艾宾浩斯1885年提出的遗忘曲线告诉我们：遗忘是有规律的，遗忘的进程是先快后慢的。记忆后间隔时间越久，遗忘的就越快越多。所以，学习语言要及时复习。邹为诚（2000）指出，语言输入要有足够的"凸显性"和"复现性"，才能转化为语言习得。Ellis（2002）也认为，频率（复现率）是语言学习的关键性因素。因此，词汇的复现率对语言习得起着不可或缺的作用，词汇复现率的高低在一定程度上决定了学生对词汇的掌握程度。

三、教学中提升词汇复现率的方法

虽然词汇复现率对于词汇习得起着至关重要的作用，但是笔者发现，我们的教材受篇幅的影响，词汇的复现率并不高。这就要求教师在平时教学中通过对教材的整体把握，对课堂教学、习题和活动进行精心设计，提高词汇复现率。

（一）同一堂课词汇的复现

在设计课堂教学目标时，教师首先要关注本课的重点核心词汇，并尽可能在设计教学环节时，提高这些核心词汇的复现率，让学生在语境中熟悉并能初步掌握新学单词的用法。

例如，在教授牛津深圳版英语七年级上册 Unit 7 School clubs 的阅读课时，笔者确定了本课的重点核心词汇为 fair、attend、teach、disappear、surprised、amazing 等，所以在课前 warming-up 中展示了学校各种 club 的图片，并提问 "Which club will you attend?"，让学生初步接触并学会应用 attend；此外，在阅读活动中，利用课文内容进行提问，引导学生使用核心词汇进行回答；同时，在阅读后，让学生自行选择向其他同学推荐自己喜欢的一个俱乐部，引导学生使用核心词汇 teach、disappear、attend 等。

（二）同一单元词汇复现

《义务教育英语课程标准（2011 年版）》指出，英语学习具有明显的渐进性和持续性特点。因此，英语教学要保证英语课程的整体性、渐进性和持续性。所以，词汇教学也要考虑教学的整体性、渐进性和持续性。在单元整体教学中，词汇的学习不是一蹴而就，而是要反复习得的。这就要求教师在单元整体教学中注意核心词汇的复现。一方面，教师要把握本单元话题的核心词汇；另一方面，在单元教学的阅读、语法、听说、写作等课时的教学设计中，教师要尽量提高这些核心词汇的复现率，体现词汇教学的整体性、渐进性和持续性。

例如，在教授深圳版牛津英语七年级上册 Unit 1 的 "Anna's blog" 时，笔者首先确立了本单元的核心词汇为 dream、hobby、elder、country、friendly、engineer 等，所以在阅读课的读前、读中、读后都设计了关于学生的 dream 和 hobby 的提问，这样就对大部分核心词汇进行反复呈现和运用，提高了复现率；其次，在语法课中，通过设计对笔友的 dream 和 hobby 的提问，再次让学生接触和运用核心词汇；然后，在听说课中通过模仿朗读课文、role-play 和 interview 等环节，加强对核心词汇的输入；最后，通过写一篇自我介绍，形成对 dream 和 hobby 等核心词汇的输出。

（三）跨单元词汇复现

根据艾宾浩斯的遗忘曲线，学生对新的词汇的记忆会随着时间慢慢消退。笔者在教授单词 spend 的用法时发现，不少学生经常会把它的搭配 spend time doing 混淆成 spend time to do。即使通过单元整体教学中不同课时的复现，部分学生能正确掌握使用方法，但是过了一段时间后，他们仍然把它的用法写成 spend time to do。针对这种现象，笔者在讲授后面单元时，根据学情利用合适的话题复现此用法，让学生及时巩固该知识点。实践证明，跨单元提高词汇复现率，有助于学生学习和巩固一些较难的词汇用法。

（四）多维度词汇复现

教师除了在课堂上根据学情和考点对教材核心词汇进行复现设计，在课后也应注意利用各种手段让学生接触尽可能多的语料来多维度复现重难点词汇，以加强学生对词汇的掌握，调动学习兴趣。例如，课后组织学生学唱英语歌曲，布置配音作业，让学生多阅读报刊等。当然，选取材料的时候注意难度要适中，目标词汇的复现率尽可能要提高，同时还要与课文话题相匹配，能引起学生的兴趣。

四、结语

总之，教师应熟悉初中英语各册教材及中考常考词汇，对教材有整体规划，并能提取出适合各单元各课时及跨单元复现的基础词汇，这样才能有计划地在各个年级、各册教材、各个单元乃至各个课时的教学中提高词汇的复现率。

参考文献

［1］邹为诚. 语言输入的机会和条件［J］. 外语界，2000（1）：5 – 10.

［2］ELLIS N C. Frequency Effects in Second Language Processing：A Review with Implications for Theories of Implict and Explicit Language Acquisition［J］. Studies in Second Language Acquisition，2002（6）：143 – 188.

英语教学中有效开展课堂评价的途径

——以牛津深圳版八年级下册 B 本 Unit 5 为例

黎嘉顼　深圳市松岗中学

【摘要】 本文以牛津深圳版八年级下册 Unit 5 阅读课为例，探讨英语教学中课堂评价的现存问题及改进策略。研究发现，当前课堂评价存在评价意识淡薄、模式化形式化、方式单一等问题，导致评价未能有效促进教学目标的实现。基于"教、学、评一体化"理念，提出四项改进路径：①依据教学目标制定活动评价标准；②预设学生表现并设计互动细节；③通过观察与反馈动态调整教学；④鼓励全体学生参与自评互评。结合"Protecting Tibetan antelopes"课例，通过逆向推断、信息结构图、分层提问等策略，验证了以目标为导向的评价体系对提升学生语言能力、思维品质及学习参与度的有效性。研究表明，明确评价标准、强化生成性互动、整合多元评价主体是优化课堂评价的关键，能够实现"以评促学、以评促教"的教学闭环。

【关键词】 课堂评价；教学评一体化；评价标准；自评互评；初中英语教学；牛津深圳版教材

一、课堂评价存在的问题

（一）评价意识淡薄

很多教师在做教学设计时评价意识不强，对于如何检测每个教学活动是否达到了预定目标，缺少清晰、具体的标准。因此，教师在课堂上既不能及时地观察到学生的表现，也不能对学生的表现做出准确的评判和有效的反馈。

（二）评价模式化和形式化

有些教师的课堂评价多停留在"对与错"和"好与差"上。当学生回答正确时，教师只是简单给予"好"的评价，而没有具体评价学生的回答"好"在哪里。当学生回答错误或者回答超出教师的预料时，教师经常不置可否，转而叫其他学生回答，而不是基于学生的回答进行追问和引导。

（三）评价方式单一

大部分教师在课堂上只对少数学生，比如回答问题或者进行课堂展示的学生，进行评价。这种做法不能充分调动全班学生进行自训和互评，因此评价的参与者和受益者只是少数学生。

二、开展课堂评价的有效途径

要在教学中真正实施教、学、评一体化，教师首先应整合目标、教学和评价，实现三者的内在统一，在设计层面形成有效的教学预期效力。然后构建以目标为导向的教、学、评生态系统，在实施层面保证有效的教学实际效力（王蔷、李亮，2019）。

根据大量的课堂观察和分析，为达到预期效力和实际效力，教师要在设计和实施教学时做好以下四点。

（一）根据教学目标确定不同活动的效果评价标准

教师在设计每一个教学活动时，一定要明确如何检验这个活动的学习效果，也就是根据教学目标，明确学生在完成此活动时在语言、思维和学习策略等方面所应达到的水平。这样，在课堂实施阶段教师对于学生的实际表现才能有具体、清晰的评价依据。

（二）充分预设学生可能的表现和师生互动过程

制定好评价标准并不意味着学生就能够顺利地达到这个标准，教师还要对学生在每个教学活动中可能出现的各种表现进行充分的预设，并针对学生可能的表现准备好追问的问题和引导的措施，设计好详细的师生互动过程。这样，教师才能在面对学生的各种表现时做到心中有数，从容应对，使教学活动能够顺利进行，达到预期目标。

（三）认真观察和分析学生的表现，并给予有效的反馈

做好预设并不代表学生课上的实际表现就会与预设完全相同。课堂具有很强的生成性，因此在课堂上，教师要用提问、观察、表现性任务等方式实施互动评价，实时检测学生表现，确定学生当前水平与期待或潜在水平之间的差距，为学生提供

"支架"，及时给予学生反馈，帮助学生取得更大的进步。也就是说，教师要切实观察学生的反应，倾听学生的回答，对学生的表现给予恰当和有效的评价。对于表现好的学生要给予充分的肯定和赞扬，对于学生的困难和问题提供帮助和指导，促进学生思考和改进。

（四）调动全体学生参与评价

教师除了自己要对学生的表现进行积极的评价，还要充分调动全班学生开展自评和互评，加强学生之间的监督和交流，促进学生在相互评价中自我反思、取长补短、相互激励、共同发展，从而提升全班学生整体的学习效果。

三、有效开展课堂评价的阅读课例

（一）教学内容分析

本节阅读课的教学内容选自牛津深圳版八年级下册 B 本 Unit 5 Save the endangered animals 的主阅读 "A success story: protecting Tibetan antelopes"。

[What]

作者介绍了一个保护濒危动物藏羚羊使其数目上升的成功案例。案例中具体介绍了藏羚羊主要生活的地方——青藏高原，藏羚羊面临的问题，以及政府采取的措施和最后获得的成功结果。

[Why]

作者通过介绍保护藏羚羊的成功案例，向学生传递人类的积极行为可以改变动物的处境，实现人与自然的和谐共处，同时鼓励学生加入保护濒危动物的行列。

[How]

本篇阅读属于典型的"问题—措施—结果"闭环结构。语篇第一段在简单介绍藏羚羊所生活的青藏高原后，第二段就介绍了藏羚羊在 20 世纪 80—90 年代数量剧降的处境，第三、四段重点讲了为了保护藏羚羊政府采取的重点措施，最后一段介绍政府采取的措施非常成功，使藏羚羊生存条件越来越好，数目也越来越多。该语篇与主题相关的词汇主要有 population、drop、poach、take steps、preserve、protect、natural environment、introduce strict laws、slow down tourism、rise 等。

（二）学情分析

在学习本篇阅读之前，学生已经了解了一些濒危动物，如大熊猫、亚洲象的一些基本信息和它们濒危的原因（cutting down forests and killing），掌握了主题语言表达，例如"endangered""population""kill... for...""obligation"等。同时，学生具备基本的获取和梳理信息的能力。

对于本课的学习，学生可能出现的困难是不能准确梳理原因推动行为的底层逻辑关系。对此，笔者主要采取逆向推断法引导学生将语篇中未直接提到的藏羚羊数量剧降的原因挖掘出来，从而一一对应后文提到的保护藏羚羊的措施，帮助学生更好地理解解决问题的思路并形成信息结构图，在深入理解和分析的基础上，引导学生更加关注和意识到自己可以为濒危动物做点什么，并促进其今后的积极行动。

（三）教学目标

在本课结束时，学生能够：

（1）通过关键词获取段落大意、语篇行文思路和结构。

（2）阐述藏羚羊数量剧烈下降的原因和政府采取的措施。

（3）根据信息结构图，讲述保护藏羚羊的成功案例，并发表自己对保护濒危动物的建议。

（四）主要教学活动

[活动1]

学生简单谈谈对藏羚羊的认识。

Questions:

What do you know about antelopes?

What do you want to know about them?

学习效果评价标准：学生能够回答出如"They live on...""They feed on...（Their menu includes...）""They are/have...（looks）"等，也能够简单地表达自己想要了解的方向，如"I want to know..."。

[活动2]

学生快速读文章，找出关键词，概括段落大意，并理解文章行文思路。

Questions:

What is the main idea of each paragraph?

What is the structure of the passage?

学习效果评价标准：学生能够找到每个段落的关键词来帮助梳理段落大意，即第二段 drop、poaching、poachers；第三段 protect；第四段 protect、preserve、take steps；第五段 good results、better、rise、grow 等。学生能够快速将第三、四段段意合并，并梳理出文章的结构和段落大意。

找到关键词对学生来说并不难，但是学生对第二段的 "This was in large part the result of poaching." 理解不够深入，从而没有去深挖藏羚羊数量下降的多重原因。在此处，教师应引导学生正确理解这个句子，激发学生的思考，实现以评促教。

[活动3]

学生细读文章第三、四段，找出保护藏羚羊的具体措施，并将关键词填写在信息结构图里（如图1所示）。

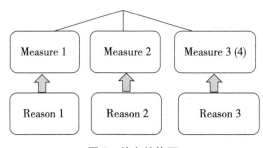

图1　信息结构图

学生再读第二段，根据后文找到的保护措施补充藏羚羊数量下降的可能原因。

Questions:

What has been done to protect Tibetan antelopes?

Why these measures have been taken?

学习效果评价标准：学生能够找到第三段中的两条保护措施，"The government has made it much more difficult for poachers to operate in the area by introducing strict laws." 和 "… government workers follow the antelopes, making sure that they are protected from poachers and from other wild animals." ，也能够在第四段找到对应措施的句子。

学生能够找到与保护措施相关的句子，但是不能准确辨别信息和主题，所以不能把所有信息准确精练地填写在信息结构图的 "Measure" 和 "Reason" 方框中。例如，第一条措施学生可能会填写 "has made it much more difficult for poachers"，而不是 "introducing strict laws"，或者索性把整个句子抄写上去。同理，第二条措施学生可能会把 "making sure that…" 表达措施目的的补充也加进去了。对此，布置活动任务时，教师应告诉学生 "Measure" 一栏只填写精练的动作短语，而 "Reason" 一栏是填写这个措施背后的原因。

在学生完成任务的过程中，教师应鼓励学生多次进行自评和互评。首先，让学生在自主完成信息结构图的填空后，两人一组进行互评；其次，全班学生和教师共同评价两名学生在黑板上梳理的信息，在全班讨论之后，再让学生进行自评和修改；最后，教师让1～2名学生展示自己修改的信息结构图，师生再次进行评价。

[活动4]

学生充分理解了原因和措施后，讨论是否支持减缓旅游业这条措施。

Questions:

What good results has the work had?

Do you agree on slowing down tourism in the Qinghai-Tibet Plateau? Why or why not?

学习效果评价标准：学生能够找到关键句"Tibetan antelopes are enjoying much better conditions than before, and their populations are rising once again.", 并能够将关键句补充在信息结构图旁边，形成一个篇章内容的总结。

课堂实录：

T: Do you agree on slowing down tourism and why?

S1: I agree. Because too many tourists disturb the habits of animals and destroy the living environment.

T: Good understanding! Any other different opinions? What can tourism bring?

S2: Money, and money can improve the living conditions of animals and can help build more natural reserves. It is also important.

T: Exactly! So we need to find the balance. Develop the tourism and take control of it.

由上述片段可见，学生根据对文章的理解，能够用自己的语言阐释自己的观点，对文章理解深刻，教师应给予充分肯定。

[活动5]

学生根据黑板上梳理的信息结构图以及补充的英雄保护濒危动物的事迹，再一次探讨我们应如何保护濒危动物。

学习效果评价标准：学生提出的建议内容全面，能够结合原因制定措施，再从个人、社会机构、国家政府等角度出发，提出一些可行的建议。语言表达准确，使用恰当的连接词体现措施背后的原因和关联，能够清晰表达自己的观点。

四、结语

要实施教、学、评一体化，教师必须增强课堂评价意识，要改变观念。评价是为了改进，评价即学习，评价即质量。在设计阶段明确评价的标准，做好充分的预设，并在课堂上通过观察、提问、反馈等方式，切实做好评价，真正达到"以评促学、以评促教"，从而提高课堂效率。

中考备考与英语教学改进策略

基于深圳中考英语听说机考人工定标的
英语课堂教学改进策略初探

龚玉文　深圳市西乡中学

【摘要】深圳市中考英语听说考试进行了重大改革，新增了模仿朗读、信息获取、短文复述及提问等题型，旨在强化学生在真实语言交际情境中的交际能力与思维品质。本研究基于深圳中考英语听说机考人工定标的实践，深入探讨其对英语课堂教学的改进策略。研究发现，机考人工定标不仅显著提升了考试的公正性与科学性，还对教师的教学观念、教学方法以及学生的思维品质和表达能力产生了积极影响。教师需更新教学观念，注重真实语言交流；学生则需通过多样化的听说训练提升语言综合运用能力。本文旨在为英语听说教学提供实践参考，推动英语课程改革与信息化教学的深度融合。

【关键词】深圳中考英语听说考试；机考人工定标；课堂教学改进；思维品质；语言交际能力；信息化教学

一、引言

2021 年广东省深圳市中考英语口语考试进行了改革，内容包括模仿朗读、信息获取、短文复述及提问。中考考试内容、形式和分值的变化，对英语听说的教学提出了更高的要求，改革后的考试尤其强调了学生在真实语言交际情境下的交际能力和思维品质。听说考试对教学的反拨作用，也是非常值得探究的。《义务教育英语课程标准（2022 年版)》提出，思维品质指的是人的思维个性特征，反映学生在理解、分析、比较、推断、评价、创造等方面的层次和水平。思维品质的提升有助于学生学会发现问题、分析问题和解决问题，对事物做出正确的价值判断。

二、听说题型改变的依据

深圳作为我国改革开放的前沿阵地，中国特色社会主义的"先行示范区"，又有比邻港澳的地理优势，地区经济快速发展，对外交流的机会日益增多。这就要求人们更重视英语的学习和使用，尤其是口语表达能力。这为深圳地区中考英语的个性化改革提供了可能。因此，听说考试的改革，是对现行成绩的肯定，更是对英语课改的鼓励和鞭策，对进一步完善义务教育阶段的英语评估体系有着重要的作用。

"听"是语言输入的基础，为学习者提供所需要的、足量的可理解性输入，有利于提升学生听力水平；"说"是语言输出的重点，语言的有效输出有利于提升学生的语言习得能力。"听"是分辨和理解语言的能力。"说"是学生的语言输出能力。输出别人能够识别、理解的语言，是英语综合运用能力的重要组成部分。

在分析深圳中考英语听说考试新题型后，笔者根据教育部2022年版的课标，总结了课标改编的依据和考查的能力（见表1）。

表1　　　　　　　　　　深圳中考英语听说新题型分析

题型	一、模仿朗读	二、信息获取（共两节）		三、短文复述及提问（共两节）		合计
		第一节 听选信息	第二节 回答问题	第一节 短文复述	第二节 提问	
任务呈现	屏幕呈现中文题目以及一段长度为60～80个单词的英语短文，播放短文录音一遍	屏幕呈现中文题目以及每段对话的2个英语问题和3个提示，共播放一段对话或独白录音，每段各播放两遍	屏幕呈现中文题目以及4个英语问题，播放一段对话或独白，播放两遍	屏幕呈现中文题目，说明信息情景、信息要点（形式包括表格、图表、思维导图等）、考生角色及说话情景和要求，录音播放两遍	屏幕呈现中文题目，说明提问情景、提问提示词或提问要求	—
任务描述	考生听录音，有50秒的准备时间，然后模仿朗读	考生听完每段对话后，根据所听内容和括号中的提示作简短口头回答	考生根据所听内容简短地口头回答这些问题	考生根据所听内容、要点提示和角色要求准备50秒，然后在50秒内对所听的信息进行转述	考生根据情景和提示，口头提出2个问题	—
题量	1题（4分/题）	6题（1分/题）	4题（1分/题）	1题（8分/题）	2题（1.5分/题）	14题
分值	4分	10分		11分		25分

续 表

	感知与积累：能识别不同语调和节奏等语音特征所表达的意义 习得与建构：能根据读音规则和音标拼读单词	感知与积累：能听懂发音清晰、语速较慢的简短口头表达，获取关键信息 习得与建构：能根据听到或读到的关键词对人物、地点、事件等进行推断	感知与积累：能听懂发音清晰、语速较慢的简短口头表达，获取关键信息 习得与建构：能在听、读、看的过程中，围绕语篇内容记录重点信息，整体理解和简要概括主要内容；能根据听到或读到的关键词对人物、地点、事件等进行推断	感知与积累：在收听、观看主题相关、语速较慢的广播等节目时，能识别其主题，归纳主要信息 习得与建构：能在听、读、看的过程中，围绕语篇内容记录重点信息，整体理解和简要概括主要内容 表达与交流：能围绕相关主题，运用所学语言，与他人进行日常交流，语音、语调、用词基本正确，表达比较连贯	感知与积累：积累日常生活中常用的习惯用语和交流信息的基本表达方式 表达与交流：能围绕相关主题，运用所学语言，与他人进行日常交流，语音、语调、用词基本正确，表达比较连贯	（2022年版7—9年级/三级）
语言能力学段目标（2022版）						

　　归纳起来，听说考试分为三类题目：模仿朗读、信息获取和短文复述及提问。考题从不同层面考查学生的语言知识及其运用能力，注重学生基础知识、基本听说技能的掌握，难度恰当，考题生活化，同时顾及片区的差别，具有一定的趣味性。

三、机考及人工定标

（一）机考

　　机考组织得当，过程科学，结果公正。深圳实行智能化的（人—机对话）计算机辅助考试模式，并在考前出台了可操作的听说考试考务工作手册，采取大量的保障措施，以确保考试顺利完成。机考题型的改进体现在信息获取方面，"听选考查"是从广东省中考英语（全省）卷演变而来，保留"听选考查"有利于降低考试的难度，引导学生进行高效的学习和听力训练；在教学中，有利于发挥考试本身积极的反拨作用，引导广大师生在平时教学中继续将听说作为教学和备考重点，确保学生有足够的英语输入实践。短文复述体现了听说考试中考查学生总结关键信息的能力，对信息进行提问的题型体现了考试的真实性原则以及语言习得的本质特征，既检验考生英语语言输入能力，又检验考生从目标语言的组织到及时、准确、流利表达的语言输出能力。

（二）人工定标

人工智能英语口语评分系统是指利用计算机智能口语测评系统自动对考生的答题语音进行评价，包含发音错误检测、发音水平和口语表达能力评价。人工协同评分，是计算机智能评分参与到人工评分的过程中，分为两种方式：一种是计算机智能评分作为评分结果，然后和人工评分结果结合，再经过误差仲裁计算出最终得分；另一种是计算机智能评分结果只是作为一项参考分参与到人工评分过程的质量监控中。在评分标准中，命题专家依据每个题型的考查目的，将考生的语言表现分解到多个考查维度进行评价，每个维度包含若干个评分点，并划分出若干个得分等级，每个得分等级以文字形式描述对应的典型作答特征。例如模仿朗读中，规定三个维度为参考点，分别是完整度、流畅度和准确度，具体包括停顿、意群、重音、升降调、连读等典型标准。人工定标评分后，再用于计算机学习掌握评分标准。

四、听说考试机考人工定标对教学的促进作用

（一）对教师方面

教师教学观念的更新：传统教师只关注学生语言的机械化训练，没有做到真正的交流和沟通。而计算机考试既保留了考试的严谨性和科学性，又提高了效率。在此基础上，又增加了人工定标工作，体现了以"人"为本的理念。为此，教师在平时的教学中，不仅要教会学生语言规则，更重要的是体现真正的交流。

教学方法的改变：听说课堂教学中要注重培养学生的思维品质。在课堂中可以设置听前情境，激活思维。课堂导入时应营造与学生生活实际相关的语言环境，激活学生已有的知识和生活经验，激发学生的学习热情和兴趣。听中要建构知识框架，活学活用。听后也要注重总结互动，提升学生的思维能力，如简单的复述、思维导图的概括、实战演练等。此外，还要帮助学生深入理解听力文本，内化、迁移知识，实现有效的语言输入；将听力材料主题或者相关的知识进一步延伸，引导学生在原有认知基础上进行积极的认知建构，实现有效的语言输出，提升教学的有效性。

教师评价形式和内容的多样性：听说教学评价应采用多种评价方式和手段，体

现多渠道、多视角、多层次、多方式的特点，应将形成性评价和终结性评价相结合、定性评价与定量评价相结合，使评价全面、准确和公正。

（二）对学生方面

提升学生的思维品质：新型的听说题型将听力任务点面结合，分步开展，可以帮助学生进行有效的语言输入。刘道义提出，在外语学习中学生的思维逻辑通常经历三个阶段：通过直观形象感知、归纳概括规则、抽象演绎到运用。学生根据题型的转变，从原来的模仿朗读到信息获取，再到短文复述，就是一个从具象到概括的过程。

提升学生的表达能力：改革后的题型，更加注重语言运用能力。新课标关于表达性技能的规定是，口头概括所读故事或者短文的大意，转述他人简单的谈话；借助语调和重音突出需要强调的意义；根据交际需要发起谈话并维持交谈。所以，在平时的训练中，不应该就题型而练习题型，而应该多方法、多角度地训练。

五、结语

2010 年，《国家中长期教育改革和发展规划纲要》提出，要关心每个学生，促进每个学生主动地、生动活泼地发展，尊重教育规律和学生身心发展规律，为每个学生提供适合的教育。英语听说教学应基于学生的认知和学习需求，以学生为中心，教学设计关注情境性、趣味性、多样性和适切性。深圳中考英语听说机考人工定标，既是科学技术发展的时代要求，也充分体现了以人为本的育人价值。应充分发挥现代信息技术对英语课程教与学的支持与服务功能，鼓励教师合理利用、创新使用数字技术。

英语听说教学将直观形象的感知与抽象演绎的运用、语言输入和语言输出、课内教学和课外提升、线上资源和线下资源进行高效结合，关注学生语言知识学习和技能掌握，重视语言交流的作用，回归语言的语用性；从实践层面积极探索有效教学模式，尊重教育和学生身心发展规律；重视教育信息化背景下英语课程教与学方式的变革。在未来的教学过程中，要充分地认识到理解性技能和表达性技能在语言学习过程中应相辅相成、相互促进。

参考文献

［1］王伟，赵英华．人机协同评分质量控制方法［J］．外语学刊，2023（4）：97-104.

［2］梁冠华，何玉玲．广东高考计算机辅助英语听说考试对学生英语口语学习的反拨作用［J］．校园英语，2018（23）：95-96.

［3］胡少信．中考英语听说考试应有益于优化义务教育课程改革：以珠江三角洲部分地区中考英语听说考试为例［J］．生活教育，2015（12）：28-30.

［4］刘道义．谈英语学科素养：思维品质［J］．课程·教材·教法，2018（8）：80-85.

运用 Graphic Organizer（图形组织器）发展初中生思维品质的行动研究

胡逸慧　深圳市宝安区孝德学校

【摘要】本文通过对初中生思维品质的研究，提出了运用 Graphic Organizer 在沪教牛津版英语 B 本教材课堂教学中发展初中生思维品质的方法和策略，并介绍了提升初中生英语核心素养——思维品质的评估方法。研究结果表明，运用 Graphic Organizer 能够有效地提升初中生的思维逻辑性、批判性与创新性，促进其英语核心素养的发展。

【关键词】初中生；思维品质；Graphic Organizer；行动研究

一、引言

思维品质包括逻辑思维、创造性思维和批判性思维等，对学生的学习和未来发展具有重要影响。然而，许多初中生在思维品质方面普遍缺乏组织能力，难以进行有效的信息整合，缺乏批判性思维等。因此，寻找一种有效的方法来促进初中生的思维品质发展变得至关重要。其中，Graphic Organizer 是一种被广泛运用的教育工具，其图形或图表的形式能帮助学生组织和整合信息，提高学生的思维能力和学习效果，从而促进其思维品质的发展。

二、相关理论综述

此前，已有许多研究集中讨论思维导图的使用对于思维品质的提升作用。教师对思维导图的有效利用能够帮助学生对英语阅读文本内容进行全方位系统描述和分析，思维导图在学生的逻辑思维能力、创新思维能力、信息技术能力以及协作能力等良好思维品质形成方面具有显著的作用。因此，此次研究聚焦发展初中生的思维品质，通过在沪教牛津版英语 B 本教学中开展行动研究，探究如何运用 Graphic Organizer 发展学生思维的逻辑性、创新性和批判性。

三、研究设计与方法

为改善学生思维品质现状，课题组成员计划以同一课例反复打磨形成框架（进而在其他语篇中沿用）的形式，来改进阅读教学、提升学生思维品质，按照"问题—计划—行动—观察—反思"的步骤开展行动研究，具体方案见表1。

表1　　　　　　　　　　　　　行动研究方案

	计划	行动	观察	反思
第一轮行动研究	让学生初步体验使用 Graphic Organizer 来辅助阅读理解的过程	教师带领学生确定文章体裁与主题，选择合适的 Graphic Organizer	重点观察学生借助 Graphic Organizer 对文章脉络与框架的梳理和理解	反思学生利用 Graphic Organizer 后的阅读质量及其填充效果
第二轮行动研究	提高学生选择和填充 Graphic Organizer 的能力	教师引导学生确定文章体裁与主题，选择合适的 Graphic Organizer	重点观察学生借助 Graphic Organizer 对文章主旨大意的理解和个人观点的表达	反思 Graphic Organizer 的工具性与学生运用过程中存在的问题
第三轮行动研究	学生尝试自己确定文章体裁与主题，独立绘制 Graphic Organizer 来帮助自己进行阅读理解	学生自己分析与确定文章的体裁和主题，独立绘制合适的 Graphic Organizer	重点观察学生独立绘制 Graphic Organizer 来帮助自己归纳总结和分享观点的过程	反思与调整策略，以便在真实教学中更具有可操作性

在三轮行动研究过程中，将使用以下两种方法对学生思维品质提升情况进行评估。

（一）观察法

教师可以通过观察学生在使用 Graphic Organizer 时的表现，如思维的深入和发散程度、信息的整理和分类情况、问题的解决过程和结果等，评估学生的思维品质水平。

（二）问卷调查法

教师可以设计问卷，向学生了解他们在使用 Graphic Organizer 时的感受和体会，以及对自己思维品质提升的评价，从而评估学生的思维品质水平。

四、行动研究的实施

教学实践选用沪教牛津版英语 B 本教材八年级下册 Unit 8 Life in the future 中

的阅读文章"The smart cities of the future"作为教学实践的文本。研究对象为三个不同的平行班级。研究方式为通过三轮教学实践，针对每次课堂上出现的问题进行反思优化，升级 Graphic Organizer，培养学生的高阶思维能力。教学实践过程记录如下：

（一）第一次教学实践

本单元 Life in the future 的主题是"人与社会"，语篇"The smart cities of the future"为说明文，通过介绍大数据对于未来智能设备的多方面支持，呈现了未来生活的众多优化（What）；作者写作的意图在于畅想未来，引导读者对未来的生活产生美好向往（Why）；本文在语言方面具有说明文所拥有的客观、简洁以及有逻辑性的特点（How）。基于文本分析，授课教师设计了第一种 Graphic Organizer（如图1 所示），最后的输出活动引导学生从已知（What I know）出发、结合探知（What I want to know）与新知（What I learned）介绍本节课所学内容。

What I know	What I want to know	What I learned
➢ In the future，cities will become smarter ➢ …		

图1　Graphic Organizer 示例（一）

教学反思：在课堂上 KWL 形式的图形组织器对于激发学生好奇心有很好的效果，但在梳理文章的过程中，学生无法对语篇进行分层次的剖析，局限性较大，需进一步改善。

（二）第二次教学实践

第二次教学实践的阅读输出活动改为学生基于现在与未来智能设备的不同，设计并介绍自己的智能设备。此次重点关注 Graphic Organizer 对于学生解读与分析文章提供的帮助，凸显其工具性（如图2 所示）。

教学反思：韦恩图形式的图形组织器对于梳理文本中的异同有十分突出的效果，但仅停留在梳理语篇细节的层面，小部分学生对于主题能有主观的表达，但大部分学生对于主题意义缺乏深入的思考。因此，第二种图形组织器还需进一步改善。

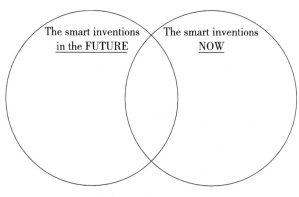

图2　Graphic Organizer 示例（二）

（三）第三次教学实践

第三次教学实践的阅读输出活动改为在"未来城市主题周"活动上进行主旨发言，发言内容包括介绍未来城市智能化发展（Text to text）、对人类生活带来的变化（Text to self）以及对世界将产生的冲击与挑战（Text to world）。通过 Graphic Organizer（如图3所示）的引导与梳理，学生能够整合语篇内容，结合主题意义对自身将要面对的挑战进行深入思考与表达。

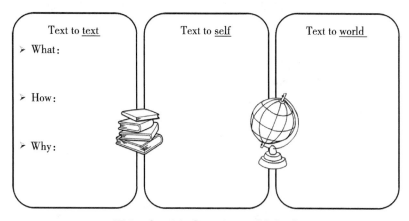

图3　Graphic Organizer 示例（三）

教学反思：教学设计的修改优化需要团队的集思广益，在一轮又一轮的研究中不断地建构、实践、推翻、重构，最终建构出适合本单元主题意义的 Graphic Organizer 以及相匹配的阅读学习活动。通过课堂观察以及对三个平行班开展的调查问卷，发现第一、第二个平行班级关于 Graphic Organizer 对其学习以及思维提升作用的反馈远不及第三个平行班级。特别是在第三个平行班的研究中，学生能够结合教师的框架，设计新的 Graphic Organizer。

五、结语

阅读与思维密切相关。本研究通过运用 Graphic Organizer 研究提升初中生思维品质的方法和策略，并提出对初中生英语核心素养——思维品质提升的评估方法。研究结果表明，运用 Graphic Organizer 能够有效地提升初中生的思维品质，促进其英语核心素养的发展。授课教师通过对自己的课堂教学实践进行反省，与同事合作交流，聚焦解决问题、提升优化，努力成为研究型、反思型的专业教师。

参考文献

[1] BLOOM B S. Taxonomy of Educational Objectives Handbook Ⅰ：Cognitive Domain［M］. New York：David McKay，1956.

[2] 陈则航，王蔷，钱小芳. 论英语学科核心素养中的思维品质及其发展途径［J］. 课程·教材·教法，2019（1）：91 – 98.

[3] 王蔷，张虹. 英语教师行动研究［M］. 北京：外语教学与研究出版社，2014.

[4] 张曼. 以图形组织器促进高阶思维能力的英语阅读教学研究.［J］. 英语教师，2016（10）：52 – 55.

[5] 许志鸿. 初中英语阅读教学中批判性思维的培养［J］. 中小学外语教学（中学篇），2019（9）：55 – 59.

[6] 薛蕾蕾. 基于问题序列发展学生思维品质的阅读教学改进行动研究［J］. 基础外语教育，2020（4）：9 – 14，105.

基于主题情境的初中英语听说教学实践

——以 Unit 5 Action! 的 Listening & Speaking 为例

黄　博　深圳市宝安中学（集团）塘头学校

【摘要】随着英语教学改革的推进，教师更加重视培养学生应用英语的能力，听说技能是学生综合语言能力的重要组成部分。大部分学生在生活中缺乏使用英语的情境和相应的平台，从而限制了听说能力的发展。教师可在进行英语听说授课时，在课堂搭建一个使用语言的生活场景，让学生置身其中，产生交流的兴趣。本文以沪教牛津版英语九年级上册 Unit 5 Action! 的 Listening & Speaking 为例，分析如何通过创设主题情境，让学生理解语言、学习语言、实践语言和活用语言。

【关键词】主题情境；初中英语教学；听说教学；教学活动

一、前言

义务教育英语课程标准强调语言学习的实践性，主张学生在语境中接触、体验和理解真实语言。英语听说课创设主题情境指在教学活动中，根据学生、听说内容和生活实际的具体情况，营造一种真实而富有吸引力的学习气氛，以激发学生英语表达的兴趣与动机。学生在主题情境训练下，注意力变得集中，能产生更多联想，也比较容易调动起已有的知识、经验、感受和兴趣，从而能用英语进行多元思维活动。这样的主题情境设计，能够使参与其中的学生有很强的实际获得感，能在听说教学过程中提高学生的语言技能及实际语言运用能力，充分发挥听说教学在英语学习中的真正作用与地位。

二、基于主题情境的初中英语听说教学案例

（一）教学内容分析

教学材料选取了沪教牛津版英语九年级上册第三模块 Unit 5 Action! 的 Listening & Speaking 部分学习内容，且结合主题融入了真实的听说素材。本模块以"学生的休闲时间"为话题，本单元听说部分涉及"电视台""采访"和"调查结果"等话

题相关的词汇。本节课的听说学习内容有真实的听说文本，包括关于深圳市青少年手机使用习惯的调查报告，本班学生个例手机使用习惯的采访；语言实践素材为本班全体学生参与的关于手机使用习惯的问卷调查结果数据图；听力技巧包含听前如何预测，听中如何快速准确获取信息，听后如何精准输出信息等。

（二）教学对象分析

本节课的授课对象是九年级学生，他们能够通过简单的听说活动完成语言输入到输出的学习，能在课堂上用英语与同学、教师进行交流互动。但在课堂上教师对于围绕听力主题的表达输出能力不足，且将听说课定性为刷题和训练技巧的练习课。本堂课教师设计的主题情境，给学生提供真实的语言输入和输出环境，所有活动环环相扣，循序渐进。学习过程中，学生能主动运用所学的知识完成情境中的任务，且能结合他们已有的生活经验和感受说出独到见解。九年级学生对手机使用习惯这个话题非常感兴趣，但大部分学生都拥有不良的使用习惯，本节课希望通过呈现真实可信的调查报告和数据，使其深度反思，以此培养学生手机正确使用的习惯。

（三）教学目标

（1）能够完成对应情境下的听说任务。

（2）能够掌握且运用恰当的听说技能获取材料信息。

（3）能够意识到过量使用手机的危害和正确合理地利用手机带来的生活及学习上的便利。

（四）教学活动设计

导入：观看班上某学生使用手机过程的小剧场。通过观看视频完成问题：Why does Simon unknowingly spend more time on his phone than he plans?（如图 1 所示）

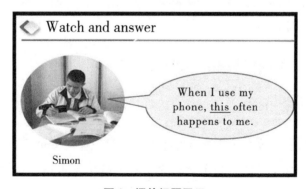

图1　课件问题展示

设计意图：通过播放学生生活中沉迷手机的小场景吸引学生的注意力，引起学生对本节听说课的兴趣和关注，且能快速让学生了解到这节听说课的主题跟手机使用有关，为后面的主题情境做铺垫。同时看视频的这一分钟时间，也让学生从课间的散漫迅速转入上课状态，通过回答设置的问题，对生活中的场景产生共鸣。

[**活动一**] 设置主题情境——本班学生受邀参加深圳电视台的访谈节目，主题为：Students' phones using habits。通过图片和短视频营造一种真实有吸引力的主题情境（如图 2 所示）。

图2　主题情境课件展示

给学生设定符合情境的身份——深圳电视台受邀嘉宾，然后通过串词，将学生自然引入情境，开始语言的学习与表达。

设计意图：深圳电视台、访谈节目、受邀嘉宾、访谈内容等这些要素，让主题情境变得真实立体。主题情境的设定建立在学生已有的知识和经验上，能比较容易地输出一些关于青少年使用手机现状的看法。

[**活动二**] 设置 individual work 任务：Listen to a survey and answer 4 questions。听说材料来源于权威机构对深圳市 1200 名学生做的一个关于手机使用习惯的调查，学生在做听说训练前，先学习听说预测策略，帮助快速获取信息且准确表达。

设计意图：这个任务的设置能自然开启访谈节目，且权威机构的调查报告真实有效，能够引起学生的好奇心，使学生集中注意力听取报告内容。此时听说任务不纯粹是为了答题，也因为学生多了一份对同龄人使用手机现状的好奇，同时，又能承接下一个课堂活动——谈论本班学生使用手机现状的调查结果。通过教师引导，学生先学习听力材料里描述报告结果的一些表达，为下一个活动做准备。

[活动三] 设置 group work 任务：Talk about your survey result。通过上一个活动学习一些描述调查结果的句型和人数占比的表达，调查报告为本班学生使用手机的现状。教师课前制作问卷（如图 3 所示），设置 10 个关于手机使用的问题，学生匿名如实填写。细化组内分工，明确描述要求。小组共同完成调查结果的表述。

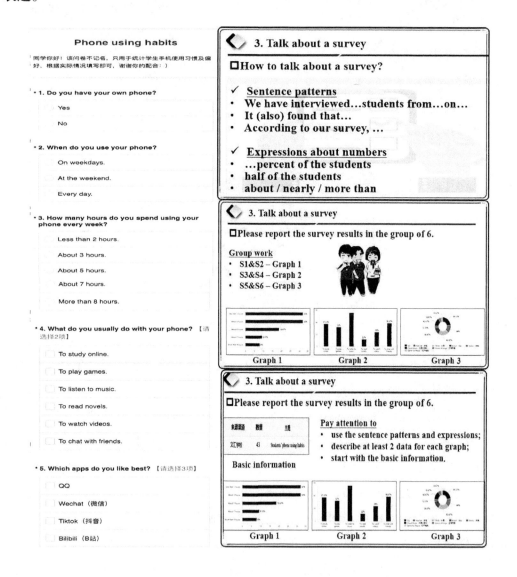

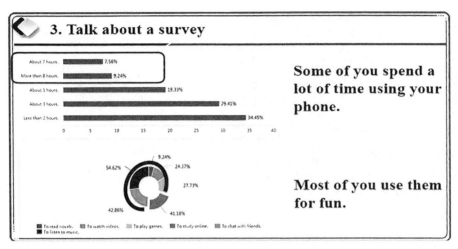

图3　问卷调查课件展示

设计意图：这部分是本堂课的难点，学生需要在教师引导下完成语言知识的输入学习，然后根据具体的实际情况，灵活变换句型，选择贴切的表达数字的方式，准确输出表达。从课前问卷调查到课堂呈现的调查报告，再到描述调查报告，所有的学习素材源于学生本身，真实可信，让学生完全在真实的语境中接触语言、实践语言，从而使课"活"了起来。学生容易对贴近生活的学科产生学习兴趣。最后教师选取学生每周玩手机的时长和使用手机的用途的两张数据图，直观呈现本班学生使用手机现状的不良现象，进而引出下一个学习活动。

[活动四]设置 pair work 任务：Listen and retell Anna's phone using habits（如图4所示）。这个活动承接活动三，了解完班级情况后，随机采访本班的一名学生，先听该学生个人使用手机的习惯，然后进行复述。这个环节的设计巧妙自然，与中考的听说题型短文复述如出一辙。在活动前，先指引学生进行听前、听中、听后的技巧学习；活动过程中，教师严格按照中考此题型的步骤进行操作，细到每个环节的时间节点，要求学生在真实语境下获取信息、复述信息。采用同伴评价和教师评价相结合的评价方式，明确提出最优复述的评判标准。

设计意图：前面的活动中，我们了解了深圳市青少年使用手机的现状和班级学生使用手机的现状。为进一步将调查群体细化到个人，邀请班级学生 Anna 自述使用手机的习惯（family rules of using phone；hours of using phone；feelings after playing games；opinion on videos；result；problem），与主题情境下的活动环环相扣，自然推进，且活动的输出形式正是中考题型短文复述的考查形式。平时的训练中，部分学生不能正确理解复述活动换人称的需要，这个活动的设计能让学生弄明白复述的真正含义，也从侧面反映出现在英语学科的考查更注重学生运用英语的能力。

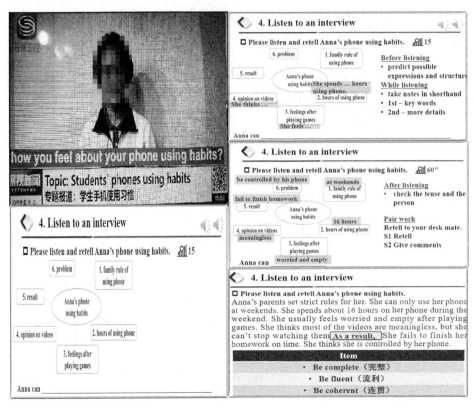

图4　个人调查课件展示

　　[**活动五**] Discussion：How can we reduce unnecessary phone use?这个环节引导学生从实际出发，思考如何不被手机控制，做手机的主人（如图5所示）。

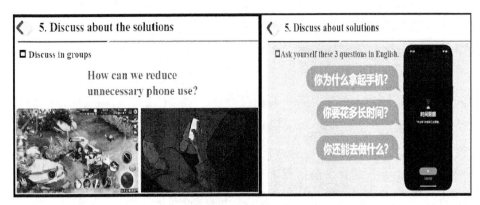

图5　自我思考课件展示

　　设计意图：随着课堂内容的循序推进，学生在主题情境下进行的各种听说活动，能使其意识到青少年使用手机不良现象的现状以及危害。在课堂尾声，教师带领同学们一起解决现实问题，引导学生合理使用手机，增强自控力，做手机的主人。

三、结语

基于主题情境的初中英语听说教学，可以促使教学过程发生转变。课堂中"teacher"变为"designer"，"student"变为"talker"，"以教材为中心"变为"教材＋生活"。通过创设一个能贯穿始终的主题情境，强化学习环境，学生融入所设置的情境中，自然表达，犹如在生活中实践英语，有实际参与感。著名语言学家布鲁姆曾说，成功的外语课堂教学应当在课内创设更多的情境，让学生有机会运用自己学到的语言材料。在听说教学中，教师要注意在语境中让学生进行语言知识的输入和输出，激发学生的学习兴趣和学习动机。

参考文献

［1］中华人民共和国教育部．义务教育英语课程标准：2011 年版［M］．北京：北京师范大学出版社，2011.

［2］王毅敏．从建构主义学习理论看英语情境教学［J］．外语教学，2003（2）：85－87.

［3］钟海莉．初中英语情景教学的探究［J］．新教育（海南），2010（6）：37.

［4］武冰．初中英语听说教学中情境创设情况的调查分析［D］．上海：华东师范大学，2010.

运用思维可视化工具和"阅读圈"模式
助力传统文化走进英语课堂

——以传统故事 *The Yellow Rock Old Man* （《孺子可教》） 阅读教学为例

梁　霄　深圳市海湾中学

【摘要】 学生立志学好英语，站在世界舞台，诉说中华文化的博大精深。英语不再只是我们了解世界的窗口，更是世界了解我们的渠道。英语教育也不再仅仅是语言教学，更是文化教学，通过语言实现文化传承与文化传播。运用思维可视化工具和"阅读圈"模式可以助力传统文化走进英语课堂，帮助学生提升对传统文化故事语篇的理解，同时通过对比分析，帮助学生培养批判性思维，养成积极思考、深度思考的习惯。学生可以见贤思齐，形成正确的世界观、人生观和价值观，同时在阅读的过程中，提高参与阅读的积极性和对文本内容意义的表达能力。在"阅读圈"的小组讨论过程中，自主学习、合作学习和探究学习等学习方式得到充分的实践，这与英语学科核心素养目标相契合，学生在语篇分析的体验、实践和探究中可以发展英语学科核心素养。

【关键词】 中国传统文化；思维可视化工具；阅读圈

一、引言

（一）国内背景

在国际文化竞争背景下，"讲好中国故事，传播好中国声音"已是中国发展的重要国家战略，习近平总书记在党的十九大报告中指出："推进国际传播能力建设，讲好中国故事，展现真实、立体、全面的中国，提高国家文化软实力。"所以关于中国传统文化故事如何走向国际、如何把中国传统文化传播好的研究具有现实意义。

学生立志学好英语，站在世界舞台，诉说中华文化的博大精深。英语不再只是我们了解世界的窗口，更是世界了解我们的渠道。英语教育也不再仅仅是语言教学，更是文化教学，通过语言实现文化传承与文化传播。那么，基于文化的角度，如何才能做好优秀传统文化的传播者、中国故事的讲述者？

在外语教育中，首先要思考的是需要通过学习外语表达的文化知识有哪些？一般而言，文化知识分为两类：物质文化和精神文化。认识文化后，就需要学习文化，学习的过程就是信息获取、信息加工以及信息输出的过程。文化离不开语言和思维，学习文化的第一步要获取文化知识，这里就凸显语言的作用，要认识语言才有机会获取背后的文化信息；第二步要具备学习能力和思维能力，语言不仅是认识、背诵即可，还需要深入理解和思考，理解语言中蕴含的文化内涵；第三步要比较文化异同，通过中西文化比较，取其精华、去其糟粕，同时领悟自身文化的优秀之处，进行传播输出。这就是文化学习的过程。文化学习的真正目的是帮助学生形成正确的价值观，坚定文化自信，形成自尊、自信、自强的品格，最终培养其跨文化交流的能力。这是外语教学独有的特点，只有外语教学才能真正培养学生进行跨文化交流的能力。

（二）学科背景

《义务教育英语课程标准（2022 年版）》在英语课程总目标中指出，学生应该通过本课程的学习，达到如下目标：培育文化意识，能够了解不同国家的优秀文明成果，比较中外文化的异同，发展跨文化沟通与交流的能力，形成健康向上的审美情趣和正确的价值观；加深对中华文化的理解和认同，树立国际视野和坚定文化自信。

外语教育的课程观以立德为根本，以树人为目标。因此要做到以德育为魂，以能力为重，以基础为先，以创新为上，创造一套立足我国、走向世界、科学先进的教育教学计划。在这一过程中，家国情怀、国际视野是不能缺的，文化意识、人文素养、思维品质和学习能力应成为学科教育的主要内容。教师在教学中应真正让课程价值发挥作用，致力于培养具有家国情怀、国际视野和跨文化沟通能力的时代新人。

二、选题的理论意义和实践价值

（一）思维可视化

思维可视化是指运用图表、模型等图示技术，将抽象的、不可视的思维（思考方式和路径）清晰化、具体化。对于可视化的研究，英国学者托尼·布赞发明的思维导图广为人知，其目的是发散思维，强化记忆，高效学习。

（二）"阅读圈"模式

"阅读圈"模式是凸显学生主体地位的一种教学模式，其强调推进学生的自主探索与合作交互，核心步骤是选定阅读材料，确定阅读队伍，做好职责分类，展开共读活动。组内集体评价的每个小组通常由 4～6 名学生构成，每个学生都需要在此过程中有针对性地表达自己的看法和观点，教师则负责为学生提供必要的教学指导，以此来保证"阅读圈"的阅读内容始终处于目标方向。

对于"阅读圈"模式的有效运用，教师可以更加清晰地了解学生的学习情况，学生可以明确自己的各项需求，这将充分推动学生的共进，达到共同交流、共同提高的目的。"阅读圈"是在尊重学生在教学中的主导地位的前提下，将其以小组为单位划分后，进行阅读分享与讨论的教学活动。"阅读圈"从 16 世纪诞生，直至 21 世纪才逐渐进入外语课堂，其主要目的是通过活动在学生之间建立起"支架"，帮助学生理解文章内容。在正式开展阅读教学课程之前，教师需要根据阅读任务的差别对学生进行小组划分，小组成员在各自独立完成目标文章的阅读后，再担任小组中的不同角色，完成后续的阅读角色任务。在常规的"阅读圈"角色构成中，应当包括关注文章语言部分的词汇大师（Word Master）和篇章解读者（Passage Person），关注文章中文化部分的文化收集者（Culture Collector），对文章中的人物进行性格分析的（Character Analyzer），对文章进行整体概括的总结者（Summarizer），以及结合自身日常生活经历进行分析和品鉴的生活联系者（Life Connector）。以上所有角色在讨论组长（Discussion Leader）的带领下完成小组合作任务。

三、运用思维可视化工具和"阅读圈"模式助力传统文化走进英语课堂的作用

我国思维可视化教学体系的专家刘濯源提出，通过将思维可视化理念运用到学科教学中，可以实现零散知识系统化，隐性思维显性化，解题规律模型化，自此思维可视化逐渐成为中小学教师和学生减负增效的新支点。在我国英语教学中，教师通常采用的思维可视化工具有概念图、思维导图、流程图等，不同的图示方式有其不同的功能和使用方法，适用于不同的文本内容。在教学课程中，针对不同的文本内容和任务，选择适配的可视化工具，有利于把学习的主动权交给学生，设计有广度、梯度、深度的教学活动，实现"知识灌输型"教学转变为"能力发展型"教学的跨越。

基于语篇分析的"阅读圈"，是根据"阅读圈"的理念，结合英语学习活动观

提出的一种教学活动设计。"阅读圈"对语言习得具有积极效果，主要包括提升学生语言能力、理解和表达能力、阅读积极性、自主学习和合作学习能力。这些效果的产生，得益于"阅读圈"蕴含的语言习得和教学理念。

对于英语学习者而言，输入（input）是语言习得的重要条件。在语言方面，阅读有助于促进学生的词汇习得，以及语法能力的发展。阅读的作用还包括愉悦身心，拓宽视野，了解多元文化，提升认知和创造力。

"阅读圈"任务通过角色分工和合作，引导学生关注文本意义。其强调以学生为主体，提高学生参与阅读的兴趣，培养其阅读习惯，从而更积极地通过阅读增加语言输入，最终以输出（output）为导向，促使学生对输入进行有目的的加工。增强学习动机，促进输入转化为输出，强化阅读学习效果。"阅读圈"中的读后小组分享和讨论即可服务于这一目的，学生带着角色职责进行阅读，通过讨论，同伴之间可进行进一步协商和建构，从而发展和强化对语言的掌握、对文本的理解和对相关内容的表达能力等。

运用思维可视化工具和"阅读圈"模式助力传统文化走进英语课堂，可以帮助学生提升对传统文化故事语篇的理解能力，同时通过对比分析，培养学生的批判性思维，帮助学生养成积极思考、深度思考的习惯。学生可以见贤思齐，形成正确的世界观、人生观和价值观。同时在阅读的过程中，提高学生参与阅读的积极性和对阅读文本内容的表达能力。在"阅读圈"的小组讨论过程中学生的自主学习、合作学习和探究学习等学习方式得到充分的实践，这也与培养英语学科核心素养目标相契合。

四、运用文本解读策略促进学生初中英语自主阅读能力在教学中的实践

以传统故事 *The Yellow Rock Old Man* 阅读教学为例。

（一）案例分析

本文以"讲好中国故事，传播好中国声音"为宗旨，以思维可视化工具为教学手段，以"阅读圈"为模式，依托语篇传统故事 *The Yellow Rock Old Man*，进行阅读教学设计，阐述运用思维可视化工具和"阅读圈"模式助力传统文化走进英语课堂的作用。

（二）教学内容

传统故事 *The Yellow Rock Old Man* 属于"人与社会"主题群中尊老爱幼，懂得

感恩的子主题，讲述"汉初三杰"张良经受住了黄石公的困难考验，从而取得成功的故事。

（三）学情分析

某七年级班级学生共计48名，男生28名，女生20名。课堂积极活跃，英语学习兴趣浓厚，课堂小组学习活动开展较多。班级学生英语平均成绩75分，但是口语表达能力一般，长难句的运用和文本分析能力有待提升。

（四）教学目标

（1）运用KWL表格预测故事内容，运用Story Mountain等可视化工具理解故事发展过程。

（2）运用"阅读圈"模式讨论并分析张良和黄石公的人物性格特点。

（3）运用"阅读圈"模式讨论并总结为什么张良是一个"孺子可教"的人，引导学生总结故事读后的收获和启发。

（五）教学过程呈现

读前导入：激活关联背景。

引导学生思考：是否会在现实生活中帮助陌生的老人穿鞋，并阐述理由。

教师给出张良的图片，请学生介绍张良的背景信息，提出张良曾经也遇到陌生老人求助的故事，激发学生阅读的好奇心（如图1所示）。

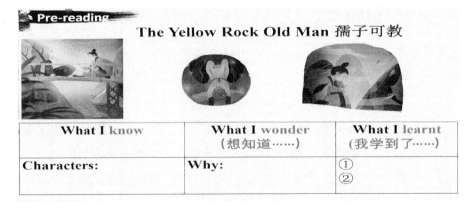

图1　课前问题导入

读中展示：深入研读语篇，运用思维可视化工具和"阅读圈"模式提升学习能力。

设计意图：通过图片和标题培养学生预测文章主要内容的能力。

第一轮阅读：Read for the structure。

在完成课堂导入和预测的教学后，学生在教师的引导下进行第一轮阅读，重点关注文章的结构。同时教师在黑板上绘制 Story Mountain（如图 2 所示）。

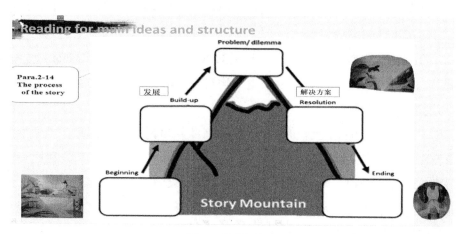

图 2　故事结构图

设计意图：通过 Story Mountain 使学生理解故事的开端、发展、高潮、解决方案和结局。故事篇章结构化、可视化，有助于学生形成篇章意识。

第二轮阅读：Read for details。

根据学生学情，将班级分成 8 个阅读小组，每个小组 6 人，设置 4 个"阅读圈"角色（Word Master，Character Analyzer，Life Connector，Discussion Leader）并介绍各角色的任务（如图 3 所示）。

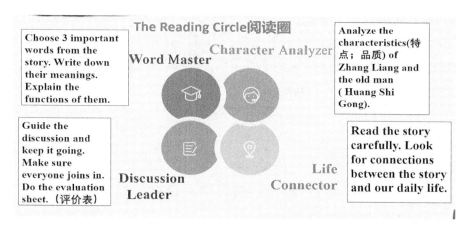

图 3　"阅读圈"角色任务

设计意图：引导学生分析语篇中核心词汇在文中的含义和作用。

通过分析人物的语言和动作理解主要人物性格的特点，引导学生根据 Word Bank 的提示进行概括总结。

设计意图：

（1）引导学生讨论并总结分析语篇中核心句"This youth is worth teaching!"以及黄石公两次讲这句话的原因。

（2）在故事和日常生活中寻找相联系的点，引导学生总结"What can we learn from Zhang Liang?"，思考张良这个历史人物身上有哪些优秀品质值得学习。

"阅读圈"作为评价任务：

实现"阅读圈"的课堂评价功能，教师在课堂讨论环节观察并记录学生的独立发言和表现情况，提供评价建议和标准并设置学生自评互评表。充分利用观察结果改进阅读教学的活动设计和实施环节，当然也可以收集学生各自完成的角色任务单，进行批阅。这个过程可以近距离了解学生的情感世界和人生观、价值观，实现对学生人格发展的监督和引导。

五、结语

外语教育的课程观应以立德树人为根本目标。家国情怀、国际视野是学生不能缺少的，文化意识、人文素养、思维品质和学习能力，应成为学科教育的主要内容。中国传统文化故事走进英语课堂教学，可以让学生深刻领会传统文化积极的精神内涵，进而对传统文化有更强的自信并乐于传播。教师在教学中真正让课程价值发挥作用，培养具有家国情怀、国际视野和跨文化沟通能力的时代新人。

在传统文化进入英语课堂的教学过程中，教师需要选择适合学生学情的语篇，设计教学活动，创新运用思维可视化工具，也可以引导学生自主设计泡泡图、气泡图、流程图等分析语篇内容。"阅读圈"的角色设置和评价方式也需要根据文本设计进行取舍，实施环节也可以持续优化。

参考文献

[1] 中华人民共和国教育部. 义务教育英语课程标准：2022 年版 [M]. 北京：北京师范大学出版社，2022.

[2] 秦心蔚，佘军. 指向核心素养的思维可视化英语课堂教学实践：以译林版高中《英语》阅读教学为例 [J]. 英语广场，2023（3）：117 - 120.

［3］刘濯源. 思维可视化：减负增效的新支点［J］. 中小学管理，2014（6）：10 – 13.

［4］苗兴伟，罗少茜. 基于语篇分析的阅读圈活动设计与实施［J］. 中小学外语教学（中学篇），2020（9）：1 – 5.

［5］KRASHEN S D. The Power of Reading：Insights from the Research［M］. 2nd Edition. Libraries Unlimited，2004.

基于文化意识培养的单元主题
拓展阅读教学实践探究

——以沪教牛津版八年级下册 Unit 4 Cartoons and comic strips 为例

廖　茹　深圳外国语学校（集团）宝安学校

【摘要】基于文化意识培养的单元主题拓展阅读，能促进学生对单元主题学习的全面理解和深入思考，以及提高他们的学习兴趣和自主学习能力，增强学生的民族文化认同感，涵养学生的品格，提升学生的文明素养和社会责任感。本文以沪教牛津版八年级下册 Unit 4 Cartoons and comic strips 为例，从单元整体进行分析，具体阐述了单元主题拓展阅读教学设计的 7 个步骤，培养学生的核心素养。

【关键词】文化意识；单元整体教学；主题拓展

一、引言

（一）课标

《义务教育英语课程标准（2022 年版）》指出，文化意识体现核心素养的价值取向，是指对中外文化的理解和对优秀文化的鉴赏，是学生在新时代表现出的跨文化认知、态度和行为选择。文化意识的培育有助于学生增强家国情怀和人类命运共同体意识，同时涵养品格，提升文明素养和社会责任感。相较于《义务教育英语课程标准（2011 年版）》中提到的文化意识包括文化知识、文化理解、跨文化交际意识和能力，新课标还强调加深对中华文化的理解和认同，坚定文化自信，以实现文化育人。同时《义务教育英语课程标准（2022 年版）》还指出，教师要推动实施单元整体教学，深入解读和分析单元内各语篇及相关教学资源，引导学生对各语篇内容的学习和主题意义的探究，逐步建构和生成围绕单元主题的深层认知、态度和价值判断，促进其核心素养综合表现的达成。

（二）现状

现行的初中英语教材关于中华优秀传统文化的素材相对较少，导致学生的文化知识不够丰富、文化视野不够开阔，出现"中国文化失语"现象。同时，受教材内容所限，教材单元内语篇往往不能充分引导学生探究主题意义。这就需要教师引入主题拓展阅读资源，使其与教材单元内语篇形成合力，共同助力主题意义的探究。

基于以上课标学习和现状研究，笔者以沪教牛津版八年级下册 Unit 4 Cartoons and comic strips 为例，就如何运用单元主题拓展阅读提升学生文化意识进行初步探讨与实践。

二、具体实施步骤

（一）解读课标，定位准则

课程标准反映了国家对学生学习结果的统一的基本要求。为了确定单元教学目标，笔者首先学习了《义务教育英语课程标准（2022 年版）》中三级（七至九年级）目标的总体描述，再结合本单元的主题，即"动画片与漫画"，把本单元的教学目标细化（见表1）。

表1	教学目标
核心素养	三级（七至九年级）
语言能力	能读懂如何制作动画片和漫画相关的语篇，提取并归纳关键信息，理解动画片角色的隐含意义；能用简单的连接词建立语义联系
文化意识	能通过简短语篇获取和归纳动画片的相关信息，认同中华文化，具有国家认同感
思维品质	能根据关于中外动画人物的语篇推断人物的心理、行为动机，并能针对语篇的内容或所给条件进行改编
学习能力	能在制作学习活动中积极与他人合作，积极思考，主动探究

（二）深挖教材，厘清主题语境

教材作为重要的教学资源，是落实课程标准的重要工具。教师应研读教材，分析单元所属的主题语境，明确单元在教材中的位置与作用，从育人的角度考虑单元主题的价值，挖掘单元内容背后蕴含的核心理念和育人目标。本单元的主题是"动画片与漫画"，主题范畴为人与社会，子主题内容包括中外影视、绘画等艺术形式中的文化价值和作品赏析。

（三）梳理语篇，提炼主题意义

一个单元由多个语篇构成，这些语篇之间既有联系又有区别，共同构建单元主题。在整体设计单元教学时，探究各部分内容之间的关联，明确单元主题是构建结构化整体的基础。教师应梳理单个语篇所蕴含的语言知识、文化知识、语言技能和学习策略等，总结其所要传递的内涵和价值；然后分析各语篇间的逻辑关系，寻找语篇间的联系以及语篇和单元主题之间的关联，最终提炼出单元的主题意义。

本单元总共包含了六个语篇（见表2），Reading 部分是一篇说明文，讲解了制作动画片的六个步骤，包括构思故事情节和人物形象、绘制草图和细节图、录制对白和声效等，前五部分分别介绍制作动画片的步骤，最后一部分总结，并把做好后的动画片给大家欣赏。Listening 部分是一个漫画，以连环画的形式描述了一只小恐龙不顾阻挠，希望成为一名足球运动员的故事。全文有六幅图，c、d 图为故事的起因，b、e 图为故事的发展，a、f 图为故事的结局。Grammar 中有两个语篇，都为说明文，第一篇包含了四幅图片，运用情态动词的被动语态讲解画卡通人脸的步骤，第二篇则介绍了如何制作连环画。本单元 Writing 为一则漫画，描述了两位旅游者在去神秘岛途中的一段惊险经历，第 1、2 幅图是起因，第 3、4、5 幅图是经过，第 6、7、8 幅图是结果。More practice 则以杂志文章的形式呈现，介绍了世界著名动画片《猫和老鼠》诞生的历史。文章的第一部分介绍了《猫和老鼠》的故事情节，第二、三部分介绍了《猫和老鼠》的诞生，第四部分介绍了《猫和老鼠》的影响力。最后，Culture corner 部分介绍中国动画片史上的丰碑《大闹天宫》，先介绍了《大闹天宫》的基本情况和内容，后面介绍了动画片的影响与制作。

表2　　　　　　　　　　　　　　　单元语篇归纳

语篇	语篇类型	语篇内容	语篇结构
Reading	说明文	讲解了制作动画片的六个步骤，包括构思故事情节和人物形象、绘制草图和细节图、录制对白和声效等	前五部分分别介绍制作动画片的步骤，最后一部分总结并把做好后的动画片给大家欣赏
Listening	漫画	以连环画的形式描述了一只小恐龙不顾阻挠，希望成为一名足球运动员的故事	c、d 图为故事的起因； b、e 图为故事的发展； a、f 图为故事的结局
Grammar	说明文	包含了四幅图片，运用情态动词的被动语态讲解画卡通人脸的步骤	第一部分总的说画卡通脸需要夸大，第二、三、四部分介绍了如何画卡通脸
	说明文	介绍如何制作连环画	第一部分简略介绍连环画的制作步骤、构思和图画； 第二部分以图片为例介绍连环画还需要添加对话框和想法框

续　表

语篇	语篇类型	语篇内容	语篇结构
Writing	漫画	描述了两位旅游者在去神秘岛途中的一段惊险经历	第1、2幅图是起因，第3、4、5幅图是经过，第6、7、8幅图是结果
More practice	说明文	以杂志文章的形式呈现，介绍了世界著名动画片《猫和老鼠》诞生的历史	第一部分介绍《猫和老鼠》的故事情节，第二、三部分介绍《猫和老鼠》的诞生，第四部分介绍《猫和老鼠》的影响力
Culture corner	说明文	介绍中国动画片史上的丰碑《大闹天宫》	先介绍了《大闹天宫》的基本情况和内容，后面介绍动画片的影响与制作

在分析完单元各语篇后，教师尝试寻找语篇间的联系，以及语篇和单元主题之间的关联，帮助学生在零散的知识之间建立联系，形成结构化知识。从上述分析可以看出，本单元围绕"Cartoons and comic strips"这一话题展开。在认知层面，学生了解了动画片与漫画制作的过程；在实践层面，学生学习了为漫画故事设计对白和说明文字；在思想层面，学生探讨了中外动画片的差异，以及动画片给我们带来的影响。通过分析各语篇间的联系，教师建构出"了解如何制作动画片和漫画""尝试设计漫画和动画情节""对比中外动画片的差异"三个问题之间的显性关联，提炼出单元的主题意义，通过对这一主题意义的探究，学生能够提升文化修养和创造力，传承优秀传统文化，提升文化自信。

综合对课程标准的研读、主题语境的归类、育人目标的挖掘、单元语篇的分析和主题意义的提炼，本单元的教学目标确定如下。

通过阅读输入，学生能够掌握如何制作动画片和漫画，并能用逻辑连接词和被动语态进行介绍；在语境中学习表达动画片内容和制作步骤的词汇和句型；学习漫画的结构特点和语言特征，并能够自己设计漫画台词；体会中外动画片的异同以及人物的个性，并能从中联系生活；小组合作完成中国传统故事漫画设计，提升民族文化自信。

（四）寻找阅读语篇难点

1. 研制拓展阅读任务单框架

研制拓展阅读任务单框架，有助于提升资源设计的系统性、一致性和可操作性。教师需要明晰拓展阅读资源对应的单元和板块、拓展阅读资源的类型、学生的探究目标、具体阅读内容、主题意义等。基于此，本单元的拓展阅读任务单框架可确定为对应单元和板块、阅读资源类型、阅读目标、阅读材料、阅读任务和阅读反馈六个方面（见表3）。

表3　　　　　　　　　　　　　　单元拓展阅读任务单框架

维度	内容
对应单元和板块	8A Module 2 Arts and crafts，Unit 4 Cartoons and comic strips
阅读资源类型	平行型
阅读目标	体会中外动画片的异同以及人物的个性，并能从中联系生活
阅读材料	《哪吒传奇》
阅读任务	基于"阅读圈"设置任务
阅读反馈	记录阅读时间，画出疑问点，摘录好句

2. 明确拓展阅读任务设计方向

明确拓展阅读任务设计方向，可以增强教师设计阅读任务的针对性，《义务教育英语课程标准（2022年版）》指出，教师要践行学思结合、用创为本的英语学习活动观，使学生参与指向主题意义探究的学习理解、应用实践和迁移创新等一系列相互关联、循环递进的语言学习和运用活动。这就需要教师基于英语学习活动观，结合拓展阅读任务，设计主题意义有关的探究活动。基于此，教师通过"阅读圈"活动引导学生边读边思考，比较文化并联系生活实际。学生可以设计不同角色组成学习小组，深入研读同一语篇，从不同角度来阐述对阅读材料的理解，由此达到较好的学习效果，主要分工角色如下（见表4）。

表4　　　　　　　　　　　　　　　　角色分工

角色	内容	学习类型
词汇大师（Word Master）	鉴赏并挑选文中好词，解释原因，作出评价	学习理解
篇章解读者（Passage Person）	探寻并阐释阅读材料中具有重要或特殊意义或好的文字段落	学习理解
总结概括者（Summarizer）	对阅读材料进行总结	应用实践
文化收集者（Culture Collector）	寻找并对比阅读材料中出现的与中国文化的异同之处	应用实践
生活联系者（Life Connector）	从阅读材料中找出与生活相关的现象	迁移创新

3. 制定拓展语篇评价质量规定

评价质量规定是语篇拓展的主要评价工具，能够帮助教师对于优质的拓展阅读资源标准达成共识。教师可以借助评价质量规定来监控阅读资源开发的过程。在这一活动中，教师设计了以下拓展阅读语篇资源评价表（见表5），包含资源选取和任务设计两个维度，是教师实施自评和互评的主要依据。

表5　　　　　　　　　　　拓展阅读语篇资源评价

评价维度	评价指标	符合程度				
资源选取	契合单元主题	1分	2分	3分	4分	5分
	难度适中，可读性强	1分	2分	3分	4分	5分
	具有多样化，层次合理	1分	2分	3分	4分	5分
任务设计	指向明晰且易懂	1分	2分	3分	4分	5分
	有梯度，难度适中	1分	2分	3分	4分	5分
	问题设置关注思维品质培养	1分	2分	3分	4分	5分

4. 建立语篇评价制度

在选择单元主题拓展阅读语篇资源的过程中，制度建设是长效保障。为此，教师建立了"三级审核、动态优化"的单元主题拓展阅读资源评价制度，即采用自评、互评、终评的三级审核制度。在这一过程中，教师先对照表5完成自评，然后在小组内和小组间交换拓展阅读语篇任务单进行互评，并填写拓展阅读语篇资源评价意见表（见表6）。在此基础上，教师根据互评意见进行修改后，提交负责人审核，最终根据负责人的意见进行终评。

表6　　　　　　　　　　　拓展阅读语篇资源评价意见表

组内	审核人	
	评价和修改意见	
组间	审核人	
	评价和修改意见	

（五）编排语篇，规划单元课时

单元不是一个主题下几篇课文的集合，而是一种学习单位，一个单元就是一个完整的学习事件、一个完整的学习故事。教师可以围绕单元主题，依据学生情况，对教学内容进行整合和重构，使学生能循序渐进地不断拓展和深化对主题的认识。教师可以从横向拓展和纵向深化的角度整合内容，体现主题意义建构的过程。教师还要基于主题语境和主题意义对单元内各课时进行整体规划，将课外阅读语篇有机融合于单元整体教学之中。此外，教师需要考虑单元教学的整体性、层次性和协同性，基于此，本单元的课时编排如下：

（1）Reading: How to make a cartoon.

（2）Grammar: Drawing cartoon faces and How to make a comic strip.

（3）Listening & Speaking & Writing: A comic strip about a baby dinosaur and Mystery Island.

（4）More practice & Culture corner: *Tom and Jerry* and *Havoc in Heaven*.

（5）Project.

（六）利用语篇，开展教学实践

《义务教育英语课程标准（2022年版）》指出，英语学习活动观强调以学生为主体的本位教学，强调学生在语篇阅读中的主体价值，旨在促进学生的深度学习。在开展基于英语学习活动观的阅读实践中，应开展循序渐进的英语学习活动。此外，英语学习活动观关注学生的思维训练，强调学生思维品质的发展。因此，教师在开展教学实践时，以英语学习活动观为指导，设计了三个阶梯任务（见表7）。

表7　　　　　　　　　　　　阶梯任务

活动	内容	学习类型
To review	通过韦恩图或者故事山等图形组织器回忆故事情节和人物关系	学习理解
To retell	利用小组合作复述故事内容，进一步内化故事信息	应用实践
To relate	利用"阅读圈"和问题链进行思维拓展和文化意识培养	迁移创新

（七）贯穿评价，以评价促教学

评价是英语教学的必要组成部分。课堂评价活动应贯穿教学的全过程，为检测教学目标服务，发现学生学习中的问题，并提供及时帮助和反馈，促进学生更有效地开展学习。教师基于单元主题语境、主题意义和教学目标，有意识地监控学生在学习过程中的表现，以达到以评促教、以评促学的目的。在本单元拓展阅读教学设计中，教师针对学生自主阅读和课堂阅读分别设计了两张评价表（见表8、表9）。

表8　　　　　　　　　　学生自主阅读评价表

Standard	Self-assessment	Peer-assessment
1. Students' name；Date，Book	_____/2 points	_____/2 points
2. Learn some good words and sentences	_____/2 points	_____/2 points

续　表

Standard	Self-assessment	Peer-assessment
3. In no more three sentences, write what the story is about	_____/5 points	_____/5 points
4. Write three questions you would like to ask	_____/5 points	_____/5 points
5. Mention some cultural differences	_____/8 points	_____/8 points
6. What experiences or memories did it remind you of	_____/8 points	_____/8 points
Total	_____/30 points	_____/30 points

表9　　　　　　　　　　　　　学生课堂阅读测量表

Measurement	Scores	Assessment criterion
Understand the whole story of *The Legend of Nezha*		5 = Excellent
Retell the story according to the pictures		4 = Good
		3 = Acceptable
Relate the story to your own life and learn from the story of Nezha		2 = Need improvements

三、结语

本文基于文化意识培养的单元主题拓展阅读教学实践探究，能使学生在延伸阅读中完善单元主题认知框架，深入探究单元主题意义，增强学生的民族文化认同感，涵养学生的品格，提升学生的文化素养和社会责任感。

参考文献

［1］中华人民共和国教育部．义务教育英语课程标准：2022 年版［M］．北京：北京师范大学出版社，2022.

［2］谢婷婷．基于主题语境的单元课外阅读教学的实践与思考［J］．中小学外语教学（中学篇），2022（4）：1－6.

［3］贾茗越．初中英语单元主题拓展阅读资源的开发路径［J］．教学月刊·中学版（外语教学），2022（10）：8－11，16.

［4］张金秀．主题意义探究引领下的中学英语单元教学策略［J］．中小学外语教学（中学篇），2019（7）：1－6.

［5］程晓堂．基于主题意义探究的英语教学理念与实践［J］．中小学外语教学（中学篇），2018（10）：1－7.

［6］王蔷，周密，蒋京丽，等．基于大观念的英语学科教学设计探析［J］．课程·教材·教法，2020（11）：99－108.

基于项目式教学的初中英语写作教学实践

廖幸欢　深圳市宝安第一外国语学校

【摘要】初中是学生英语写作能力培养的初级阶段。然而，目前初中的英语写作课大多仍局限于课堂，写作材料多为翻译或者应试题目，课外的拓展性写作难觅踪影，以致学生的写作兴趣匮乏、学习写作的路径被严重窄化。教师可以尝试对教学内容进行扩展，整合项目化视域下的写作教学活动设计，引导学生进行有效的语言积累及运用，以项目化学习促进学生英语写作能力的提高。

【关键词】项目教学法；写作教学

一、引言

在初中阶段，培养学生的英语写作能力是教学的重要目的之一，也是培养学生综合语言运用能力的重要手段之一。英语写作能促进听、说、读和思辨能力的潜在性发展，不仅能增加学生的英语语言知识量，促进其语言知识的内化，而且能帮助其理解各国文化内涵，体验多元思维，特别是能培养学生的语言能力、学习能力、全球视野、尊重差异和批判质疑能力等。因此，探寻初中英语写作教学中培养学生核心素养的策略，让学科核心素养"落地生根"尤为重要。

然而，受传统教学理念以及应试教育的束缚，许多初中英语教师仍采用传统的重结果的教学方式。教师在英语写作教学中一贯以提高作文成绩为主，只关注语言是否正确，信息点是否齐全，过于强调用什么写，而不是写什么，写作任务缺乏真实性，很少关注学生的观点是否鲜明，忽视了英语的实用性和学生的社会性、创造性。这种过于单一化的英语写作教学方法与核心素养理念偏离，难以激发学生的写作兴趣，难以提高学生的自主学习能力，因此严重阻碍了学生的长远发展。

针对初中英语写作教学中存在的问题，本文结合一节写作课教学案例，阐述如何基于项目式教学来开展初中英语写作教学，激发学生的英语学习内驱力，拓展学生英语学习的宽度和深度，培养学生的合作学习习惯，从而提高英语写作能力。

二、基于项目式教学的初中英语写作教学策略

《普通高中英语课程标准（2017 年版）》倡导指向学科核心素养的英语学习活动观，要求教师设计具有综合性、关联性和实践性特点的英语学习活动，将英语课程的工具性和人文性融为一体。

项目式学习（PBL），是一种以项目为中心展开教学活动的教学方式。在项目式学习过程中，学生以小组形式，为解决一个真实的、具有吸引力和挑战性的问题，进行收集资料、分析问题、制订方案、自主反思、评估与修正等持续性探究活动，从中衍生出知识与能力，最终产生可以公开展示的成果。

PBL 课堂教学要求学生在教师指导下自主合作和探究性学习，分小组对依据主题设计的项目进行研究；通过小组合作，共同拟订方案，研究问题，商讨对策，直至形成成果，如文本、图片、影像资料、模型、实物等。

三、基于项目式教学的初中英语写作教学实践

本课例为沪教牛津版初中英语八年级下册 Unit 1 Helping those in need 的写作课。本单元的主题语境是人与社会，单元话题"Social communication"属于社会服务与人际沟通主题群下的公益事业与志愿服务主题。本单元的主篇章是三位青少年利用假期时间做志愿者活动的活动报告；补充阅读部分（More practice）通过一位受助女孩的故事介绍了中国的春蕾计划；听力部分及学习技巧部分均介绍了关于筹钱的活动和方式；语法部分依托篇章介绍了到医院做志愿者的活动计划；口语部分介绍了如何商量和计划进行志愿者活动；写作部分要求学生学会计划并帮助有需要的人。本单元的主题意义涉及通过学习志愿者活动类型和提供帮助的方法，让学生学会沟通和相互理解，并提高志愿服务意识。

本节写作课依托项目式学习方式，引导学生合作并组建一个志愿服务小组。在合作组建志愿服务小组的过程中，学生可以巩固在本单元所学的主观意愿表达；与此同时，学生还可以提升个人素养，培养服务他人、助人为乐的意识。

四、主题引入，发布项目

在主题引入环节，教师可以通过与主题有关的视频、图片、歌曲或者游戏，让学生迅速熟悉主题，并且回忆自身的经历，激活学生已有的背景知识和生活体验，熟悉与回顾相关主题下的语言知识，引出本节课所要完成的任务。

教学片段：

教师展示志愿者们在校门口值岗、到红树湾捡垃圾和义卖活动中的照片，以此回顾学生的志愿者服务经历，引出本节课的内容。

师生对话如下：

T: Look at these pictures. What were they doing?

S: They were doing voluntary work.

T: What did they do?

S1: They raised money to help the kids in poor area.

S2: They helped clean the beach.

S3: They stood at the school gate to help with the traffic.

T: Great! Shenzhen is home to 2.08 million volunteers and it is called the City of Volunteers! Have you ever done any voluntary work with your classmates?

Ss: Yes! (proudly)

T: What have you done to help those in need?

S1: I have visited the old people in the nursing home.

S2: I have made and sold food to raise money for the poor.

S3: I have helped the patients in the hospital to find the way.

T: Great! I'm so proud of you. Have you been in a voluntary group?

Ss (most of them) : No.

T: Why not set up a voluntary group with our classmates?

Ss: Great...

设计意图：

考虑到大部分学生有志愿者服务经历，教师通过图片展示唤起学生自己做志愿者服务的经历，与学生的生活经历紧紧联系起来，让学生熟悉主题，做到有话可说。通过让学生介绍自身志愿服务经历，激发起学生的自豪感，学生因此能够轻松地进入主题，并明确了本节课要完成的任务：与同学一起组建一支志愿队。

五、明确分组，确定方向

在项目化学习过程中，每个小组成员要明确分工，在组内协商、交流、研讨并且达成共识。在项目发布之后，教师需发布明确的分组指令和任务清单，让学生明确组内成员，以及具体需要完成的任务。

1. 教学片段

（1）学生按照 4 人一组，组成 12 个组，每组讨论商量各自的角色分工（见表 1）。

Group leader（组长）：负责主持项目的整体流程，带领整个小组合作完成项目，组织组员进行头脑风暴，及时协调组内不同意见。

Recorder（记录者）：将小组成员的各种想法记录下来，需具备较好的速记能力和逻辑思维能力。

Timer（进度控制者）：负责全组的时间掌控，同时辅助组长推动讨论的进行，需具备较高的时间观念。

Reporter（汇报者）：将小组的成果准确、有条理地进行汇报，需要具备较高的语言组织能力和表现能力。

表 1 　　　　　　　　　　　　　角色分工

角色	内容
Group leader	
Recorder	
Timer	
Reporter	

（2）教师发布第一个子任务：In groups, discuss the goal of your voluntary group in 10 minutes. The following questions may be helpful。

①Who/What do you think needs help? Why?

②What places do you think need more volunteers?

③Which place would you like to help at? Why?

Summary: The goal of our voluntary group is to help _____,
because _____ .

2. 设计意图

通过小组分工，每个组员都承担了具体的职责，避免了在小组合作中常会出现的强者恒强、弱者无所事事的情况，同时也能够充分发挥每个组员的长处，有利于后续小组合作任务的顺利开展。第一项任务需要学生小组合作讨论确定项目的整体方向，为项目的具体展开奠定基础。

六、具化任务，逐步推进

明确了具体的任务和方向之后，教师要为学生提供更加详细具体的任务清单，以避免学生无从下手，不知道从何处开始去完成自己的项目任务。子任务发布之后，教师需要在学生群体中走动，留意学生的语言交流并对可能会出现的困惑作出及时的解答。

1. 教学片段

教师发布第二个子任务：In groups, brainstorm and discuss the name and slogan for your voluntary group. The following conversation may be helpful。

S1: What shall we call our voluntary group?

S2: Why not call it...?

S3: Sounds good.

S4: But I think the name is too long. What about...?

S1: That's a good idea! Let's call it...

S2: What about the slogan? I suggest...

S3: That's too long, too. People won't remember it. My suggestion is...

S4: That sounds great.

...

Summary: The name of our voluntary group is _____ .

The slogan of our voluntary group is _____ .

教师发布第三个子任务：In groups, think of some activities and list at least three in the table below（见表2）。

表2   志愿活动

活动名称	活动地点	活动时间

2. 设计意图

教师在本环节将项目通过子任务的方式细化，让学生有具体的方向和思路，以便顺利地推进任务。子任务都是开放性的题目，能够拓宽学生的思维，让每个学生都能够积极思考，做到有话可说，有所贡献。在小组合作过程中，教师强调每一位成员都要参加小组讨论，每个同学的想法都很重要。活动中，学生们的注意力集中，一起出谋划策，都能感受到学习的乐趣。

七、交流展示，多元评价

学生在充分的讨论交流之后，最终明确并完善项目的各个要素。教师基于学生的语言水平发布写作任务，如果学生语言水平较差，可以在汇报的格式上给予一定的框架支持；如果学生的语言水平较高，可以直接请学生进行语言组织并作汇报。学生在写汇报的时候，也是提炼写作策略、提升思维能力和写作能力的过程。

学生在进行项目汇报展示的时候，教师可以鼓励并引导学生进行多元评价，可以是书面评价，也可以是口头评价；可以是组内评价，也可以是组间评比；或者是各种评价的综合。在发挥教师主导作用的同时，不能忽视学生的主体作用。合理的评价方式能够极大地调动学生的学习积极性。

1. 教学片段

教师引导学生对观点进行归纳总结，组织学生书写总结报告，并在全班范围内对自己的志愿者队进行介绍。每位学生都有两张投票，可以投给自己最希望参加的志愿者队。得票数最多的前三组入选最佳志愿者队，并颁发奖状及奖品。

2. 设计意图

教师让学生运用自己所学的语言完成对项目的描述，以提高学生对语言的运用能力，增强学生的写作能力和思维能力；与此同时，做演讲报告的方式能够极大地锻炼学生的口语表达能力。最后，通过投票的方式进行学生互评，学生互评的方法也符合青少年学生的心理特点和情感态度，充分调动了学生的积极性，让课堂变得更有意义、更有趣。

八、结语

基于项目式教学的初中英语写作教学围绕单元主题，明确项目要求；结合学生生活实际，组建小组合作共同完成项目；关注项目完成过程，丰富教学评价；促使学生成为课堂的中心和学习的主人，有利于学生内化知识并运用知识去解决问题，有效地促进学生语言能力的发展，提升学生的思维品质，从而提高学生的学习能力。

参考文献

［1］中华人民共和国教育部. 普通高中英语课程标准：2017 年版［M］. 北京：人民教育出版社，2017.

［2］卢国华. 美国 PBL 英语教学的体验与启发［J］. 中小学外语教学（中学篇），2018（5）：37 – 41.

"双减"政策下初中英语单元主题作业多样化的实践与思考

宋彩红　深圳市沙井中学

【摘要】《义务教育英语课程标准（2022 年版）》明确提出，教师要强化素养意识，围绕单元主题，充分挖掘育人价值，确立单元育人目标和教学主线；深入解读和分析单元内各语篇及相关教学资源，并结合学生的认知逻辑和生活经验对单元内容进行必要的整合或者重组。学生的核心素养是课程育人价值的集中体现，同时课标也强调发展学生的语言能力，培育学生的文化意识，提升学生的思维品质，提高学生的学习能力。而对教材内容的整合、对教材的深度挖掘以及将主题意义融入单元教学中，是统筹单元整体教学的核心概念架构的重要方法。英语教师要围绕单元主题来确定单元目标，以单元为整体进行教学设计。"双减"政策要求教师既要减轻学生的学习负担，也要提升学生的学习质量。传统作业量大、繁杂、枯燥无味，而减负和分数之间存在矛盾。面对以上两个教学实际问题，教师应该重新审视作业的设计，使其具有高效性和创新性。

【关键词】初中英语；单元主题作业；多样化；实践

课外作业是课堂教学的延续，目的在于帮助学生经过自己的独立思考，运用所学知识，灵活地分析问题、解决问题，巩固语言知识，培养英语能力。同时，课外作业也是教师反思教学活动得失的重要手段。设计、布置、完成及评价课外作业能有效地对教学效果进行反馈和检测，使教师的"教"和学生的"学"相对达到某种程度的和谐与统一。然而，由于长期中考应试教育的压力，学生英语作业日益增多，导致完成作业成了应付了事的苦差事。再加上如果缺乏教师的指导和完成作业的策略，英语课外作业不仅达不到设计的目的，反而会挫伤学生学习的积极性、主动性和创造性。《国家教育事业发展"十一五"规划纲要》明确指出"提质减负"，要求切实减轻中小学生过重课业负担。那么教师就必须更新观念，重新认识和思考英语课外作业的意义和作用，以提高教学质量，将培养学生自主学习能力作为出发点和归宿，重新设计英语课外作业的内容和形式。

一、初中英语作业普遍存在的问题

（一）作业偏重书面形式

由于应试教育的不可避免性和应付检查，教师布置的英语作业多以书面形式为主，以听、读、说为辅，淡化了不好操作、反馈评价困难的运用性作业。作业形式单调、乏味，不利于发展学生个性和培养实践能力。

（二）作业中的"拿来主义"

大部分教师布置作业资料基本上采用"拿来主义"策略，甚至会为了布置作业而布置作业。另外，受应试教育的影响，大搞题海战术，布置作业只图"量"不求"质"，加重了学生的负担，不但耗时耗力，而且逐步打消学生学英语的兴趣。

（三）作业没有弹性，缺乏层次

教师布置作业不尊重学生的个体差异，均采取"一刀切"的策略，让有差异的学生做无差异的作业，出现有的学生"吃不饱"，有的学生"吃不了"就选择抄袭作业甚至不做作业的现象。久而久之，英语"短腿"的学生就越来越多。

（四）作业评价注重结果，忽视过程，缺乏激励

传统作业大都只看完成时长及对错。作业评价只注重作业本身的客观结果，缺少学生、教师与作业之间的真实互动，严重影响学生的学习热情和学习积极性，导致学生做课外作业的兴趣不高，作业质量可信度不高，作业的效果不尽如人意等。这些弊端与课程改革是格格不入的。作为一名初中英语教师，笔者一直在反思其弊端并研究探索新的作业设置与评价方式。

二、单元主题作业多样化的实践步骤

（一）深入学习领会大单元整体教学，基于主题意义探究大单元教学设计

备课组以个人学习和小组讨论相结合的形式，认真挖掘梳理大观念、单元整体教学与核心素养之间的内在联系。英语学科大观念是指向学科本体的语言大观念和具有跨学科特点的主题大观念的融合统一。基于英语学科大观念的单元整体教学，有利于教师整合和梳理教学内容，以主题和子主题串联起整个单元的语言材料，实

现语言材料在主题上的统一，从而使教学目标、教学过程、教学评价及作业设计有更好的整体性和连贯性。基于英语学科大观念的单元整体教学，为有效解决学习内容碎片化、过程模式化、评价表面化、作业单一化提供了新思路。

（二）深入研读语篇内容，提炼语篇主题，确立语篇主题意义

新课标指出，人与自我、人与社会和人与自然是英语课程内容的三大主题语境，按照不同的单元主题找出相关的主题语境和主题群，弄清楚子主题内容。根据单元语篇内容，提炼出语篇主题及主题意义。

（三）整合语篇内容，提炼语篇主题意义，进而确定作业具体内容

在作业设计的过程中，教师进行了多次研讨，基于单元学习内容进行了学科核心素养的细化，通过对语篇的分析进行了单元大、小观念的建构，在此基础上制定了单元学习目标，基于学习目标最终确定了作业设计的具体内容。

（四）基于单元主题意义和语篇主题意义确立单元目标，并划分课时

单元教学目标是学生在完成整个单元学习后综合素养的表现。教师要在单元大、小观念的基础上，结合单元教学内容与具体学情，制定单元教学目标。课时教学目标应在单元教学目标的基础上，根据各课时的主题、语篇及教学内容来制订。单元教学目标和课时教学目标的制订应遵循以下几个要点：第一，整体梳理单元的教学内容是制定单元教学目标和课时教学目标的前提；第二，单元教学目标不是各个课时教学目标的简单叠加；第三，各个课时教学目标虽然可以独立存在，但它们不是分离和割裂的，而是从不同维度来达成单元教学目标的；第四，单元教学目标和课时教学目标的制定要与单元大、小观念相融合，从认知、情感和态度三个层面实现学科的育人价值；第五，单元教学目标与课时教学目标的制定应充分考虑学情。

三、单元主题作业多样化探索

英语作业的形式应该多样化，教师应根据不同的教学内容和学生的实际情况来确定作业形式，应采用多角度、多形式、多题型，让学生手、脑、口、耳、目等多种感官参与作业活动，使学生的基础知识、基本技能和应用水平都能得到有效训练。

（一）即时型作业

在课堂上即时布置作业，当堂规定时间，做完就交，即时批改，教师在最短的时间内把作业的情况反馈给学生。例如，新单词一学完就听写，看谁记得准确；新的知识点一讲完就布置一些巩固练习，比比谁理解得快。即时型作业最大的优势在于，学生必须在课堂内完成，极大地杜绝了抄袭作业的可能性。也因为反馈及时，教师能在最短的时间里，真实地、准确地发现学生存在的问题，并即时反馈教学信息，即时调整教学节奏和教学方法。

（二）合作型作业

由独立走向合作，是作业改革的必然趋势。新课程改革纲要也明确指出，学生的合作精神与水平是重要的培养目标之一。教师能够有意识地把学生划分成不同的学习小组，也能够允许学生自由地结对子，在完成作业的过程中，若遇到困难可寻求教师和同学的协助。合作型作业提倡让学生学会自主学习、合作学习和探究学习。在学习过程中学会与他人合作，共同完成某个任务，这是时代的需要。

（三）实践型作业

语言是用来交流的一种工具，只有通过具体的实践活动才能有效地利用语言，并且体会到其中的乐趣和魅力。实践型作业，一方面能够训练学生使用所学英语知识的水平，另一方面能够培养学生收集资料、整理信息的水平以及加工创造的能力。例如，学完"When is your birthday?"时，笔者给学生布置了如下的作业：在课堂上用英语自由提问其他同学及家人的生日，并绘制一张生日表格，在规定时间内收集到最多信息的同学胜出。学生面对这样的作业感到兴奋又好奇，还觉得富有挑战性，都迫不及待地努力认真完成。这不但巩固了学生对句型结构的理解，而且通过多次问答的形式，学生逐渐地克服了语言障碍，所学知识有了用武之地，于是就会更主动地与他人进行英语对话，学习效果也会持续提升。

（四）创新型作业

教师会根据某些教学内容采用一些新型作业，如收集类作业、制作类作业、绘画类作业和表演类作业等。如在学完"How do you come to school?"后，笔者要求学生用英语制作自己的作息时间表，让学生把所学的英语知识和自己的日常生活联系起来。一方面，引导学生根据已有的知识对课文中情景进行想象，通过改、说、唱等形式再现、拓展、延伸课文内容；另一方面，引导学生对课文相关的图文资料进行加工、整理、采集、编辑并制作英语手抄报，或根据课文的对话和故事内容进行绘画、编曲创作等。实践证明，每一个学生都有一定的创造性学习的潜在能力，这种潜在能力要靠教师具体的教学活动去持续发掘。

四、实践中的思考

通过平时作业设计及学生最终的完成情况，笔者有以下四点反思。

（1）平时作业设计在形式方面进行了多样化的尝试，学生对作业的兴趣明显提高，但是对课内所学知识的复现在作业中体现得不够。

（2）部分作业难度超越了个别学生的认知水平，学生缺乏整体提炼信息、多角度综合表达的能力。

（3）小组合作类作业在课下实施的过程中，部分小组的合作意识不够强，在任务分配时，小组成员不清楚自己的职责，导致作业完成效率较低。

（4）作业跨度较大，缺乏对学生有结构、有层次的引导。在设计作业过程中，教师要注重作业设计的梯度，要更加关注班级中不同层次的学生，适当给予学生学习的阶梯。对作业进行科学、全面的评价，能起到激励作用，作业的评价重在帮助学生发现与发展潜能、认识自我、展示自我，促进学生素质的全面发展。

参考文献

[1] 黄宏震. 课后作业设计常见问题及评析 [J]. 中小学外语教学（中学篇），2012（4）：24 – 26.

[2] 钱宇. 初中英语作业设计的研究与实践 [D]. 上海：华东师范大学，2006.

[3] 王菲. 初中英语作业讲评内容的改进研究 [J]. 上海教育科研，2012（5）：39 – 40.

[4] 潘莉，丁曦. "双减"政策的价值取向、实践挑战与应对策略 [J]. 教育文汇，2021（10）：20 – 23.

[5] 马燕婷，胡靓瑛，等. 核心素养导向的作业设计 [M]. 上海：华东师范大学出版社，2021.

[6] 中华人民共和国教育部. 义务教育英语课程标准：2022 年版 [M]. 北京：北京师范大学出版社，2022.

基于主题意义探究的单元整体教学初探

——以沪教牛津版英语八年级上册 Unit 6 Ancient stories 为例

孙　霓　深圳市新安中学　（集团）　外国语学校

【摘要】《义务教育英语课程标准（2022 年版)》中强调，教师要强化素养意识，围绕单元主题，充分挖掘育人价值，确立单元育人目标和教学主线。单元承载主题意义，初中英语单元整体教学，需结合学生学情，整合单元教学内容，使单元中各语篇内容有所联系，更好地体现主题意义。本文在落实大单元教学的基本思路基础上，结合具体的教学案例，以期聚焦英语学科核心素养，践行学科育人。

【关键词】主题意义；单元整体；语篇；学科育人

一、引言

《义务教育英语课程标准（2022 年版)》中强调，以主题为主线，整体设计教学活动。教学活动的设计要有利于学生围绕主题意义，用英语进行真实的交流和表达。单元整体教学，能有效解决传统教学的碎片化，课堂热闹的表面化，评价的形式化等问题。而教师在教学过程中，有意识地创设情境，让学生参与课堂，探究主题意义，培养学生英语学科核心素养。本文从主题意义探究的视角，结合具体教学案例，探讨如何开展单元整体教学，达到学科育人的目的。

二、基于主题意义探究的单元整体教学设计途径

（一）聚焦单元主题，确定主题意义

通过认真研读教材，确定各板块的主题意义，设计合理的子教学目标，形成各部分的明线、暗线，从而完成单元的整体教学目标，体现单元主题。

以沪教牛津版英语八年级上册 Unit 6 Ancient stories 为例，首先明确单元主题"Ancient stories"是人与社会范畴，主题群是历史、社会与文化，子主题内容是身份认同感与文化自信。其次判断本单元的语篇都是连续性语篇，语篇类型为记叙文

的故事类。最后可以确定本单元的主题意义为：①通过了解中西方古代历史典故，关注中外文化异同，加深对中国文化的理解，增强文化自信；②结合当前的时事热点，能够迁移本单元所学内容，发表自己的观点。

（二）专研教材内容，梳理教学资源

以沪教牛津版英语八年级上册 Unit 6 Ancient stories 为例，本单元以古代故事"木马计"为主线，要求学生能够理解故事的起因、经过和结果，并按照时间顺序叙述故事。在主阅读篇章中，学生通过阅读特洛伊战争中的"木马计"故事，了解古希腊人通过计谋赢得战争的过程，并归纳战胜/战败的原因。听力部分是关于特洛伊战争的起因，学生通过时间线索，训练获取关键信息的技能。语法部分，则继续学习现在完成时，并要求学生能区别现在完成时和一般过去时。口语部分，强调语音语调、重读与弱读，培养学生朗读时的节奏感。写作部分，要求学生会用复述方式，以木马中一名古希腊士兵或特洛伊将军的视角讲述特洛伊战争，并巩固语法部分内容的学习。补充阅读部分，是阅读中国古代历史故事"草船借箭"，回答问题后，以曹营士兵的身份复述该故事。文化角部分，是了解《孙子兵法》。在课题部分，通过小组合作方式，按时间线索完成某个历史著名故事的表格，并由组员向全班讲述该故事。

（三）剖析单元板块，形成教学逻辑线

深入解读和分析单元各语篇及相关教学资源，并结合学生的认知逻辑和生活经验，对单元内容进行必要的整合或重组，建立单元内各语篇内容之间及语篇育人功能之间的联系。教师基于本单元的主题意义，聚焦教学资源的梳理，避免授课的碎片化，教学过程逻辑清晰，语篇之间关联密切。这就需要教师重新调整本单元的语篇顺序，设定单元整体的教学目标和课时教学目标，以确保主题意义的落实，实现英语学科育人目标。以沪教牛津版英语八年级上册 Unit 6 Ancient stories 为例，单元教学目标及课时设计如表 1 所示。

表1　　　　　　　　　　　　　　　单元教学目标

单元教学目标	语篇	课时	活动范畴
了解特洛伊战争的起因	课本 Lo 和 Hi 的对话 + Listening (How the Trojan War started) + Speaking (A. Talk time)	看听说：1 课时	学习理解

续　表

单元教学目标	语篇	课时	活动范畴
了解、评价特洛伊战争中"木马计"的故事； 阅读中国古代历史故事"草船借箭"，比较中西古代历史典故，发现彼此异同点； 加深对中国历史文化的理解并欣赏古人的智慧	Reading (The Trojan horse) + Speaking (B. Speak up) + More practice (The story of 100,000 arrows)	阅读： 3 课时	学习理解 + 应用实践
习得并了解含有 since 和 for 引导的时间状语的现在完成时； 理解现在完成时和一般过去时在含义和用法上的区别	Grammar (A. The present perfect tense with *since* and *for*; B. The present perfect tense and the simple past tense)	语法： 2 课时	应用实践
总结、利用故事的基本要素，以第三者视角进行故事的复述	Writing (A story about the Trojan War)	写作： 1 课时	应用实践
借助工具了解《孙子兵法》等中国或西方著名历史典故； 合作完成故事的基本要素表格，确定故事的框架，并在课堂上讲述故事	Culture corner + Project	阅读： 1 课时	迁移创新

　　在剖析单元板块后，进行单元板块重构。在单元开篇课时中，以课本上的卡通图片，激发学生对历史故事的兴趣，引入本单元的"古代故事"的话题。因为主篇章是古希腊故事，八年级学生对此类题材较为陌生，为了能让学生从整体上了解特洛伊战争的来龙去脉，将听力板块放在主阅读篇章之前进行教学。同时，故事的基本要素，即时间（when）、地点（where）、人物（who）、事件（起因、经过和结果，how and why）贯穿整个单元的所有语篇，搭建复述故事架构，为了解单元主题意义、理解中国文化做好铺垫。同时，将 Speaking 进行拆分，A. Talk time 放在听说课型中，有利于巩固学生捕捉关键信息的技能。

　　同样，在阅读板块中，由于听说课的铺垫，学生了解了特洛伊战争爆发的原因，在此基础上，引导学生分析语篇中人物的言语和行为，推理出人物性格及其性格对故事的作用。同时，引导学生从故事的结局总结教训，表达个人观点。将 Speaking 的 B. Speak up 整合在阅读课型中。在前面课时的学习和输入后，学生能进行角色扮演，有利于激发学生学习兴趣，发展自主、合作的学习能力，形成有效的学习策略。阅读课的第二课时，将补充阅读 More practice 提前到主阅读篇章后，通过比较阅读，能将相似的中西方古代历史典故加以比较，发现异同。

语法课的学习安排在听说课和阅读课之后，学习含 since 和 for 引导的时间状语的现在完成时用法，相比第五单元的语法，加深了学生对语法结构和形式的学习。通过对比，区别现在完成时和一般过去时，掌握两者的意义和用法。

写作课的学习，学生需要从"角色扮演"的参与转化为第三人视角，运用故事的基本要素对"木马计"进行转述。

在单元学习的最后一部分是，通过阅读中国古代战术著作和中西方古代历史典故，小组合作回答课文提供的六个问题，初步构建故事框架，为完成小组上台展示故事做好准备。

该单元的教学内容围绕故事的基本要素展开，经过整合可以清晰看出，特洛伊战争故事的缘由、发展线索和结局，让学生对中西方古代历史典故做对比，增强民族自豪感和文化自信。

三、教学反思

（一）学生

本单元的学习内容对八年级学生有一定的挑战，但通过重组单元整体教学资源的方式，从故事前因后果入手，学生能较好地理解故事并进行复述。其中角色扮演部分，学生积极参与小组活动，其教学效果能达到预设目标。但对于语法部分的教学，学生还是存在一定的困惑，这部分需要教师再融入更加真实的生活经历和经验，帮助学生体验语法的意义。

（二）教师

教师合理有效地使用教参，充分挖掘单元语篇的关联性，及时并有效地给学生提供框架，但在项目部分，并没有达到预设效果。如果在单元整体教学中，以主题意义为指导，增加中西方古代历史典故，以项目化方式开展，利用作业从教学第一课时进行入项，到项目结束时的出项，学生对于主题意义的理解会更为深刻。

四、结语

基于主题意义探究的单元整体教学要求教师在进行单元整体教学设计时，应打破传统的以知识为中心的碎片化教学模式，转化为以主题意义探究的单元内容的整合和重构，并进行语篇的分析，确保教师对教学内容和内涵的准确把握，体现其逻辑关联性，并充分挖掘单元的育人价值，促进英语学科育人价值在课堂落地，推动并发展学生核心素养。

参考文献

［1］中华人民共和国教育部．义务教育英语课程标准：2022 年版［M］．北京：北京师范大学出版社，2022.

［2］王蔷，周密，蔡铭珂．基于大观念的高中英语单元整体教学设计［J］．中小学外语教学（中学篇），2021（1）：1–7.

［3］王蔷，孙薇薇，蔡铭珂，等．指向深度学习的高中英语单元整体教学设计［J］．外语教育研究前沿，2021（1）：17–25，87–88.

［4］王蔷，孙万磊，赵连杰，等．大观念对英语学科落实育人导向课程目标的意义与价值［J］．教学月刊·中学版（外语教学），2022（4）：3–14.

基于核心素养下提升初中英语课堂教学效率的思考

汪未华　深圳市宝安区燕山学校

【摘要】 核心素养是基础教育课程改革深化的重要内容。初中英语学科核心素养要求教师要充分认识教学现状，教学中更新教学理念，改变传统单一枯燥的教学方法，真正从课堂讲授走向合作探究，从教师"满堂灌式"教学走向"教师为主导、学生为主体"的启发探究式课堂，充分重视形成性评价对学生的积极导向作用，最终实现英语学科的育人价值和学生的全面发展。因此，提高初中英语课堂效率是发展核心素养的重要方式。

【关键词】 核心素养；初中英语；课堂教学效率

2014 年 3 月发布的《教育部关于全面深化课程改革落实立德树人根本任务的意见》中指出"核心素养"这一重要概念，要求将研制与构建学生核心素养体系作为推进课程改革深化发展的关键环节。该意见发布以后，关于学生核心素养的讨论迅速成为教育界关注的热点问题。教育的根本问题是"培养什么样的人"和"怎么培养人"，而核心素养的提出从根本上回答了这个问题。在我国，学生核心素养的培养主要通过基础教育阶段各学科的教育教学来实现。就英语学科而言，新课标中明确提出了要重点培养学生的四大核心素养，即语言能力、文化意识、思维品质和学习能力。本文在核心素养背景下，谈谈如何提高初中英语课堂教学效率。

一、初中英语教学的现状分析

（一）英语教学中教师存在的问题

一是教师没有及时转变教学观念，缺乏系统的教学理念指导，课堂教学设计未能结合学情，过于强化英语的语言交际功能，却忽略了对学生思维品质的培养。随着科技的发展，网络资源非常丰富，教师方便获取各类教学资源，但很多教师对此缺乏消化吸收或是对于新观念处于一知半解的状态，甚至直接下载视频或课件照搬进课堂，这必然导致教学效果不理想。英语作为一门语言，长久以来被放大其语言交际功能和语言知识能力水平，英语思维能力的培养并没有引起重视。

二是教师缺乏对教材整合处理的能力，完全遵从教材的篇章结构按部就班地教学，教学内容和目标单一，忽视了学生的全面发展。教材是实施教学的重要依据，但很多教师对于教材的处理缺乏灵活性，没有进行有效的单元整合，没有将教材上的内容转化为听、说、读、写不同模块的单元整体教学。这种机械性地完成课本上的教学内容，不仅枯燥乏味，更是缺乏拓展和延伸，长久以来，必定不利于学生的全面发展。

三是课堂教学缺乏对学生的学法指导，教学方式粗浅，忽视对文本主题意义的深层研究。一线教师往往会纠结"这个题我已经讲过很多遍了""昨天才讲的"等，而后责备学生没有掌握教师所教的内容。但站在学生的角度思考，为什么讲过的内容却总是不会呢？那必然是学生没有厘清做题思路和掌握做题方法。还有单一的教学方式如词汇教读音和意思、阅读划短语搭配、语法做练习题等，形式枯燥乏味，学生只是照葫芦画瓢，根本没有进行深层意义的研究，更谈不上培育价值观和情感态度。

（二）英语教学中学生存在的问题

一是学生在英语学习中没有有效地发挥主观能动性，被动地接受大于主动思考，不利于思维品质的培养。我们常说，学生在课堂上一定要紧跟教师的节奏，积极参与课堂，对于教师在课上抛出的问题要及时做出反映。但由于学生基础薄弱，不愿与教师互动，被动接受知识，课上缺乏师生有效沟通。这样的学习模式无法调动自身的学习内驱力，无法刺激学生表达观点，更不能发展创造性思维。

二是学生的时间管理能力弱，学习内化的时间较少，不利于提升自我学习能力。较多学生不懂时间管理，更不会规划好一天的学习和休息，导致浪费许多碎片时间。学生在校时间基本在上课和做练习，如果不能充分利用课后时间内化当天所学知识，不能及时进行复习和总结，久而久之，知识积累得越来越多，学生会感觉越来越吃力，教师也会感觉拖不动。

三是学生缺乏良好的学习习惯。亚里士多德曾说，播种一种行为，收获一种习惯；播种一种习惯，收获一种品格；播种一种品格，收获一种命运。英语学习中书写工整规范、广泛阅读、词汇打卡、朗读课文、阅读理解题画出关键句等都是助力英语学习的良好习惯。如果学生缺失了良好的学习方法，就像是无头苍蝇，效果必然不好。

二、核心素养背景下提升初中英语课堂教学效率的具体措施

（一）教师课前要做好"四备"，即"备教材""备学生""备任务"和"备自己"

第一，结合教学需要和学生学情，创造性地使用教材，加强对教材主题意义的深层研究。上课前教师先熟悉教材，完成教材配套练习，圈画出重难点，结合优质资源进行修改，最终形成符合学情的教学设计和教学方法。英语教学要深挖阅读素材中的主题意义，通过教学设计帮助学生养成良好的思维品质。如设计"The box and the pearl"阅读教学时，假设你是买家的朋友，当你看到他的精美盒子，你会有什么反应？不仅为学生创设了语言情境，还鼓励学生辩证地看待问题，部分学生会赞美盒子，而部分学生却认为盒子不值得买，应该拿贵重的珍珠。此刻教师提醒学生选择自己所喜好的就是最好的。通过设计这个阅读活动，引导学生不必从众，要遵从内心想法，做好自己。

第二，面向全体学生，根据学生的基础与能力精心设计课堂活动，区分难易度，力求不同能力的学生都能开口表达，参与课堂，逐步提升学生的语言表达能力和思维品质。如设计课外阅读"China's Newest Diving Star—Quan Hongchan"教学时，采用"reading circle"的教学方式，将学生按照"组间同质、组内异质"的原则分组，学生可根据自身的知识能力水平选择不同的角色，如 Discussion Leader、Summarizer、Culture Collector、Life Connector 等，基础较薄弱的学生通常会选择 Word Master 处理关键词汇，学习能力较强的学生会选择 Summarizer 或 Culture Collector等归纳总结文本主要内容或进行文本阅读延伸，这有利于培养学生的思维品质和文化意识。

第三，教学环节清晰，教学任务明确，课后作业设计与课堂教学内容相关并有一定的延伸性，进而能在有限的时间内确保学习效率。英语学科核心素养的培养应以教材为依托，毕竟课堂时间有限，因此课前要清晰梳理本节课的教学环节及教学任务，厘清每个教学环节的教学目标。如词汇教学不仅要求会朗读、听写和记忆，还应指导学生在语境中正确使用。阅读课包括泛读和精读，泛读通过大脑快速地处理语言文字，获取知识来练习阅读技巧，提升阅读理解能力和阅读乐趣；而精读不仅要学习语言本身的相关知识如单词或语法等，还要对文本中的重要语句和段落所表达的思想内容进行深入理解，从而实现文本主题的深入研究。作业设计既要有课堂所学知识的重现，使学生能通过课上所学知识解决课后问题，增强学习积极性和

自信心；也要有拓展延伸，学生会用所学知识举一反三，解决复杂的问题，提升问题解决能力和思维能力，增强学习成就感。尤其在"双减"政策下，教师作业设计尤其重要，既要减轻学生的作业压力，又要保证教学效果。

第四，精练语言组织课堂教学，通过全英文教学实现语言环境浸泡，促进自身专业水平的提升。作为一线英语教师，要使用全英文组织教学，且通过英文渗透语法专业术语的表达，不仅能帮助学生学习正确的语音语调，更能培养其学习能力和思维品质。通过生生、师生互动帮助学生建立学英语的自信。而且，全英文浸泡式教学不仅要求英语教师具备高水平的口语表达能力，也迫使学生不得不使用英语交际，因此会大大提高对目标语言的使用频率。这不仅能帮助师生说一口流利的英文，更能够以"听说"语言素养为突破口，提升学生"用英语思考""学会用英语表达和写作"的能力。

（二）课堂上要以学生为主体，以教师为主导，创造和谐的课堂气氛，让学生主动积极参与课堂

第一，以教师为主导，重在引领与示范，进行学习策略指导。教师要组织好课堂教学，在课堂每个环节中都应起到主导作用，扮演好自己的角色，充分调动学生的学习积极性，让所有学生在课内都充分地接受听、说、读、写的训练。如在教授新单词读音时，教师可引导学生先画线标出音标中的元音音素，正确朗读元音后再将辅音组合在一起朗读，可降低朗读的难度，且通过划分音节朗读单词便于学生分音节默写，比死记硬背要准确和高效得多。深圳中考听说考试中的"短文复述"是很多学生的难点，教师可指导学生先根据中文导语和开头句审清人称和时态，然后根据思维导图的关键词判断出可能会使用的高频句型，如 age 用 "He/She is... years old."，hobbies 用 "His/Her hobbies are doing sth."，dream 用 "His/Her dream is to be a/an..." 等，要求学生在播放录音前速写下每个要点的句型，录音播放时只需要填充要点和检查句型，可以减轻学生的听写压力。

第二，以学生为主体，鼓励师生、生生交流，逐步提高自主学习能力。任何教学活动都依托教材，而教材也是源于生活。核心素养背景下，我们要实现学生的全面发展，使学生在学习英语的过程中体会英语的价值，从而调动他们的学习兴趣和积极性。教师要善于将教材与生活密切联系在一起，为学生成为"学习的主体"创造条件。如在写作话题教学 Invitations 中，邀请外国笔友五一假期来深圳游玩，以本土地标如虹桥公园、滨海文化公园摩天轮、深圳文和友等为写作素材，介绍去往这些景点的交通方式、购票方式、票价以及景点须知等。通过这次写作活动，学生

不仅会写作，还学会一些生活小技能，从而实现学科育人价值。

第三，充分发挥评价的积极导向作用，重视形成性评价。教师评价标准的设计一方面要结合英语学科教学的四大核心素养进行具体内容的设计，另一方面在内容上要做进一步的拓展，增设与完善关于文化意识、思维品质、学习能力等要素的评价标准。完善的评价有利于学生不断体验英语学习过程中的进步与成功，有利于学生建立和保持英语学习的兴趣与信心。教师可通过群发表扬信息，私信个别优秀或某方面优秀的学生，且要善于观察学生的进步点，及时捕捉，及时评价，学生在不断的激励下会越来越有信心。根据学情选用合理、多样的评价方式，肯定学生在学习过程中的参与度与努力程度，帮助学生认识自我。

三、结语

提升课堂教学效率是教学中重要的教学要求，所以在实际教学中，教师要多思考、多探索适合初中英语教学的方法。核心素养理念下的英语课程教学必须"以人为本"，教学要实现由单纯语言教学向推动人的全面发展的改变，同时又要兼具英语语言的人文性和工具性。教学要将学生的发展视为核心目标，从学生的角度出发，设计出具有一定挑战，但可以通过教师指导与自身努力学会的教学内容。教师教学时要根据学生的学习特点与规律进行引导，重视学生的学习过程，在学习知识的同时促进学生核心素养与必备能力的形成。如今，学校、家庭十分注重教学效率，教师更要学习先进的理论和方法提高教学效率，促进初中生英语水平的全面提高，为他们往后的英语学习、社交、工作奠定坚实的基础。当然，核心素养的根本和关键，还包括教师的专业素养，若想有效指导学生，则要求教师具有长远的目光与专业的素养。

参考文献

[1] 王玉清. 基于核心素养的初中英语课堂教学变革 [J]. 西北成人教育学院学报，2021（2）：109－112.

[2] 王艳慧. 新课标背景下初中英语课堂教学效率提升的思考 [J]. 知识文库，2021（11）：124－125.

[3] 张莉，杨志皇. 核心素养观下英语教学变革的困境和出路 [J]. 教学与管理，2020（3）：109－111.

英语阅读与写作教学

指向深度学习的初中英语主题阅读教学路径探索

王贡婷　深圳市宝安区海韵学校

【摘要】 阅读教学是初中英语教学的重要方面，也是提高学生英语学习能力和学科素养的关键环节。在初中英语教学活动的实施过程中，要积极探索有效的阅读教学方法与路径，通过主题阅读活动的有效实施，来进一步激发学生的阅读兴趣，提升学生的阅读能力，并在此基础之上实现深度学习。本文就深度学习的初中英语主题阅读教学路径探索进行探讨。

【关键词】 深度学习；初中英语；主题阅读教学；路径探索

在课程改革不断推进的背景下，初中英语教学活动也在通过不断地探索新方法、新路径来进一步提升教学质量。深度学习理念为英语教学提供了新的思路，也指明了方向。而主题阅读作为一种有效的英语教学方法，主要通过引导学生围绕特定主题开展阅读，提高学生的阅读能力，增加学习的深度。然而，如何将深度学习理念与主题阅读教学方法相结合，以进一步提升教学效果，仍然需要教师结合学生实际情况及教材特点，来积极研究和探索有效路径。

一、基于主题意义，选择适合的阅读材料

《义务教育英语课程标准（2022 年版）》指出，主题为语言学习提供主题范围或主题语境，包含人与自我、人与社会和人与自然这三大主题语境，每个主题群下包含若干个子主题，共 32 个。主题语境不仅规约着语言知识和文化知识的学习范围，还为语言学习提供意义语境，并有机渗透情感、态度和价值观。主题阅读作为一种有效的阅读手段，是从主题出发，在一定范围内，阅读相同主题、相似文本，或是同一作者，类似风格、体裁，内容接近的文本内容。主题阅读虽然看似内容单一，却不失为一种循序渐进的、不断夯实基础的学习策略。主题阅读具有很强的实用性，能够培养学生主动阅读的兴趣，提高他们的阅读能力和理解能力。通过选择与学生兴趣相关的主题材料，可以激发学生对英语学习的积极性，增加语言输入量和语言输出机会。

以沪教牛津版深圳英语教材七年级上册 Unit 1 Making friends 为例，应该围绕如

何结交朋友来选择阅读材料。以"结交朋友"这个主题为中心，在教材阅读材料的基础上，从课外选取一些有关交友的技巧和意义的文章，体裁可以多样，如小故事、说明文、社交媒体的帖子等，能帮助学生建立起积极、友好的社交关系。在阅读的过程中不仅可以帮助学生了解多样化的社交方式，还可以通过角色扮演与情景模拟来提升学生的社交技能。

二、围绕核心素养，确立精准的教学目标

为了有效开展主题阅读教学活动，先要确立精准的教学目标。仍然以 Making friends 这一单元的教学为例，教学目标要围绕核心素养要求来确定。在语言能力方面，学生要能够学会介绍自己；在文化意识方面，学生要能够学会和不同国家的朋友沟通；在思维品质方面，学生要能够提炼总结交友的方法和技巧；在学习能力方面，学生要能够通过与教师和同学的互动，调整和改进自己的学习方法。学生结交朋友是个体扩大社交圈、丰富生活的重要渠道，开展主题阅读活动不仅能提升学生对当下社交互动的理解，还能为具体的社交活动提供有效的指引。

在阅读教学活动的设计与组织上，需要通过语篇阅读及活动实践的方式来强化对学生核心素养的培养。要利用丰富的阅读素材，根据素材特点来创设多样化的情境，让学生在情境氛围的感染下更好地展开阅读。

三、指向深度学习，开展丰富的阅读活动

深度学习指向下，初中英语主题阅读活动的开展要更具有针对性与可操作性，而这一切的前提都是充分地激发学生的阅读兴趣，活跃学生的语言思维，并在此基础之上指向深度学习。所以，要根据学生的实际情况，如阅读水平、特点与能力来开展丰富的阅读活动。例如，在以"结交朋友"为主题的阅读活动中，除通过短文、博客、帖子来进行文本阅读外，还可以进行活动拓展，如让学生以小组为单位来分享交友经验。在当前的时代背景下，交友的方法与渠道日益多元化，除线下交友之外，还可以通过网络来进行线上交友，突破时间、空间的界限。在分享活动中，可以鼓励学生大方地分享自己的交友方法。例如，如何打招呼，如何进一步交谈，如何建立信任，等等。在分享的过程中，可以对自己的交友过程进行一个总结，还可以通过他人的交流与分享，来学习更多的交友技巧，并在实践中逐渐提高自己的社交能力。

四、分析语篇内容，设计问题链

主题阅读教学要在初中英语教学中发挥作用，体现深度学习，除对文本内容进

行阅读，掌握生词、词义之外，还要结合语篇内容，以问题链的设计与实施来指向深度学习，提高学生的阅读理解与实践应用能力。仍然以 Making friends 这一单元的主题阅读活动为例，文中对主动结交朋友的方式进行了介绍，包括参加社交活动、加入兴趣小组或俱乐部、使用社交媒体等方法，并提供了社交的具体方法，包括关注、尊重、倾听等。通过对语篇内容进行分析，设计问题链，如交朋友对人们为什么重要？有哪些主动交朋友的方法和途径？如何维持长久的友谊？你会如何去结交朋友？利用问题链的提出来促使学生深度阅读与思考，以更好地理解语篇内容，掌握社交方法。

五、优化评价机制，促进深度阅读

主题阅读策略要在初中英语阅读教学中发挥积极作用，不仅需要科学的设计，精心的组织，合理的阅读文本、内容与资源选择，也需要不断地优化评价机制，对学生的阅读效果进行总结与评价，及时解决阅读中的问题，促进学生深度学习。评价机制应该根据不同的教学需求和阅读目的，制定多元化的评价标准。除对文章内容的理解和分析能力进行评价外，还可以对学生的思考深度、思考广度、批判性思维、应用实践能力等方面进行评价，使评价更加全面客观，从而使主题阅读更具深度。

综上所述，新课程背景下，初中英语教学要从学生核心素养培养的角度出发，结合英语学科的特点及教学的重点，通过在英语教学中运用主题阅读教学策略，全面提升学生的阅读能力与阅读质量，从而更好地启发语言思维，促进学生语言思维的发展。

参考文献

［1］韩会珍.基于深度学习提升初中英语阅读教学有效性的策略［J］.教育界，2023（19）：17－19.

［2］张儒才.指向深度学习的初中英语"教学评一致性"阅读教学探究［J］.中学生英语，2023（24）：71－72.

［3］袁媛.基于深度学习理念的初中英语阅读教学路径及设计探究［J］.英语教师，2023（11）：169－172.

运用语篇分析提高学生的英语读写能力

——以沪教深圳版初中英语教材为例

卢秋莲　深圳市宝安区教育科学研究院

【摘要】本文旨在探讨语篇分析在提升学生英语读写能力中的应用。首先，概述了深圳市新中考英语方案的背景，并强调了语篇分析在英语教学中的核心地位。其次，详细解释了语篇分析的概念，并探讨了其在增强学生英语读写技能方面的作用。最后，提出了一系列教学策略，旨在通过语篇分析促进学生对语篇内容的深入理解，从而提高其英语读写能力。这些策略包括：基于"What""Why"和"How"的语篇分析框架、对语篇的微观结构进行细致的分析、运用思维导图辅助学生进行语篇分析以及通过逆向思维法引导学生进行语篇分析。这些策略能够有效提升学生的英语读写水平。

【关键词】语篇分析；提高；英语；读写能力

在英语教学中，语篇分析是一种有效的教学方法，对提高学生的英语读写能力具有重要意义。下面，笔者将探讨如何通过语篇分析来提升学生的英语读写能力，并提出具体的教学策略。

一、研究背景

2016年，教育部颁布了《中国学生发展核心素养》这一重要文件。该文件的核心理念是"培养全面发展的人"，并将核心素养划分为文化基础、自主发展和社会参与三个方面，并进一步细化为六大素养。基于这一核心素养框架，教育部陆续推出了《普通高中英语课程标准（2017年版）》《义务教育课程方案（2022年版）》《义务教育英语课程标准（2022年版）》。这些文件明确指出，语言能力、文化意识、思维品质和学习能力是英语学科的核心素养。深圳市作为教育改革的先锋，于2021年正式实施了新中考英语方案，将这些核心素养理念融入中考命题的指导思想和基本原则之中，旨在激发学生的学习动力，确保英语学科核心素养真正落实，并彰显其在育人过程中的重要价值。

通过对深圳市2021—2024年中考的英语题进行深入分析，笔者发现，无论是听力部分的短文复述题，还是笔试部分的完形填空题、阅读理解题，以及新增的六选五题和信息匹配题，都采用了语篇的形式，考查的侧重点也从传统的以语言知识与技能为主转向了以思维品质和学习能力为主。阅读作为获取信息和知识的重要途径，在初中英语教学中占据着举足轻重的地位。《义务教育英语课程标准（2022年版）》在"教学建议"部分也提出了明确的要求，教师要以语篇研读为逻辑起点开展有效教学设计。充分认识语篇在传递文化意涵，引领价值取向，促进思维发展，服务语言学习、意义理解与表达等方面的重要作用。开展语篇研读，教师要对语篇的主题、内容、文体结构、语言特点、作者观点等进行分析；明确主题意义，提炼语篇中的结构化知识，建立文体特征、语言特点等与主题意义的联系，多层次、多角度分析语篇传递的意义，挖掘文化内涵和育人价值，把握教学主线。根据学生基于主题的已知和未知，确定教学目标和教学重难点，为设计教与学的活动提供依据。然而，在过去的英语教学实践中，许多教师过于注重词汇和语法教学，对语篇的整体性和语境的重要性有所忽视，导致学生未能形成整体把握文章结构和主旨大意的关键能力。对此，笔者认为在英语教学中加强语篇分析十分必要，且十分紧迫。

二、语篇分析的概念与意义分析

什么是语篇？《普通高中英语课程标准（2017年版2020年修订）》对语篇的定义如下：语篇是表达意义的语言单位，包括口头语篇和书面语篇，是人们运用语言的常见形式。语言学指出，语篇由一些意义相关的句子组合而成。语篇内的句子为了实现特定的交际目的，通过一定的连接手段有机结合。这种句子有机的结合能够表达多层意思，并且具有内在的逻辑关联性，形成一个结构系统。通过把握语篇的整体意义，我们能够更好地理解作者的意图和文本的深层含义，从而在阅读过程中获得更为全面和深入的理解。

在探讨语篇分析的概念时，社会语言学家迈克尔·斯塔布斯（Michael Stubbs）提供了一个关键的定义：语篇分析是对句子或分句以上语言结构的深入研究，即对口头对话或书面语篇等较大的语言单位进行细致的探讨。基于这一定义，语篇分析的范围不仅限于单个句子或短语的分析，而且扩展至句子间的连贯性、语义的流畅性以及主题发展的连贯性等多个维度。这种分析方法强调了在更广泛的语境中理解语言的使用，从而揭示了语言结构与功能之间的复杂关系。在英语教学中语篇分析具有多重积极意义。

其一，语篇分析能够让学生深入理解作者的意图和文章的结构。通过对语篇的整体结构和微观结构进行分析，学生能够把握文章的主旨和细节，这对于提高其阅读理解能力至关重要。学生在分析语篇的过程中还能学会如何识别主题句、支撑句和结论句，这不仅有助于他们更好地理解文章内容，还能使他们在写作时构建清晰、有逻辑的文章结构。

其二，语篇分析能够培养学生的批判性思维。在分析语篇时，学生需要对作者的观点进行评价，对文章中的论据进行分析。这一过程培养了他们的批判性思维，使他们学会从不同角度审视问题，并提出自己的见解，成长为独立的思考者。

其三，语篇分析对于提高学生的写作能力同样具有积极作用。语篇分析能够帮助学生了解不同文化背景下的语言表达方式。通过分析不同类型的语篇，学生能够学到各种写作技巧和风格。例如，通过分析新闻报道，学生可以学习如何客观、准确地传递信息；通过分析议论文，学生可以学会如何有力论证。

此外，语篇分析能够激发学生的阅读兴趣和写作热情。当学生能够理解不同类型的语篇时，他们更愿意主动去阅读和写作。

综上所述，语篇分析是提高学生英语读写能力的有效工具。

三、运用语篇分析提高学生英语读写能力的策略

（一）围绕"What、Why、How"进行语篇分析

无论是口头语篇还是书面语篇，都有其特定的交际目的和主题意义，即作者或说话人的意图、情感态度或价值取向等。在带领学生进行语篇分析时，教师应当围绕"What、Why、How"这三个基本问题来与学生共同深入探讨语篇，以此提升学生的阅读和写作能力。首先，从"What"出发，教师要引导学生分析语篇的主题和内容是什么。其次，从"Why"出发，教师要引导学生分析语篇所传递的意义是什么、作者的写作意图是什么。最后，从"How"出发，教师要带领学生分析语篇具有什么样的文体特征、内容结构和语言特点。如果语篇配有图片或表格，教师还需要引导学生探讨图片或表格传递了何种意义或具有何种功能。

以沪教深圳版初中英语教材八年级下册第三单元为例。该单元的主题是"认识和了解中国传统文化"。在这个单元中，学生将接触到中国悠久的历史文化和丰富的文化遗产。在 Unit 3 Traditional skills 的教学中明确包含了鸬鹚捕鱼（Reading: Fishing with birds）的内容，学生将学习关于鸬鹚捕鱼的历史和文化，探讨诸如鸬鹚捕鱼这些传统文化在现代社会中的意义和价值。通过这一单元的学习，学生能够了解中国深厚的文化底蕴，思考传统文化在现代社会中的作用。同时，能以主人翁意识思考

如何保护传统文化，让优秀传统文化得以在现代社会中传承下来。

在鸬鹚捕鱼的教学过程中，教师可以运用语篇分析的方法，以鸬鹚捕鱼这一具体的中国传统技艺为例，引导学生深入探讨"What"（鸬鹚捕鱼是什么，鸬鹚捕鱼的步骤等）、"Why"（为什么要介绍这一传统技艺，如何正确看待它在现代社会中的意义和价值，如何保护及传承面临消亡的传统技艺）以及"How"（文章是如何构建的，如何通过语篇学习来理解和评价这一传统技艺）。

首先，在"What"的层面，教师可以通过阅读材料和课堂讲解，帮助学生全面了解鸬鹚捕鱼的具体实施步骤、历史渊源、传统技艺以及与之相关的文化习俗。这有助于学生构建起对鸬鹚捕鱼这一传统文化的初步认知。

其次，在"Why"的层面，教师可以组织学生进行小组讨论，探讨鸬鹚捕鱼这一传统技艺在现代社会中的价值、意义以及可能存在的问题。通过这样的讨论，学生不仅能够深入思考传统文化的传承与创新，还能锻炼自己的批判性思维，学会从多个角度审视和评价传统文化，做优秀传统文化的小小宣传者。

最后，在"How"的层面，教师可以指导学生运用语篇分析的方法，对鸬鹚捕鱼的相关文本进行深入剖析。通过分析文本的篇章结构、语言特点以及作者的观点态度等，学生能够更加深入地理解这一传统技艺，并学会如何将自己的思考和见解以书面形式表达出来。为了巩固学习成果，教师可以创设情境，比如鸬鹚捕鱼这一传统技艺即将申报非物质文化遗产，要求学生撰写发言稿介绍这一传统技艺，在文章中融入自己的思考和见解。这样的写作练习不仅能够检验学生对语篇分析的理解程度，还能进一步提升他们的写作技巧和表达能力，从而有效地提高学生的英语读写能力。

（二）对语篇的微观结构进行细致的分析

在教学过程中，教师要结合课程标准中对主题语境内容的要求，提取相关的语块和句型，并引导学生将这些语块和句型运用到实际的语言表达中。例如，从核心语块 protect the environment（保护环境）出发，引导学生深入理解和运用相关句型。这不仅帮助学生掌握如"It's + 形容词 + for someone to do something"（对某人来说做某事是……的）这样的结构，还包括 in order to 引导的目的状语从句和 if 引导的条件状语从句等复杂句型。通过这种整合性学习，学生能够将这些句型有机地融入更广泛的语篇中，从而提高他们的语言整合能力。

在学生熟练掌握这些基本句型后，教师可以进一步引导他们进行句群翻译和写作练习，这些活动要求学生将所学的句型灵活运用于实际语境中，以增强他们的语言运用能力。这种教学方法强调了从基础到高级的逐步过渡，使学生能够在不断的实践中积累经验、巩固知识，最终达到在写作中灵活运用语言，表达复杂思想的境界。通过这样的语言整合教学，学生不仅学会了如何构建句子，还学会了如何将这些句子有效地组织成连贯、有逻辑的段落和文章。

（三）运用思维导图助力学生进行语篇分析

在语篇分析的教学中，思维导图作为一种可视化工具，能够有效地帮助学生理解和掌握语言结构，从而提高他们的语言运用能力。

还是以上文"保护环境"的教学内容为例，教师可以利用思维导图来展示与"保护环境"这一主题相关的语块和句型。思维导图的中心是"保护环境"这一核心概念，从这个中心向外延伸出不同的分支，每个分支代表一个相关的句型结构。例如，一个分支可以是"It's + 形容词 + for someone to do something"，另一个分支可以是 in order to 引导的目的状语从句，再一个分支可以是 if 引导的条件状语从句。

通过这种结构化的视觉展示，学生可以清晰地看到各个句型是如何围绕中心主题组织起来的。这种直观的展示有助于学生理解句型之间的联系，以及它们如何共同构建起一个完整的语篇。

接下来，教师可以引导学生使用这些句型来构建自己的思维导图。学生在掌握了基本句型后，可以进一步进行句群翻译和写作练习。在这个过程中，思维导图作为一种规划工具，可以帮助学生开拓思路，确保他们的写作逻辑清晰、结构合理。

经过长期的训练，学生就能写出一篇篇有血有肉、有灵魂的作文。这样的作文能够充分展示学生的个性和思想。因此，运用思维导图助力学生进行语篇分析，是一种非常值得推广的方法。

（四）运用逆向思维法引导学生进行语篇分析

在提升学生的英语读写能力的教学过程中，逆向思维法的应用显得尤为重要。教师需要先精心挑选适合学生阅读的语篇材料，这些材料应能够激发学生的好奇心和探究欲。例如，可以选择八年级下册 Unit 2 More practice 部分"Eye contact"这一文段作为分析对象。接着，教师应引导学生转换角色，从命题者的角度出发，进行模拟命题创作活动。

具体来说，教师可以组织一场命题比赛，鼓励学生将这篇文章改编成六选五的题型。在这个过程中，学生需要深入挖掘文章的深层含义，理解文章结构和主旨，然后从不同角度设计题目，这一过程能够提高他们对文章的理解程度和对细节的把握程度。

通过这种逆向思维的训练，学生在设计题目的过程中，必须仔细阅读和分析文章，这有助于他们更深入地理解文章的每一个细节，从而提升他们的阅读理解能力。同时，通过创作题目，学生能够学习如何组织语言和构建逻辑，这对于提高写作能力同样重要。因此，这种逆向思维法不仅能够增强学生对语篇的理解，还能够在实践中提升他们的英语读写能力。

通过这种逆向思维的训练，学生不仅能够站在命题者的角度思考问题，还能更深入地理解文章的深层含义。更重要的是，通过这种训练，学生的整体感知能力和逻辑思维能力将得到显著提升。在阅读理解的过程中，学生将能够更加准确地把握文章的主旨和细节，从而在考试中取得更好的成绩。

展示和分享优秀命题作品是这一过程中的重要环节。通过展示和交流，学生可以相互学习，进一步提升自己的阅读理解能力。这种训练方式不仅能激发学生的学习兴趣，还能提高他们的应试能力，取得事半功倍的效果。

在英语教学领域，语篇分析扮演着至关重要的角色。它不仅能显著提升学生的英语读写技能，还能增强他们运用英语进行有效沟通的自信心。通过深入的语篇分析，学生能够更深刻地理解语言的内在逻辑和结构，这不仅为他们当前的学习打下了坚实的基础，也为他们未来的职业发展铺平了道路。

参考文献

［1］中华人民共和国教育部．普通高中英语课程标准：2017 年版 2020 年修订［M］．北京：人民教育出版社，2020．

［2］中华人民共和国教育部．义务教育课程方案：2022 年版［M］．北京：北京师范大学出版社，2022．

［3］中华人民共和国教育部．义务教育英语课程标准：2022 年版［M］．北京：北京师范大学出版社，2022．

［4］雷旺丽．基于语篇分析的初中英语阅读教学策略［J］．校园英语，2024（5）：169－171．

［5］STUBBS M. Discourse Analysis：The Sociolinguistic Analysis of Natural Language［M］．Oxford：Basil Blackwell，1983．

近三年深圳市中考英语书面表达题型的特征分析及命题建议

陈锦香　深圳市宝安区教育科学研究院

【摘要】 通过对广东省深圳市近三年初中英语三次适应性考试及三次中考中的书面表达题型进行归纳分析，梳理出深圳市新中考英语书面表达考查的基本特点。在新课标对命题的相关要求的指导下，以一次中考模拟试题的书面表达为例，提出英语书面表达题型命制的建议。这将有助于初中英语教师了解书面表达题型的考查要求和命制原则，并在日常英语教学中有针对性地进行书面表达能力训练，从而提升学生的英语综合能力，发展其学科核心素养。

【关键词】 中考英语；书面表达；深圳市；题型特点

书面表达是英语重点主观测试题之一，它具有最高应用能力考查维度，难度也较大，往往成为体现区分度的关键题型，是学生在中考复习阶段比较难把握的一种题型。

在中考中，英语书面表达题型的命题意图是什么？它考查学生哪些方面的能力？具有什么特征？在中考复习阶段，教师命制书面表达题时应注意什么？笔者通过归纳分析 2021 年以来广东省深圳市新中考英语三次适应性考试以及三次中考中的书面表达题目，梳理出深圳市新中考英语书面表达的考查内容，并评析试题的基本特点。同时，基于《义务教育英语课程标准（2022 年版）》第六章课程实施的"评价建议"中关于学业水平考试题目命制的相关要求，以一次中考模拟试题的书面表达为例，提出在新课标指导下书面表达题型命制的建议。这将有助于广大初中英语教师了解书面表达题型的考查要求和命制原则，以在日常英语教学中有针对性地提升学生的书面表达能力。

一、广东省深圳市新中考英语书面表达题型分析

自 2021 年起，广东省深圳市开始实行新中考制度，一般在九年级第一学期末开展一次适应性考试，该考试被认为是中考的模拟考试，至今已进行了三次。笔者对这三次适应性考试和同期三次中考中的书面表达试题进行了梳理，发现无论是在

适应性考试还是在中考，书面表达题目呈现形式都以学生熟悉的问题情境为载体，与学生核心素养的培养相关联，主要对学生语言水平进行综合检测。具体考查内容汇总如表1所示。

表1　　2021—2023年广东省深圳市适应性考试和中考书面表达试题汇总

年度	考试类型	考查体裁	考查内容	开放程度
2021	适应性考试	应用文——演讲稿	"拒绝浪费"（"Say No to Unnecessary Waste"）演讲稿 1. 列举你身边的浪费现象，如浪费水、电、食物； 2. 给出至少两条拒绝浪费的建议； 3. 呼吁大家采取行动	☆☆☆
2021	中考	应用文——新闻报道	学校科技节新闻报道 1. 活动目的； 2. 活动项目：①模型制作比赛；②…… 3. 活动亮点：学生发明的服务校园的机器人（外形、功能）； 4. 学生感受	☆☆☆☆
2022	适应性考试	应用文——发言稿	"双减"政策下寒假计划发言稿 1. 制订计划的目的：引导学生自主管理时间，合理规划假期生活，过一个有意义的寒假； 2. 计划包含：①为家人做一件有意义的事，如做一顿饭；②……	☆☆☆
2022	中考	应用文——Vlog解说词	毕业Vlog解说词 1. 海边活动： 下午：沙滩排球…… 晚上：搭帐篷，聚餐和清理垃圾，参加分享会； 2. 活动感言	☆☆☆☆
2023	适应性考试	应用文——电子邮件	介绍深圳"创意十二月"的电子邮件 1. 目的：丰富校园生活，发展创新能力 2. 内容：①创意写作大赛；②机器人展；③…… 3. 学生感受	☆☆☆☆
2023	中考	应用文——自荐信	申请成为接待新西兰考察团的志愿者的自荐信 1. 个人优势：①熟知"智慧校园"，如师生能在教室上网；②乐于交流；③擅长英语；④…… 2. 期待的收获； 3. 希望获得机会	☆☆☆☆

从表 1 可知，几次考试的书面表达均为应用文，包含演讲稿、新闻报道、发言稿、Vlog 解说词、电子邮件以及自荐信，充分体现了书面表达命题的应用性。这些题目创设了生活情境，全面考查学生在解决实际问题、完成实际任务过程中体现出的语言能力、文化意识、思维品质和学习能力。从内容上看，试题题材新颖、时代性强，围绕人与自然、人与社会、人与自我三大主题范畴，主题语境涵盖生活与学习、做人与做事、科技与创新及环境保护。话题贴近学生生活，体现时代特征、价值引领及文化内涵，具体特点如下。

（一）落实立德树人，体现育人价值

试题命制符合新课标的要求，体现课程的育人目标和基本理念，有利于促进和引导教学全面落实课程目标、课程内容和学业质量标准；有利于引导学生优化学习方式，拓展学习渠道，提高学习效率；有利于教师改进教学方法；有利于学校综合评价学生的英语学习水平和能力表现。

考查内容从英语学科核心素养出发，以立德树人、学科育人为核心，凸显社会主义核心价值观。在具体情境和语言运用中渗透对学生学习策略、文化意识和思维品质的考查。例如，2021 年适应性考试的书面表达为"拒绝浪费"（"Say No to Unnecessary Waste"）的主题演讲，要求学生用正确的词汇、句式和时态描述生活中的浪费现象，同时提出拒绝浪费的建议，并呼吁大家采取行动。该题目能让学生从观察日常生活开始，关注浪费行为，并思考如何拒绝浪费，在真实情境中寻求解决问题的办法，并通过演讲呼吁大家采取行动。通过完成书面表达，学生对拒绝浪费产生认同感，并思考如何拒绝浪费，最终成为拒绝浪费的宣传使者。

（二）选材贴近生活，紧扣时代主题

由表 1 可知，书面表达的考查内容涉及"拒绝浪费"主题的演讲稿、学校科技节的新闻报道、"双减"背景下的寒假计划发言稿、九年级毕业活动 Vlog 的解说词、介绍校园创意节的电子邮件和申请成为接待新西兰考察团的志愿者的自荐信。选材丰富多样，均源于学生生活真实情境，使他们有话可说。学生需要运用自己的综合语言能力完成真实或接近真实的交际任务，体现了英语语言学习的真实性、实用性、导向性和实践性。

例如，2022 年适应性考试的书面表达紧扣热点话题，围绕国家"双减"政策落地与劳动课程设置契机，设置了寒假生活这一真实情境，要求学生思考如何规划寒假生活，在提供的信息的基础上，通过发散思维，补充相关联的内容，完成真实交际任务。该题在考查学生综合语言运用能力的同时，引导其参与劳动，合理规划时间，过一个有意义的寒假，从而落实五育并举的教育目标。此项语言交际任务提高了学生在真实生活场景中发现问题、分析问题和解决问题的能力，使其学会分析、迁移和创造。

（三）扩大开放程度，综合考查能力

2019 年 11 月，《教育部关于加强初中学业水平考试命题工作的意见》出台，文件中明确提出，"试题命制既要注重考查基础知识、基本技能，还要注重考查思维过程、创新意识和分析问题、解决问题的能力。结合不同学科特点，合理设置试题结构，减少机械记忆试题和客观性试题比例，提高探究性、开放性、综合性试题比例，积极探索跨学科命题"。对此，这几次书面表达试题很好地作出了回应，题目的提示信息逐步减少，越来越趋向于半开放型或开放型试题，学生发挥的余地变大，有了更多表达个人情感、态度与观点的机会。

例如，2021 年中考的书面表达，该题创设了深圳学校科技节的情境，让学生扮演校园活动的小记者，对活动的目的、活动的项目和参与活动的感受进行报道。情境真实，内容基础，话题也是学生熟悉的，他们有话可写。题目给出了一个活动项目和服务校园的机器人这两个提示，其他内容如活动目的、其他的活动项目、机器人的外表与功能、学生参与的感受等，都需要自行补充，没有任何提示，学生必须先构思这些内容，再用达意、得体、准确的语言进行表达，试题具有较强的开放性。

试题开放程度的提升更能激发学生思考，按新闻报道的要求组织语言，按一定的逻辑顺序描述事件，并根据自己的真实情感表达感受。这种开放设题方式既考查了学生的英语书面表达基本功，又考查了其创造性思维能力。

（四）立足核心素养，树立文化自信

发展到今天，人们已经认知到语言与思维是相互影响、相互促进的两个方面，即两者是分不开的、无法独立发展的。语言既是思想的反映，又是对思维的促进；思想通过语言表达出来，反过来又促进语言的发展。

书面表达试题能综合考查学生的语言运用能力，体现了学科核心素养的发展要求。在四大英语学科核心素养中，语言能力是构成英语学科核心素养的基础要素，它的提高有助于文化意识、思维品质和学习能力的提升，能帮助学生拓宽视野和思维，促进跨文化交流。

对中考考生而言，毕业是即将发生的事情。组织毕业主题活动与同学们一起欢聚，符合学生的身份与情感需求。在 2022 年中考中，这样的书面表达题材能让其立刻感到亲切。该题不仅考查学生的语言能力，还涉及对其核心素养的考查。学生需要运用语言准确描述活动内容，发散思维，填充活动内容并抒发自己的活动感想。在这个过程中，学生的思维能力和学习能力能得到相应的体现。而以"青春飞扬"为主题的毕业 Vlog，能充分展示学生的青春风貌。

在 2023 年的中考书面表达题目中，学生要撰写自荐信，申请接待考察团志愿者的职位，介绍自己的"智慧校园"，展示自己乐于交流、擅长英语等个人优势，并表达对所期待的收获和对获得机会的渴望。题目涉及人与自我、人与社会的主题，学生在完成书面表达的过程中，链接生活与学习，学会做人与做事。同时，运用所学参与志愿活动，服务社会与他人，在活动中习得人际沟通、交流与合作等技能，进行跨文化的沟通与交流，从而更全面地认识自己、提升自己，展示深圳学生，乃至中国学生全面发展的青春风貌，增强作为中国学生的民族自信心和自豪感。

二、中考英语书面表达题型命题建议

从以上几次考试的书面表达题型的特征分析可知，书面表达试题选材贴近学生生活，紧扣时代脉搏和热点话题；开放程度逐步扩大，综合考查学生的语言能力和思维能力；立足核心素养发展目标，引导学生树立对中华优秀传统文化的自信；在考试和学习中落实立德树人，体现学科育人价值。下面，以广东省深圳市宝安区2022 年第二次中考模拟试题中的书面表达题为例（见图 1），梳理书面表达题型的命制建议，以供各位教师参考。

IV. 书面表达 (15 分)

为进一步加强深圳中小学劳动教育，促进五育并举，深圳中小学已从 3 月 1 日起独立开设劳动教育必修课。请你根据以下要点，写一篇关于劳动教育的短文，谈谈你对开设劳动课程的建议及你对开设该课程的理解。

要点： 1. 开设课程的建议：① 开设剪纸、木工课；
　　　　　　　　　　　　② 开辟屋顶农场，教学生种植蔬果；
　　　　　　　　　　　　③ ……

　　　 2. 开设课程的意义：学会生活技能，参与社会活动。（请补充至少一条意义）

要求： 1. 80 词左右，开头已给出，不计入总词数；
　　　 2. 要点齐全，可适当增加细节信息；
　　　 3. 条理清晰，语句通顺，意义连贯，书写规范；
　　　 4. 文中不能出现真实的姓名与校名。

参考词汇： 开设 run　　　　　课程 course
　　　　　 木工 woodworking　屋顶农场 a rooftop farm

Primary and secondary schools in Shenzhen have set up at least one labor class per week starting from March 1. _____

图 1　广东省深圳市宝安区 2022 年第二次中考模拟试题中的书面表达题目

（一）体现立德树人的育人价值

考试选材应体现立德树人的育人价值，作文的题材必须健康积极，体现社会主义核心价值观，彰显课程育人的理念。

培养全面发展的人是中国学生发展核心素养体系的核心目标。在新课程理念下，学校教育应培养学生能够适应终身发展和社会发展需要的必备品格和关键能力。国家开设劳动教育课程即要五育并举，此次考试以此为设题背景，旨在让学生在答题中思考劳动教育开设的必要性、课程内容及其意义，以更好地使其理解、接受并参与劳动教育，同时为开设好这门课程出谋划策，使其能真正受益于劳动教育，成为德、智、体、美、劳全面发展的人。此选材高度契合新课标的要求。

（二）创设合理、真实的生活情境

情境设计就是设置书面表达的背景。在书面表达试题命制中，创设合理、真实、具体的生活情境非常重要，在接近真实的任务中，学生能立刻有带入感，从而更加投入、主动地创作。同时，讲述生活中的事，表达对自然、社会、人生中具体现象或问题的感受和观点，能激发学生的主人翁意识，使其有话可说，从而勇于分享自己的思考和智慧。

此次考试创设的情境紧扣当时的热点话题——深圳中小学从3月1日起独立开设劳动教育必修课，要求学生提出对开设劳动课程的建议并表达对开设该课程的理解。在3月启动的试题命制中纳入此热点，基于如下考虑：4月下旬考试时，劳动教育已开设一个多月，学生对这门新的课程有怎样的体验？课程设置是否合理？是否满足学生的期待？学生有什么建议？学生肯定有话可说，有话要说。可以说，此次的书面表达试题提供了一个非常接近真实的情境，能激发学生积极思考和表达的兴趣，并发挥主观能动性解决问题。

（三）设置开放拓展的交际任务

2019年出台的《教育部关于加强初中学业水平考试命题工作的意见》明确提出要提高探究性、开放性、综合性试题比例。英语书面表达题考查学生的综合人文素养和综合语言运用能力，更具开放性的试题能更好地考查他们的思维宽度和广度。学生通过完成合理的开放性试题，能够进行更深入的思考和表达，培养发现问题、提出问题和解决问题的能力，从而提升思维品质，发展英语学科核心素养。

此次考试题目对书面表达的体裁、词数、题材、内容要点、参考词汇都提出了清晰的要求。内容要点部分的开放性体现得较为明显，要求学生自行补充对开设劳动教育课程的建议以及对课程开设意义的理解。这样的开放性要求恰好契合了设置书面表达试题立德树人的目的，使学生在完成写作任务的过程中潜移默化地内化劳动教育的必要性，为之后积极参与劳动教育奠定一定的思想基础。由此可见，开放任务的设置是实现书面表达题目育人功能的重要一环。

当然，对比省测中的英语书面表达题目，设题的开放性还可继续提升，如何通过减少文字提示，逐步给予学生更大的开放空间，更多地由学生思考和表达；继续深入探索更有利于发展学生英语学科核心素养的开放性设题。

三、结语

中考是以学业质量标准、课程内容为依据组织实施的考试，旨在监测和衡量学生在义务教育阶段结束时的学业成就。初中英语教师应关注书面表达的考试方向和考查要求，研究书面表达命题的基本理念，明晰书面表达试题命制的特点及遵循的原则，有的放矢地梳理学生在测试中反映出的相关问题，分门别类地在教学中针对问题寻求解决办法，力求提升学生的书面表达能力和英语学科核心素养。

参考文献

［1］常双．指向核心素养的初中英语命题原则与策略［J］．大连教育学院学报，2020，36（2）：10－13．

［2］常玉国．把握风向，摸准脉搏，遵循标准：从三个重要文件看高考书面表达备考新策略［J］．教学考试，2020（48）：29－31．

［3］中华人民共和国教育部．义务教育英语课程标准：2022年版［M］．北京：北京师范大学出版社，2022．

［4］林岩．口语教学与思辨能力培养：一项对英语辩论课程中学生反思日志的研究［J］．外语与外语教学，2012（5）：29－33．

指向思维品质培养的初中英语群文阅读教学

王 鑫 深圳市海湾中学

【摘要】 初中英语阅读教学中由于内容和目标的局限，教学活动单一，缺乏思维品质培养。为改善此问题，可基于群文阅读"1＋X"教学模型，围绕具体主题，选择一组语篇，设定教学目标，开展阅读教学。通过基于语篇的学习理解活动，明晰逻辑思维；深入语篇，通过应用实践活动，发展审辩思维；超越语篇，通过迁移创新活动，引发思考创新。英语教师可以借助教学活动中的思维可视化工具，基于群文阅读培养初中生的思维品质。

【关键词】 思维品质；群文阅读；可视化

《普通高中英语课程标准（2017 年版）》指出英语课程强调对学生语言能力、文化意识、思维品质和学习能力的综合培养。思维品质指思维在逻辑性、批判性、创新性等方面所表现的能力和水平。思维品质体现了英语学科核心素养的心智特征，思维品质的发展有助于提升学生分析和解决问题的能力。

英语群文阅读是根据学生的实际水平，围绕某一具体的主题语境或议题，基于不同的语篇选择一组文章进行阅读教学，开展指向核心素养发展的英语学习活动。在阅读中培养学生的思维能力，研读语篇，开展深度学习，是英语教学的重要任务。在现今的初中英语阅读教学实践中，存在两个阻碍学生思维能力发展的因素：一是内容和目标的局限性；二是教学活动的单一性。具体体现为阅读文本内容比较单一，教学目标设定大多聚焦表层信息获取和浅显的意义推断，忽视了对学生思维品质的培养。

一、围绕主题选择文本，设定教学目标，聚焦思维培养

群文阅读可以提供多篇文章供学生学习理解，多角度深化认知。在群文阅读"1＋X"教学模型中，"1"是一堂课的建构中心，整节课设计立足"1"，围绕"1"，建构"1"，最终回到"1"，为深度学习提供坚实的基础，从而促进思维品质的提升。

开展指向思维品质发展的英语学习活动，是指教师可通过确定议题、确定教学

目标、组织材料、开展教学活动以探究主题语境下的议题，通过展示、交流、总结等基本步骤实施群文阅读活动。围绕某一具体的主题语境，基于不同语篇选择一组文章进行阅读教学，在确立群文阅读中的"1"之后，教师要恰当选择"X"来帮助建构议题。"X"文本内容的选择可以与"1"互补，以互相印证，也可以相互对立。

确立中外"虎文化"主题后，教师设定教学目标，围绕主题选择文本："Celebrating the tiger""Ready to roar like tiger"和"From 6 to 200: When the tiger came down the mountain"。第一个语篇是关于中外虎文化的说明文，以各国虎文化和呼吁动物保护为主要内容；第二个语篇是一篇说明文，重点介绍了虎文化在中国军事和日常生活中的体现；第三个语篇为虎文化背景下，华南虎数量变化背后的历史。三篇文章相同之处在于主题，但切入点不同，因此可以从不同角度开展阅读与思考，进而提升思维品质（见表1）。

表1　　　　　　　　　　文本切入点、功能和操作思路

主题	目标	文本	切入点	功能	操作思路
中外虎文化	1. 学习中外关于虎的习语； 2. 使用 topic & supporting ideas 结构简介中国虎文化； 3. 对比中西虎文化的异同； 4. 恰当使用关于虎的习语表达新年祝福	Celebrating the tiger	1. 中国虎文化； 2. 亚洲虎文化； 3. 英语国家虎文化； 4. 作者观点	母本	1. 课堂精读； 2. 主旨句和支撑句结构； 3. 韦恩图（异同）
		Ready to roar like tiger	中国虎文化补充	文本互证、印证强化	1. 泛读； 2. 树形图（分类）
		From 6 to 200: When the tiger came down the mountain	以华南虎数量变化介绍中国动物与人关系的历史变迁	信息参考、深化思考	1. 泛读； 2. 时间轴

通过深入解读文本，对照思维品质具体表现，教师确定教学目标中的思维训练重点，选择适切的思维可视化工具，结合英语学习活动观，优化教学活动和改进教学策略，将所选的思维可视化工具融入学习理解类活动、应用实践类活动和迁移创新类活动中，推进学生思维品质的提升（见表2）。

表2　　　　　　　　基于英语学习活动观培养思维品质的活动设计

类别	层次	内容	目的	层面
学习理解类活动	感知与注意	虎文化成语闪卡视频	铺垫必要的语言和文化背景知识，激活已学知识	基于语篇的活动：初阶思维能力，感知与获取文化知识
	获取与梳理	三篇语篇主旨大意或细节理解，梳理观点和段落结构	在梳理细节信息过程中获取语篇整体结构	
	概括与整合	"Celebrating the tiger" 中写作结构图	借助树形图获取主题句和支撑句结构，明晰逻辑思维	
应用实践类活动	描述与阐释	根据结构图复述中国虎文化	巩固语言知识和结构化知识	深入语篇的活动：中阶思维能力，从浅层走向深度，理解与比较文化内涵
	分析与判断	结合 "Ready to roar like tiger" 对主语篇中国虎文化进行补充并阐述理由	结合树形图和主题支撑结构加深对主题的理解和判断	
	内化与应用	应用树形图和主题支撑结构分析主语篇英语国家虎文化	应用结构化知识，借助思维可视化工具内化思维路线	
迁移创新类活动	推理与论证	结合 "From 6 to 200: When the tiger came down the mountain" 和主语篇作者表述，将图腾崇拜、人虎斗争、国家公园保护濒危动物匹配正确的时间	深化思考中国动物与人的关系变迁，通过逻辑分析认识到历史变化背后的原因	超越语篇的活动：高阶思维能力，培养与践行文化品格
	批判与评价	基于韦恩图对比中西虎文化异同，并推理论证文化生活对语言的影响	对比异同，发现中西对"百兽之王"认知上的差异，语言认知受自身生活经验的影响；借助写作结构评判现象，发表观点，发展审辩思维能力	
	想象与创造	虎文化主题写作项目式任务：虎文化主题报告	实现知识技能的迁移和运用，使能力转化为素养	

二、指向思维品质培养的初中英语群文阅读教学实践——以"Happy the Year of the Tiger"阅读教学为例

时逢中国虎年新春，基于中国生肖文化和中外文化对比，笔者尝试借助群文阅读引导学生学习和运用英语基础知识和基本技能，发展跨文化交流能力，为学生学习其他学科知识、汲取各国文化精华、传播中华文化创造良好条件。

主语篇围绕中外虎文化主题开展。主语篇配有标题和图片，共 10 段，第一部分 1—4 段重点介绍了中国和亚洲虎文化，第二部分 5—7 段介绍了英语世界中的虎文化，第三部分 8—10 段谈论了作者对于"虎"的观点。文本特征丰富，逻辑结构清晰，思维可视图可以高效辅助学生开展深度学习，培养思维品质。

第二个语篇"Ready to roar like tiger"重点介绍了虎文化在中国军事和日常生活中的体现（见图 1）。

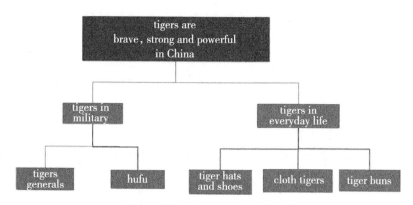

图 1　"Ready to roar like tiger"

第三个语篇"From 6 to 200: When the tiger came down the mountain"为虎文化背景下，华南虎数量变化背后的历史（见图 2）。

据此，本节课的教学目标设定为：在课程学习之后，学生能够学习中外关于虎的习语；使用 topic & supporting ideas 结构简介中国虎文化；对比中西虎文化的异同；恰当使用关于虎的习语表达新年祝福。

根据英语学习活动观，教师将思维可视图运用于学习理解、应用实践和迁移创新环节，借助图示或图示组合帮助学生分析语篇，使语篇思维结构清晰可见，便于学生的理解和记忆。在讲授语篇语言知识的同时，通过思维可视图培养学生预测、分析、比较等思维品质，从而提升阅读教学的效果。

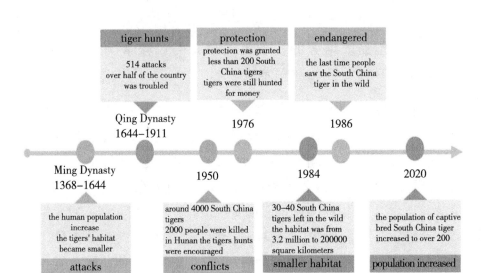

图2 "From 6 to 200: When the tiger came down the mountain" 时间轴

（一）在学习理解类和应用实践类活动中利用思维可视图明晰逻辑思维

根据语篇的文本特征，如标题、图片、首段等，预测语篇的主旨大意，是初中阶段重要的英语阅读技能和习惯。在学习理解类活动中，教师提供了 finding the main idea 可视图，引导学生从 title（标题）、pictures（图片）和 first paragraph（首段）等获取与梳理主旨大意。

学生根据思维可视图阅读语篇，并在语篇中画出线索，做好笔记，从而形成结构化知识，并在以后的阅读中迁移使用归纳主旨大意的方法。

通过思维可视图将阅读技能具体化和形象化，从而有效提升学生根据标题、图片和首段等文本特征猜测和归纳主旨大意的能力。

借助树形图，帮助学生明晰主语篇中国虎文化的写作框架（见图3），从语言知识过渡到结构化知识，感知主题句和支撑句的写作结构，并借助树形图和主题支撑结构，让学生进行文段复述。

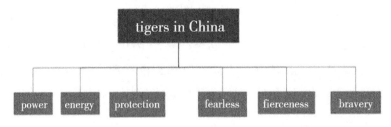

图3 "Celebrating the tiger" 中国虎文化思维可视图

然后结合"Ready to roar like tiger"语篇中 tigers in military 和 tigers in everyday life，帮助学生对主语篇中国虎文化进行补充，并从主题支撑结构上阐述补充的原因。

基于树形图和主题支撑结构，学生通过对主语篇英语中虎文化的学习，实现结构化知识的技能迁移。

（二）在迁移创新类活动中利用思维可视图培养审辩思维

通过主语篇"Celebrating the tiger"和辅助语篇"Ready to roar like tiger"的帮助，学生可以借助韦恩图展开对比并关联语篇信息，更加形象地展示出中西文化中虎的异同（见图4）。

图4 中西文化中"虎"的异同思维可视图

因为虎大多生长在亚洲，英语国家对狮子更加熟悉，所以英语中认为狮子为百兽之王，关于老虎的语言描述不多，更多的是从中国语言中引入。学生在填充信息后，推理论证出：语言认知受生活体验影响，文化沟通应当彼此尊重和互相理解，不能非此即彼。

借助主语篇"Celebrating the tiger"和辅助语篇"From 6 to 200: When the tiger came down the mountain"，学生对历史中人与虎关系变迁的历史原因有了更深的感知，认识到人与动物应当和谐共处，我们应保护生态的多样性（见图5）。

借助思维可视图，学生对比和关联语篇信息，从空间和时间两个方面，发展了审辩思维。

（三）基于迁移创新类活动发展创意思维

学生把阅读的内容和信息加以综合整理，并进行分析解读，这是把学到的新知识融入自我认知体系的过程，也是深度学习的过程。在读后环节，笔者创设了一个

With the article "From 6 to 200: When the tiger came down the mountain", match the sentences and pictures below with the proper time.

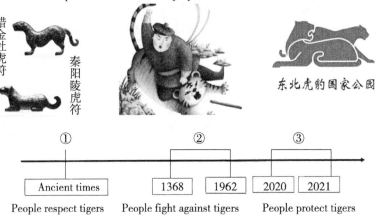

图5　人与虎关系变迁的思维可视图

文字稿的情境，学生结合本课所学，发展创意思维，表达虎年祝福，传播中国优秀的虎文化（见图6）。

书面表达（15分）
假设你是李华，时逢中国生肖虎年，想在网络平台用英雄推介中国虎文化，请你根据以下信息写一封Vlog的文字稿。

1.中国文化中的虎	在中国，虎是十二生肖之一，象征力量和勇气
2.中国文化中的虎的常见体现	有关虎的成语
	虎文化在日常生活中的表现
3.虎年祝福	用关于虎的习语（至少2个）表达对虎年新春的祝福

提示语：中国生肖 Chinese Zodiac Signs　　象征 stand for
Hello, everyone. The Chinese new year of the tiger is around the corner. It's a great pleasure to tell you something about tigers in China.

图6　读后作业

作为拓展作业，笔者提供了谁是百兽之王、一山不容二虎和与虎相关成语等阅读资料，鼓励学生结合自己的兴趣点，制作虎年主题报告。

三、结语

基于群文阅读"1＋X"教学模型，英语教师可以通过语篇的学习理解活动，帮助学生梳理概括，形成结构化知识，明晰逻辑思维；深入语篇，通过应用实践活动、观察和分析、比较和判断，帮助学生发展审辩思维；超越语篇，通过迁移创新活动，评判和创造，引导学生进行思考和创新，从而实现以群文阅读培养学生的思维品质的目标。

初中生英语读后续写写作策略研究

谢菁雯　深圳市宝安区实验学校（集团）海旺学校

【摘要】英语写作能力作为学生英语能力的综合性体现，一直是英语教育者的研究重点之一。探索提高英语写作水平的方式方法，是很多英语教育者一生追求的目标。自 2016 年读后续写的题型开始纳入部分省市的高考题目后，读后续写任务作为一种新兴的提高英语写作能力的方法，激发了很多英语教育者的研究热情。以往的研究大多是量化研究，而非专注于过程和写作现场细节的质性研究，且关于读后续写的研究对象都有局限性，大部分是大学生和高中生，对于初中生在读后续写任务中的思维过程、写作策略的探讨相对缺乏。本研究中的读后续写任务是指将一篇叙事性故事删除结尾后让学生发挥想象力进行续写；而写作策略则定义为英语学习者为提高写作效率、培养英语学习能力和写作能力而自觉或不自觉地采用的一些方法和手段。

本文通过有声思维和即时访谈的方法，选取深圳市某初中八年级 6 名学生为研究对象，探讨其在读后续写任务过程中使用写作策略的总体情况，并将 6 名学生中续写作品评价较高的 3 名和续写作品评价较低的 3 名之间所使用的写作策略频度和质量差异进行比较。

【关键词】初中英语；读后续写；写作策略

一、引言

全球化、国际竞争和大国之间的博弈推动着世界各国相互学习，这是英语教学被推广的原因之一。另一个原因是，在过去几十年中，我们一直在不断学习和吸收世界文明的成果并不断改革和创新。数以百万计的中国家长为提高孩子的英语水平付出了巨大努力，中国政府也通过一系列教育政策，强调英语学习的重要性。作为世界通用语言，没有人可以否认英语课程在学校中的重要作用。

义务教育英语课程标准鼓励教师为学生创造最接近真实语境的语言输入，引导学生在真实语境中产生交际输出。学生需要真实的语境来学习语言，但在真实的英语教学中，英语学习和语言使用总是脱节的，最重要的原因是课堂上使用的语言与英语教材不同。为了解决这个问题，我国研究者引入了读后续写任务，要求学生发挥想象力，在一篇文章的结尾已被删除的情况下，写出文章的后半部分。这个任务将写作融入阅读中，延续的内容必须符合原材料的风格和故事情节逻辑。阅读材料的过程就是学生与目标语言互动的过程。这一措施已经被广泛地应用于我国的英语教学中，并且其对提高英语学习效果的有效性在实证研究中也得到了验证。

二、理论及研究意义

《义务教育英语课程标准（2022 年版）》中，鼓励教师强调学习策略的指导性与个性化培养，因为策略的使用应根据个体情况的不同而变化，包括何时、何地以及如何使用策略。建议英语教师有意识地帮助学生制定学习策略，并根据学生的需求随时调整学习策略。英语写作策略也属于学习策略的一个分支。教师帮助学生制定和调整英语写作策略的重要前提是了解学生现有的英语学习情况和他们已掌握的英语写作策略。这就是当前进行研究的原因。

从英语教师的角度来看，其职责是帮助学生培养英语写作能力，而不是只关注写作成果，忽视过程和策略，只有这样才能真正了解学生现有的优势和问题。Cohen 指出，好学习者之所以优秀，是因为他们知道自己的优势所在，并知道何时采用特定的策略来解决学习问题。这启发笔者进行当前研究，以了解成功和不太成功的初中生在读后续写中使用的英语写作策略，从他们的优势和问题中得出可能的教学启示。

就研究对象而言，本研究着重关注在这个领域中未受足够重视的初中生，希望通过扩展研究对象和读后续写的研究分支，能够在研究主题方面进行延伸。为了加深对这一研究内容的理解，本研究将对初中生的写作策略进行观察，并展示一个近距离的视角。根据文秋芳关于实验分类的定义，目前大多数研究采用（前）实验设计。研究以预测测试、后测和延迟后测的形式进行。大部分研究通过定量研究来比较和观察不同问题类型的学生表现。由于读后续写任务中的交互是个体的，难以衡量，只有少数研究采用了诸如有声思维和叙事性研究等质性研究方法，可以对这种交互进行微观观察。因此，胡歆玥指出，未来关于读后续写的研究可以通过质性研究或后续调查深入探索涉及的思维过程、写作策略和心理变化。因此，当前研究跟随这一趋势，进一步丰富写作策略的研究。

三、研究目标和研究问题

1. 研究目标

（1）调查深圳市初中学习环境中写作策略的应用情况。

（2）研究在读后续写任务中 3 名高分学生和 3 名低分学生之间在写作策略应用

方面的区别。

（3）提高笔者对英语写作策略的理解，进而提升教学专业素养。

2. 研究问题

（1）参与调查的初中生在完成读后续写任务时使用了哪些写作策略？

（2）在完成读后续写任务时，高分学生和低分学生在运用写作策略方面有哪些主要的相似性和差异性？

四、关键概念的定义

（一）写作策略

英语写作策略的定义如下：学术界根据英语学习策略来定义英语写作策略。英语学习者将获取英语知识的具体措施视为英语学习策略。Flower 和 Hayes 首次提出写作是生成和递归的过程。英语学习者有意识地运用他们认为有效的策略，从而更积极地选择和内化新知识。Krapels 在比较和研究了高级和不熟练的作者的写作行为之后，认为写作过程涵盖任务、作者对主题的理解以及潜在读者对作品的看法。Collins、Petric 和 Czarl 都认为写作策略是倾向性的行为选择，旨在改善写作技巧。

我国学者文秋芳和王海霄的观点与上述几位外国学者的观点相似。刘志群和陈炎龙根据以前的观点进一步细化了英语写作策略的定义，他们将英语写作过程具体分为素材整理、规划、修订和评估。在写作过程中，作者采取有目的的思考和行动，包括书面反思和制订详细的写作计划，这个过程被定义为英语写作策略。总之，大多数中国学者认为英语写作策略可以被视为英语学习者提升英语写作能力的英语学习策略。

根据以上研究者的观点，本研究将英语写作策略定义为英语学习者应用的一些有意或无意的方法和手段，以提高他们的写作能力并促进他们的英语学习和提高他们的写作水平。

本研究采用的英语写作策略分类是整合归纳了以往关于母语和英语写作策略的研究结果，尤其参考了 Flower、Hayes、Oxford、Khaldieh、郭纯洁、齐放和张军的研究成果。同时，这些英语写作策略的分类也考虑到了读后续写任务的特点以及初中学生的认知能力。在本研究中，读后续写写作策略汇总及统计编码见表 1。

表1		读后续写写作策略汇总及统计编码
策略分类	子策略（统计编码）	执行过程中的执行策略
元认知策略 （Meta-cognitive strategies）	为计划而阅读（M1）	阅读素材以确保下一步要写什么，与前文内容保持连贯
	头脑风暴（M2）	产生新思路，组织信息并设定写作目标
	监控（M3）	监控写作过程，综合信息并识别问题
	决策（M4）	决定哪些要写，哪些要放弃，在不同情境下进行判断
	意识（M5）	意识到写作的目的
	进展评估（M6）	评估和衡量作文进展情况
认知策略 （Cognitive strategies）	规划/提纲（C1）	拟订故事的计划或提纲
	自问（C2）	通过对自己提问来明确困难或混淆之处，进一步澄清某些判断或推理
	推理（C3）	基于已知的知识和内容，对未来的信息进行逻辑推断
	有意识地检索（C4）	有目的地从长期记忆中检索所需的信息
	重复（C5）	重复刚刚写过的内容，检查错误或为进一步生成信息提供线索
	重读（C6）	阅读已有的作文，并为接下来的内容提供思路
	修订（C7）	修改词语、句子、段落和内容
	使用字典（C8）	使用字典查找新单词的意思或检查拼写
	模仿（C9）	模仿阅读文本，并构建自己的作文
社会/情感策略 （Social/Affective strategies）	自我强化（S1）	使用自我鼓励策略来调整心态，克服心理负担
	自我评估（S2）	评估自己的感受和满意程度
	寻求帮助（S3）	向教师或同学寻求帮助
交际策略 （Communication strategies）	读者意识（Co1）	预测兴趣和偏好，并调整写作计划
	避免（Co2）	避免使用难以使用的词语或短语
修辞/语言策略 （Linguistic/ Language strategies）	转换代码（L1）	使用不同的语言表达思想
	翻译（L2）	在写作前将英文翻译成中文
	词语选择（L3）	确保词汇的准确性； 如果不认识英文单词，可以先用中文写，并尝试找到合适的英文单词； 避免重复使用词语

续　表

策略分类	子策略（统计编码）	执行过程中的执行策略
修辞/语言策略 （Linguistic/ Language strategies）	句子选择（L4）	注意句子结构的准确性； 在段落开头使用完全正确的句子； 在写完句子后再读一遍

资料来源：笔者根据郭纯洁、齐放和张军的写作策略分类表整理而成。

（二）读后续写

读后续写已经存在很长时间了。2009 年王初明提出"学伴用随"原则后，我国英语学生逐渐重视其理论和实践价值。它的理论意义和应用重要性正逐渐受到该领域学者的重视。随着研究者对读后续写学习促进价值的深入研究，读后续写已成为近年来英语教学研究的热点之一。

王初明教授在对英语习得理论进行深入研究后提出了读后续写。读后续写将语言输出和输入紧密结合在一起，其目的是快速提高学生的语言技能。读后续写在设计上很简单，因为它只需去除阅读材料的末尾，允许学生自我阅读，然后按照逻辑续写故事。用于读后续写的阅读材料的内容需要具有以下特点：①有连贯性并能令读者产生兴趣；②有利于读者发挥想象力；③达到学生的语言水平；④具有一定的长度。

五、研究设计

（一）研究背景

本研究是在深圳市某初中八年级的一个普通班进行的，该班的英语教师有 10 年的教学经验，对读后续写理论有一定的理解。实验是在暑假进行的，所以参与者都有时间和意愿参加研究，并愿意参加这种初升高阶段的读后续写任务的预演。

（二）参与者

本研究共有 13 名参与者，他们是从英语水平高和英语水平低的 2 组学生中选出的，我们将他们分为 3 组。第一组有 5 名学生，负责评估先导研究的阅读材料。第二组有 2 名学生，被安排进行先导研究，并对正式学习的改编读物进行进一步评估。第三组有 6 名学生，被分为高成就组和低成就组。参与者的具体分配见表 2。

表2　　　　　　　　The profile of the participants（研究参与者概况）

Study group （研究组别）	Group （组别）	The number of the subjects and their gender （M for male, F for female） ［受试学生人数与性别（男性 M，女性 F）］
Evaluation group （评价组）	High achiever group （高成就组）	3 (2M, 1F)
	Low achiever group （低成就组）	2 (1M, 1F)
Pilot study （先导研究）	High achiever （高成就者）	1 (M)
	Low achiever （低成就者）	1 (F)
Formal study （正式研究）	High achiever group （高成就组）	3 (1M, 2F)
	Low achiever group （低成就组）	3 (1M, 2F)
	Senior high school teacher （高中评卷教师）	2 (1M, 1F)

此外，还邀请了2位具有5年以上高中教学经验的高中英语教师对读后续写的作文进行评分。

（三）研究工具

本研究以定性研究的方法进行分析，以案例研究为主要方式，采用思考的方法收集数据，以访谈为辅助。文秋芳、林琳指出，定量研究与定性研究不存在比较关系。定性研究可以用来发现事物的复杂性、不确定性和动态性，并可以从这个角度补充定量研究。因此，根据本研究的目的和提出的问题，采用定性分析的方法进行本研究。

1. 有声思维

有声思维源于心理学的研究，它被应用于英语教学的研究。Gass、Mackey 将这种方法定义为要求个人说出在执行当前任务或解决问题时大脑中发生的所有想法。这种实时表达大脑中认知过程的方法有很多优点，如有助于理解个人决策的认知过程以及决策中涉及的认知管理因素。与问卷或访谈相比，这种方法的自我报告能够产生立竿见影的效果，可以避免在信息检索和过滤过程中信息的丢失。

郭纯洁在英语写作策略研究中，运用"大声思考"这一调查方法，能更客观、更详尽地收集数据。一般来说，问卷调查和访谈都不可避免地带有先入为主的刻板印象，这些刻板印象往往成为引导或诱导调查对象的因素。因此，通过问卷调查和访谈的方式收集的数据往往是数据采集者想要获得的材料，在一定程度上缺乏客观性。此外，有声思维的调查方法可以收集更全面的现场数据，同时能更全面地揭示作者在英语写作策略具体运用中的实际情况。

2. 半结构化访谈

本研究采用半结构化访谈的调查方法。在每次完成读后续写任务后，研究人员分别采访8名学生，询问他们在读后续写过程中的详细经历，以及他们对读后续写的感受和评论。

3. 读后续写评分量表

Jacobs 等人开发了一种权威的英语作文评分量表（见表3）。而他的作品 *Testing ESL Composition* 是评估学生英语写作作品的经典著作，旨在从内容、组织、词汇、语言使用和机制等方面分析学生写作的文本特征。此外，根据读后续写任务的特殊性，学生的作品应该符合续写部分与原作连贯一致，情节完整通畅，人物描写丰富等特征。为了客观地对受访学生写作水平进行分类，本研究将 Jacobs 的英语作文评分量表与高考中使用的 SOLO 读后续写分级评价量表相结合，作为本研究读后续写的评分量表（见表4）。

表3　　　　Jacobs' scale for essay writing（雅各布斯作文评分量表）

Textual feature for analysis	The detail categories
Content	Knowledge of subject, adequate range, thorough development of thesis, relevant to assigned topic
Organization	Fluent expression, clear idea, well-organized, logical sequencing, cohesive
Vocabulary	Sophisticated range, effective word/idiom choice and usage, word form mastery, appreciated register
Language use	Complex constructions, errors of agreement, tense, number, word order/function, articles, pronouns, prepositions
Mechanics	Mastery of conventions, errors of spelling, punctuation, capitalization, paragraphing

撷英慧语　砥砺传薪

表4　　　　Scale for CWT in the research（本研究读后续写任务评分量表）

Level	Evaluation criteria	Score
5	1. High degree of harmony with the passage given and reasonable cohesion with the opening words of each paragraph provided; 2. Rich in content, using more than 5 key words in the passage; 3. The grammatical structures and vocabulary used are rich and accurate; 4. There may be some mistakes, but it does not affect the expression of meaning at all; 5. The connective elements between sentences are effectively used to make the continued passage compact	21 – 25 points
4	1. It has a high degree of harmony with the given passage and a reasonable connection with the opening words of each paragraph; 2. The content is relatively rich, using more than 5 key words the passage; 3. The grammatical structures and vocabulary used are really rich and accurate, which may be a little wrong, but does not affect the expression of meaning at all; 4. The connective components between sentences are used effectively, which makes the continued passage compact in structure	16 – 20 points
3	1. It is closely related to the passage given and has a certain degree of cohesion with the opening words of each paragraph provided; 2. Write out some relevant contents and apply more than 4 key words in the passage; 3. The applied grammatical structures and vocabulary can meet the requirements of the task. Although there are some errors, they do not affect the expression of meaning	11 – 15 points
2	1. It has a certain relationship with the passage given and has a certain degree of cohesion with the opening words of each paragraph provided; 2. Write out some relevant contents and apply more than 3 key words in the passage; 3. The grammatical structures are monotonous, the vocabulary items are limited, and errors in grammatical structures and vocabulary affect the expression of meaning; 4. The connective components between sentences are less used, and the content of the full text lacks coherence	6 – 10 points
1	1. Poor cohesion with the given passage and opening words; 2. The output content is too little, and the key words in the passage are rarely used; 3. The grammatical structures are monotonous, the vocabulary items are very limited, and there are many errors in grammatical structures and vocabulary, which seriously affect the expression of meaning; 4. Lack of connective elements between sentences, and the content of the full text is incoherent	1 – 5 points

134

（四）研究过程

1. 先导研究

本研究所用的阅读材料选自由上海外语教育出版社出版的 Ken Methold 的 *Short Stories for Comprehension* 系列。笔者通过适度的改编把语篇难度调整为略高于学生的阅读水平。因为根据以往对阅读和写作的研究结果，发现文本难度略高于学生的水平，可以促使学生表现出更多合作性行为，并提高学生的阅读和写作水平。除难度外，促进学生阅读和写作动机的另一个因素是阅读材料的趣味性以及可写性。因此，在选择5个故事后，笔者选择5名英语水平不同的学生作为样本，用5分Likert量表评估材料的难度、趣味性和可写性（见表5）。

根据表5中三个维度的综合评分，"Venus and the cat"以及"Dog for sale"被选为读后续写的阅读材料，同时笔者又选择了1名高成就英语学生和1名低成就英语学生来帮助调整阅读材料的难度，并用汉语标注这两名受试者遇到的生词和短语，以帮助正式研究的受试学生排除阅读障碍，在读后续写任务中保持高水平的动机。

表5　　　The evaluation scores of the reading materials（阅读材料评分）

The options of reading materials（阅读材料）	The scores of difficulties（难度评分）	The score of interest（趣味性评分）	The scores of writing ability of 5 readers（可写性评分）	The total score（总分）
1. The farmer and the snake	3/2/4/3/3	2/3/2/2/3	3/2/3/3/3	41
2. Venus and the cat	2/2/4/2/2	5/4/3/4/3	5/3/4/3/4	50
3. Almost sure	4/5/3/2/3	2/4/4/3/2	2/3/2/3/2	44
4. The twins	4/3/2/3/2	3/2/3/4/2	3/2/3/4/3	43
5. Dog for sale	4/5/4/4/3	4/3/4/5/4	5/4/4/4/3	60

除此之外，正式研究是在先导研究的基础上进行的。例如，在有声思维训练期间，学生被要求阅读其他类似研究的有声思维的转录文本；受试学生被要求观看由教师录制的以有声思维方式进行写作的视频，确保正式研究中有声思维的实施方法可视化等。实验方法经过调整后，受试学生对有声思维有了更好的理解。同时，正式受试学生被告知没有写作时间限制，改变了先导研究中受试者在完成读后续写时

所承受的时间和不良预测结果造成的心理负担。因此，正式受试学生被要求在完成读后续写后，评估阅读材料及其可写性，而不是在读后续写任务之前预测他们的写作结果。所以正式研究中的受试学生不会受到自身负面心理预测的影响。

2. 正式研究

为了消除性别差异可能带来的影响，分别选取 4 名阅读理解能力良好的男生和女生参与正式研究，他们的英语水平至少有实力以最低水平完成读后续写任务。他们中的 4 人在一般的英语水平测试中获得了很高的评价，而其他人的成绩则较低。这里值得一提的是，他们起初都接受了本研究的邀请。然而，2 名英语水平不如其他参与者的候选参与者失去了参与研究的兴趣，最终退出了研究。因此，低成就组只剩下 2 名参与者。令研究人员惊讶的是，其中一名本应参与高成就者小组的参与者在读后续写任务中却得到了非常低的评价，这是一个非常特殊的低成就者样本。因此，研究人员将这一受试学生归类为低成就组中的一员。于是正式研究确定包括 3 名高成就组的学生和 3 名低成就组的学生。受试学生的基本情况见表 6。正式研究前受试学生还需要进行有声思维培训及读后续写任务的即时访谈，最终的数据分析则通过分析有声思维的数据和即时访谈的材料，对转录文本和采访稿中出现的写作策略进行编码和统计，分析不同类型学生采用读后续写策略的区别，从而揭秘高成就者的学习特点。

表 6　　　　　　　　　Subjects Characteristics（受试学生的基本情况）

Study group（研究组）	Group（组别）	Subject（受试学生）	Language proficiency score（语言能力得分）	Essay evaluation scores（续写故事分数及字数）		Years in learning（学习年限）
				Scores of CWT 1 from 2 teachers（两位教师对读后续写任务 1 的评分）	Scores of CWT 2 from 2 teachers（两位教师对读后续写任务 2 的评分）	
Pilot study（先导研究）	High achiever（高成就者）	Student A (M)	95	16/15 (86 words)	20/18 (143 words)	8
	Low achiever（低成就者）	Student F (F)	59	9/8 (92 words)	5/5 (61 words)	9

续　表

Study group（研究组）	Group（组别）	Subject（受试学生）	Language proficiency score（语言能力得分）	Essay evaluation scores（续写故事分数及字数）		Years in learning（学习年限）
				Scores of CWT 1 from 2 teachers（两位教师对读后续写任务 1 的评分）	Scores of CWT 2 from 2 teachers（两位教师对读后续写任务 2 的评分）	
Formal study（正式研究）	High achiever group（高成就组）	Student C（M）	90	19/20 (70 words)	19/20 (102 words)	10
		Student H（F）	89	22/21 (157 words)	16/15 (105 words)	8
		Student I（F）	91	18/20 (183 words)	20/21 (164 words)	9
	Low achiever group（低成就组）	Student B（M）	65	10/11 (55 words)	6/5 (98 words)	8
		Student D（F）	66	10/10 (130 words)	6/9 (194 words)	10
		Student G（M）	85	5/4 (90 words)	7/9 (74 words)	10

注：表中的"Language proficiency score"为受试学生的平时成就。

六、研究结果

本研究采用了郭纯洁提出的解析有声思维转录的方法。所有转录材料被分为753 个思维单元。研究者标记了出现在每个思维单元中的读后续写写作策略，并在统计后获得以下数据：元认知策略出现在 206 个思维单元中，认知策略出现在 211个思考单元中；社会/情感策略出现在 34 个思维单元中；交际策略出现在 6 个思维单元中；而修辞/语言策略出现在 100 个思维单元中。所有受试学生在读后续写任务中使用的写作策略的频率如图 1 所示。

综合各项统计数据发现：第一，总体而言，不管是高成就组还是低成就组的学生在认知策略、元认知策略和修辞/语言策略的使用上都比较充分，而在交际策略和社会/情感策略的使用上略显不足。第二，经过长期的应用文写作训练，学生不习惯使用重读、模仿和自我评价这样的写作策略。第三，不管是使用修辞/语言策

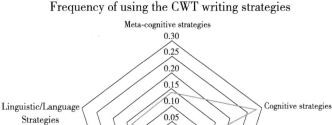

图1　受试学生在读后续写任务中使用写作策略的频率

略中的选词策略，还是社会/情感策略中的求助策略，学生普遍的思维水平还停留在词汇层面，没有上升到句子结构层面或者语篇层面。第四，在元认知策略的使用频率上，高成就组要比低成就组高，尤其是阅读指令。高成就组学生使用这一策略的频率是低成就组学生的6倍。第五，虽然两组在认知策略的使用频率上差不多，但是两组的认知水平有很大的不同，尤其是推理能力的差异会在续写作品情节设计的合理性上体现出来。第六，高成就组的修辞/语言策略使用频率普遍高于低成就组，说明用词的准确性对续写作品的质量起决定作用。第七，有一些特殊类型的学生如有写作热情或者有英语学习能力，但是缺少逻辑思维训练，都会降低读后续写内容的质量。

综上所述，笔者建议教师在通过训练初中生进行读后续写来提高语言能力时，要注意训练学生的元认知策略并提升学生思维水平，除了词汇层面的修辞手法，还应该让学生更多地关注句子层面乃至语篇层面的修辞。

七、不足与展望

当前研究的样本量太少，没有足够的数据来了解通过有声思维和即时访谈调查研究法监测的写作子策略的使用情况，也没有办法获得写作子策略的使用频率与读后续写英语写作水平之间的相关性。无法监测的写作子策略包括监控、意识等元认知子策略，以及如读者意识和有意检索等认知子策略。因此，建议以后的研究者可以用更多的样本量来探索这些写作子策略（包括元认知子策略和认知子策略）与读后续写的英语写作水平之间的关系。

在研究中，当看到低成就者比高成就者更频繁地寻求帮助时，笔者有一个问题没有得到回答，即经常向教师寻求帮助是否能帮助学生提高英语水平。如果这种行为过度，学生会不会对教师产生依赖，不利于他们的独立成长？什么样的帮助对学生最有效？需要回答什么样的问题？学生应该自己解决什么问题？这些问题有待继续研究。

参考文献

［1］COHEN A D. Strategies in Learning and Using a Second Language ［M］. London：Longman，1998.

［2］GASS S，M A. Data Elicitation for Second and Foreign Language Research ［M］. Beijing：Foreign Language Teaching and Research Press，2011.

［3］FLOWER L，H J R. A Cognitive Process Theory of Writing ［J］. College Composition and Communication，1981，32：365 – 387.

［4］KHALDIEH S. Learning Strategies and Writing Processes of Proficient vs. Less-proficient Learners of Arabic ［J］. Foreign Language Annals，2000，33（5）：522 – 533.

［5］OXFORD R L. Language Learning Strategies：What Every Teacher Should Know ［M］. New York：Newbury House Publishers，1990.

［6］OXFORD R L. Applied Linguistics in Action Series Teaching and Researching：Language Learning Strategies ［M］. Harlow：Pearson Education Limited，2011.

［7］PENG J，W C，L X. Effect of the Linguistic Complexity of the Input Text on Alignment，Writing Fluency，and Writing Accuracy in the Continuation Task ［J］. Language Teaching Research，2020，24（3）：364 – 381.

［8］胡歆玥. 国内读后续写研究回顾、分析与展望 ［J］. 英语教师，2019（13）：26 – 29.

［9］郭纯洁. 有声思维法 ［M］. 北京：外语教学与研究出版社，2007.

［10］齐放，张军. 英专二语写作学习者策略类型与特征个案研究 ［J］. 中国二语写作与研究，2016（1）.

［11］王初明，亓鲁霞．读后续写题型研究［J］．外语教学与研究，2013，45（5）：707 － 718.

［12］王初明．续论高效促学外语的内在逻辑［J］．外语界，2021（6）：2 － 7.

［13］王初明．读后续写：提高外语学习效率的一种有效方法［J］．外语界，2012（5）：2 － 7.

［14］文秋芳，林琳．2001—2015 年应用语言学研究方法的使用趋势［J］．现代外语，2016，39（6）：842 － 852.

［15］文秋芳．应用语言学研究方法与论文写作［M］．北京：外语教学与研究出版社，2004.

概念图在英语阅读文本分析中的运用[①]

谢雅婷　深圳市宝安中学　（集团）　初中部

一、研究背景

《普通高中英语课程标准（2017 年版）》提出了英语学科核心素养——语言能力、文化意识、思维品质和学习能力，明确将思维品质列为学科四大核心素养之一。2021 年深圳市英语新中考改革，增加了六选五阅读填空、信息匹配，对学生语篇理解能力，尤其是观察与比较、分析与推断等思维品质提出了更高、更明确的要求。在深圳市新中考政策下，英语学科更加侧重对学生综合语言运用能力的考查。而英语阅读教学是中学英语教学的重中之重，是提高学生语言能力、培养学生英语学科核心素养的重要载体。在当前的英语阅读教学中，主要呈现两种态势：第一，以教材为主线处理阅读语篇，主要停留在细节寻找与语言知识层面的教学，较少对语篇特点、篇章逻辑进行系统梳理与推敲；第二，以阅读练习为抓手，主要依题讲题。而阅读题 60%～70% 是细节寻找题，拉开难度系数的题主要是考查篇章的主旨与逻辑推断。虽然学生阅读练习量较大，但是普遍篇章意识较弱，经常在逻辑推断、主旨概括题型上失分。此外，从 2019 年开始，深圳市英语教材加入了 B 本。在课时不变的情况下，如何更有效地开展英语 B 本的阅读教学，培养学生思维能力，提高阅读能力，是值得研究且必须解决的问题。

基于这样的背景，教师尝试在阅读教学中运用图形组织器对文本进行分析。实际操作中，教师发现，利用图形组织器不仅可以帮助学生了解语篇的整体轮廓，使学生在大脑中创造有关文本内容的全景图，建立系统和完整的知识框架，对语篇信息进行有效整理和组合；还可以加深学生对阅读材料的理解，以便为后续的复述与更高阶的思辨做好铺垫。

二、图形组织器

为使知识表达更形象，不同的学者发明了不同的图解法来表征知识，如康奈尔

---

① 本文所用教学材料为沪教牛津版英语教材九年级上下册以及 B 本。

大学的约瑟夫·D.诺瓦克（Joseph D. Novak）教授根据奥苏伯尔的有意义学习理论，发明了概念图，用于组织和表征知识。20世纪60年代英国人托尼·布赞（Tony Buzan）创造思维导图以方便记笔记，后来思维导图因作用很大而被广泛应用于个人、家庭和企事业单位。除了这些新的图解法，常见的还有程序设计里的流程图、集合里的韦恩图等。为给这些用图来表征知识的方法加一个上位概念，图形组织器这一名词就出现了。

图形组织器是 Graphic Organizer 的翻译。也有人把它译为图形组织工具、图形组织者。目前的研究趋势是把图形组织器当作一个知识可视化的工具加以研究。简单地说，图形组织器是知识的视觉化表征——围绕某一概念或主题，用系列图形或标签表现其重要的方面，构成一些图式，达到信息的结构化、可视化。

三、案例描述

教师尝试在阅读课教学中，运用图形组织器来分析不同体裁和题材的文本，帮助学生深层理解文本，把握文本每部分的主要事实和细节，建立系统和完整的知识框架体系，从而对文本信息进行有效整合和组合，加深对语篇的理解。

案例一：在涉及与时间有关的事件时，我们可以选用时间链图来帮助学生厘清语篇内容。

在九年级上册 B 本 Unit 2 "Qian Xuesen: father of China's aerospace" 一文的教学中，教师要求学生精读语篇内容后，完成以下时间导图。利用 Timeline 图形组织器，能让学生快速厘清钱学森一生的经历（如图1所示）。

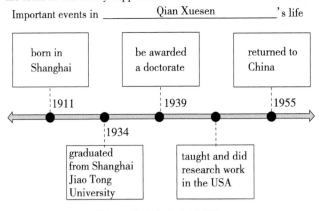

图1　钱学森人生时间线

案例二：Story Mapping 可以用作故事类体裁的图形组织器。

在九年级上册 B 本 Unit 1 "The wise leader" 一文的教学中，教师在简单介绍故事背景后，给学生提供以下图形组织器（如图 2 所示）。该图形组织器帮助学生梳理故事的背景、人物、主要情节以及故事主题。学生独立完成后，在小组内讨论，分享自己的图形组织器，并通过倾听别人的陈述，完善自己的图形组织器。

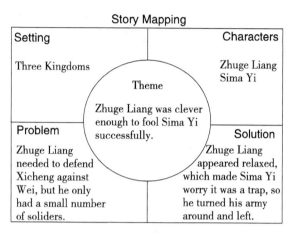

图 2　故事情节地图

适用于故事类体裁的图形组织器还有常用的 Story Mountain（如图 3 所示）。

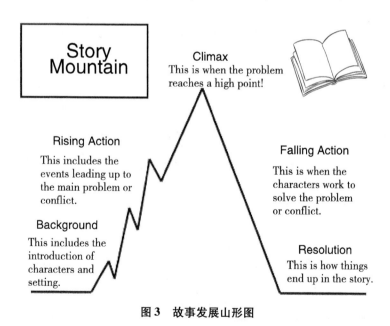

图 3　故事发展山形图

在学生熟悉了故事体裁的语篇该如何入手分析解读后，教师尝试结合故事来创作更有特色的图形组织器。九年级上册 B 本 Unit 7 "The Monkey King and the magic fan"也是故事体裁。课前，教师先在黑板上画了一把大的芭蕉扇，让学生猜测这是什么，并引出故事。之后，教师利用该扇子作为图形组织器，让学生在自己的笔记本上画出该图形组织器，并在阅读文章后填写信息（如图 4 所示）。

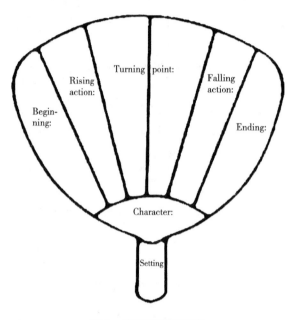

图 4　扇形图形组织器

案例三：用 Cause and Effect 图形组织器显示某事件或现象的因果关系。

在九年级上册 Unit 4 "Aunt Linda's advice page" 一文中，有四小篇网络帖子。虽然语篇体裁不是典型的议论文和说明文，但其中第三篇小文段经教师分析后发现，可用 Cause and Effect 图形组织器来帮助学生更好地理解 Simon 的困境。于是，教师在该文段教学的时候，先提出了一个问题："Why does Simon hate wearing braces?"接着给出了以下图形组织器（如图 5 所示），让学生阅读文段后独立完成，

Cause and Effect

Organizer

Cause
laugh at
say bad things
about...
hurt my teeth
difficult for me
to eat

Effect
hate wearing braces
feel embarrassed

Simon

I've just started wearing braces, but I hate them. I don't see any advantage in wearing them. My friends all laugh at me and say bad things about me. I feel embarrassed when I smile or open my mouth. The braces hurt my teeth, and it's difficult for me to eat. I feel it was a mistake for my mother to make me wear these ugly braces. What do you suggest?

图 5　问答型图形组织器

并提示学生不需要填入完整的句子，只需要找出关键词即可。学生通过这样一个图形组织器，很好地整合了文段内容，找到了句与句之间的逻辑。

在九年级下册 Unit 3 "The world is in danger" 一文中，Cause and Effect 图形组织器同样也能帮助学生梳理文章结构。教师先让学生阅读文章小标题，找出导致环境污染的三大方面（the greenhouse effect，cutting down forests，bad habits），总体把握语篇内容。当学生在头脑中形成了有关课文内容的全景图后，进一步精读语篇，细化每一个大标题下的主要事实和细节，找出每一个方面可能造成的不良后果。最终，学生完成图形组织器（如图6所示）。

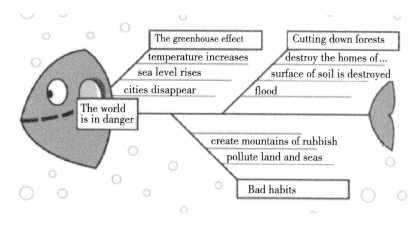

图6　脉络图形组织器

这样的一个图形组织器梳理清楚了文章脉络，有效整合了语篇内容信息，同时也能供后面课文复述使用。

学生在刚开始运用图形组织器时，很可能分辨不出什么是主要的细节。教师可以给出部分关键词或引导学生提取与语篇主题相关的具体信息。教师希望通过课堂上多角度的尝试，逐步让学生独立完成或通过小组合作完成图形组织器的创作，培养学生自主提取主要细节的能力以及分析文本的能力，帮助他们构建自己的知识框架体系，最终提升自主学习能力。

四、结论

教师在日常阅读教学中，尝试了在不同语篇中使用图形组织器进行阅读分析，并希望学生在未来自主阅读时可以灵活设计合适的图形组织器，提高阅读效率及深度。通过多次的实践，教师认为图形组织器在阅读教学中有以下优点。

（一）能够提高学生的整体阅读理解能力和记忆能力

因为在完成概念图的任务过程中，学生不再把注意力集中在单个的词汇、句型上，而是把整体理解文章内容作为阅读的目标。这种训练强化了学生的整体意识和结构意识，从而提高了整体阅读的能力。

（二）对学生逻辑思维和创造性思维的培养具有积极的推动作用

通过使用概念图，学生不再被动地去阅读长句、难句，而是积极地对关键信息进行加工、分析和整理；同时，与教师的积极互动，也为可持续学习能力的发展打下良好的基础。

总之，将概念图引入阅读教学，可以有效培养学生用英语获取信息和处理信息的能力，以及用英语进行表达的能力。同时，由于加强了对学生空间智能的开发，概念图的使用能够有效培养他们的逻辑思维能力。作为一种学习策略，概念图也能促进学生的意义学习、合作学习和创造性学习，最终实现自主学习。

参考文献

［1］陈则航，王蔷，钱小芳．论英语学科核心素养中的思维品质及其发展途径［J］．课程·教材·教法，2019（1）：91－98.

［2］陈向明．质的研究方法与社会科学研究［M］．北京：教育科学出版社，2000.

［3］王蔷，张虹．英语教师行动研究：修订版［M］．北京：外语教学与研究出版社，2014.

［4］刘润清．外语教学中的科研方法：修订版［M］．北京：外语教学与研究出版社，2015.

［5］申菁．图形组织器在小学英语写作教学中的运用［J］．教育研究与评论（小学教育教学），2020（6）：37－43.

［6］邱婷，钟志贤．论图形组织器［J］．远程教育杂志，2009，27（6）：61－66.

［7］向辉．图形组织器在高中英语阅读中的运用分析［J］．英语广场（学术研究），2019（3）：167－168.

［8］张曼．以图形组织器促进高阶思维能力的英语阅读教学研究［J］．英语教师，2016（10）：52－55.

［9］李琳．图形组织器在高中英语阅读教学中的运用路径探析［J］．新课程研究（上旬），2018（11）：43－46.

［10］谭道军．新教师课堂教学问题的成因及图形组织器的干预策略［J］．现代教育科学（普教研究），2010（6）：44－46.

"三阶五步"导学方法下的初中英语阅读教学策略探究

易冰梅　深圳市宝安区黄麻布学校

【摘要】初中英语阅读教学活动的价值已经受到了越来越多教师的认可。但是，在教学中很多教师还是面临着教学目标难以达成的情况，因此有必要引入"三阶五步"导学方法。本文基于对"三阶五步"导学方法的内涵和应用价值的分析，探究初中英语阅读教学具体的运用策略。

【关键词】"三阶五步"导学；初中英语；阅读活动

在初中阶段的英语教学中，教师需要充分重视英语阅读教学的价值，并且将英语阅读视为提升学生英语综合素养的手段。目前，初中英语阅读教学活动已经在实践中全面展开，并取得了一系列令人瞩目的教学成效。但如果聚焦于具体的教学细节就可以看出，很多初中英语阅读教学活动的开展还存在着方式方法不当的情况。尤其是一些教师忽视了教学的按部就班原则，所以在教学活动的开展过程中，难以取得更为理想的教学成果。为了帮助初中英语教师尽可能地消除阅读教学活动中所存在的弊端，本文引入了"三阶五步"导学方法。本文首先介绍了"三阶五步"导学的内涵，然后分析其在教学过程中的应用价值，最后结合当前初中英语阅读教学活动的客观实际情况，提出"三阶五步"导学方法的运用策略。结合本文的分析，更多的初中英语教师能够实现对"三阶五步"导学的深刻认识和重视，同时，本文能够为教师在这一领域教学活动的开展提供充分的参考价值。

一、"三阶五步"导学的内涵和应用价值

近些年来，受新课改教学理念的影响，各种先进的教学方法得以在初中英语教学中运用，这其中就包括"三阶五步"导学方法。下面主要介绍"三阶五步"导学的内涵及其对教学活动所产生的应用价值。

（一）"三阶五步"导学的内涵

"三阶"主要来源于康德认识论中认识事物的三个阶段：感性认知—知性认

知—理性认知。"五步"是指定标导学、前置学习—小组合作、思路开拓—展示交流、质疑交流—点拨引导、启发思维—及时练习，最后再进行适当的查漏补缺。"三阶五步"的教学应用源于学生的自主学习，继而由教师进行教学引导，安排学生进行深度的探究性学习，开展合作性的小组共议学习，并鼓励学生进行自我表达，在逐步推进的教学与学习活动过程中，帮助学生建立起对课堂教学内容的基本理解。"三阶五步"的有效导学需要以"三阶"为主体，明确课堂教学单元中的主要目标，在不同教学阶段进行相应的教学活动，以正确地引导学生建构认知，继而在具体的教学活动中，以"五步"为框架，结合学生的发展需求，面向具体的课堂教学内容，安排具体的教学活动。

不难看出，"三阶五步"导学方法结合了哲学内容，契合了人类知识认知的基本规律；同时，这一教学方法还契合了学生的客观实际能力，丰富了教学方式和方法。

（二）"三阶五步"导学在初中英语阅读教学中的应用价值

为了能够更充分地提升初中生的英语核心素养，英语阅读教学活动在具体的教学实践中得到了全方位的开展。在这一教学活动中，积极引入"三阶五步"导学方法，具有以下几个方面的价值。

第一，"三阶五步"导学的应用，能够有效降低学生吸收知识的难度。在初中阶段，学生的英语基础尚不扎实，因此在开展阅读活动时仍存在明显的障碍。如果此时采取"填鸭式"的灌输，往往难以取得理想化的教学效果。而"三阶五步"导学强调从人类知识吸收的普遍规律出发，循序渐进地引导学生积累知识，这对于学生知识水平的提升具有积极的作用。

第二，在进行初中英语阅读教学的过程中，合理地利用"三阶五步"导学模式，也能够丰富阅读的趣味性。在传统的英语阅读教学中，很多教师往往只关注学生语篇阅读活动的开展，而忽视对学生阅读兴趣的提升。但是在"三阶五步"导学模式下，教学手段更为丰富，可以充分激发学生的阅读兴趣，进而提升阅读效率。

第三，"三阶五步"导学方法的应用，也能够充分培养学生多元化的英语素质。在传统的初中英语阅读活动中，很多教师存在着只重视学生吸收知识而忽视学生思辨能力培养的情况。在这种背景下，学生的综合素养难以形成。为了充分改变这一现状，"三阶五步"导学方法就应该受到充分的重视，因为该教学模式鼓励学生质疑、思辨，不仅能够增强学生对于阅读内容的重视，也可以有效地提升学生的探索能力。

二、"三阶五步"导学下的初中英语阅读教学策略

"三阶五步"导学方法对于推动初中英语阅读教学效率的提升具有积极的意义。但是从当前的客观情况来看，很多初中英语教师对于这一教学模式的认知不够充分，所以在具体的教学实践中还存在着较为明显的不足。为此，下面主要结合初中英语阅读教学的客观实际情况，提出"三阶五步"导学方法的具体步骤。

（一）扭转教学理念，重新设定教学目标

阅读是一种较为主观的行为，而"三阶五步"导学方法也非常强调教师在开展教学时，能够尊重学生的课堂主体地位，并且以学生为课堂的中心开展教学活动。这也就要求教师在开展教学活动时不断加强专业理念修养，从而实现对新教学理念的适应。

在"三阶五步"导学教学方法下，教师还应该重新设定初中英语阅读教学活动的目标。在传统的教学背景下，很多教师往往只把初中英语阅读教学活动视为辅助课本教学的手段，因此在具体的教学实践过程中目标狭隘。而在"三阶五步"导学方法下，初中英语教师应该重新设定教学目标，也就是积极贯彻感性认知—知性认知—理性认知。教师需要通过阅读教学，着力培养学生多元化的认知能力，在这种情况下，教师不仅需要着眼于学生知识吸收的情况，还应该将更多的注意力集中在学生认知能力的养成方面。

此外，教师在对初中英语阅读教学活动重新进行目标设定的过程中，还需要尊重学生的差异，根据不同学生的客观实际情况，进行有针对性地阅读教学目标设定。这是因为在初中阶段，学生在知识素养以及智力方面出现了分化，如果采取"一刀切"的目标设定模式，就难以兼顾不同学生的差异化的阅读成长需求。所以，要尊重每一个学生的主体地位，对学生进行精准的阅读学习目标设定，以此推动班级学生的均衡成长。

（二）完善教学步骤，逐步引导学生阅读

传统的初中英语阅读教学活动之所以效果欠佳，是因为很多教师的教学活动开展形式过于僵化，难以激发学生的阅读兴趣和提升阅读效率。在"三阶五步"导学方法的运用中，教师的初中英语阅读教学活动开展也应该遵循"定标导学、前置学习—小组合作、思路开拓—展示交流、质疑交流—点拨引导、启发思维—及时练习"这五个步骤。

1. 定标导学环节

在这一过程中，教师应将学生的阅读目标设定为培养多元认知能力，同时，还需要尊重每个学生的个体差异，为每个学生设定差异化的阅读目标。这一点在上文中已经有了充分的介绍，此处不再赘述。

2. 前置学习—小组合作

所谓前置学习，是指在开展课堂阅读活动之前，教师需要安排学生利用课下的时间，进行充分的预习。比如，在实践中很多教师会选择《蓝帽子》这类课外阅读材料进行教学。在课堂阅读之前，教师可以让学生利用课余时间自主阅读。在课上，学生需要以小组为单位，交流自己的阅读心得，分析自己的阅读体验，从而促进共同进步。在前置学习的过程中，要充分发挥小组合作学习的有效性，让学生充分地参与共同合作学习，在小组互助的过程中实现对知识的有效构建，提升阅读过程中的理解能力。

3. 思路开拓—展示交流

在完成了初步的小组合作交流之后，学生可能仍会存在着很多阅读上的困惑。即使他们对文本内容有了一定的基本理解，也可能会出现理解上的局限性。为了能够切实提升初中生的英语综合素养，教师有必要进行思路开拓—展示交流环节的教学。

在这一环节，教师可以通过提问的形式，循循善诱地引导学生深入理解阅读素材。比如，在完成了《蓝帽子》的阶段性阅读活动之后，教师可以询问学生最喜欢书中的哪一个人物，以及为什么喜欢该人物。在询问之后，教师可以组织学生在班级内进行进一步的小组交流讨论。为了能够沉淀阅读精华，教师可以让学生将自己的心得体会写成简短的读后感，并且在小组内部和其他小组之中进行分享、传阅。通过这种方式，学生进一步巩固了阅读能力，同时他们的感性认知能力也得到了有效提升。

4. 质疑交流—点拨引导

在"三阶五步"导学方法下的初中英语阅读教学中，教师除了要关注学生的知识吸收，还要强化学生的思辨能力，尤其是要关注学生的知性认知能力的培养。比如，在《蓝帽子》这一阅读教学活动中，教师可以鼓励学生对书中的人物塑造手法和故事情节的安排进行反思，探讨是否存在更为理想的创作路径。在这一过程中，教师不必强调所谓的标准答案，而是要做到合理的点拨和引导，从而给予学生更充分、更自由的自主探索空间。

5. 启发思维—及时练习

在这一环节中，教师需要鼓励学生根据自己对阅读文本的理解，进行二度创作。在这一创作过程中，教师需要根据学生的不同情况，安排相关任务。比如：对于学习有困难的学生，教师可以指导他们进行微写作或仿写活动；对于学有余力的学生，教师可以安排他们进行书评写作；而对于素养较高的学生，教师可以让他们进行自由的故事创作。通过这些活动，学生的理性认知能力也能够得到一定程度的培养。

在完成了上述教学环节之后，教师还需要评估学生的创作成果，及时发现学生的不足，并给予相应的指导。

三、结语

在核心素养的教学背景下，英语阅读活动的价值已经受到了初中教师的普遍重视。但在具体的教学过程中，很多教师还存在着效率低下的问题。而引入"三阶五步"导学方法后，教师的英语阅读教学更为完善和体系化。在运用"三阶五步"导学方法时，教师应该及时更新教学理念，尊重学生个体差异，并且在教学实践中采取更为灵活的手段，以确保这一教学方法的价值得到充分彰显。

参考文献

［1］白瑞. 核心素养背景下初中英语阅读教学策略研究［J］. 黑龙江教师发展学院学报，2021，40（10）：79－81.

［2］杨凤华. 在初中英语阅读教学中培养学生核心素养的策略分析［J］. 天天爱科学（教育前沿），2021，（10）：101－102.

［3］李焕军. 在初中英语阅读教学中语用能力的培养［J］. 求学，2021，（39）：33－34.

PACE 模式在初中英语语法教学中的应用

——以牛津深圳版初中英语语法课为例

余甜甜　深圳市宝安区航城学校

【摘要】 本文试图以《义务教育英语课程标准（2022 年版）》中倡导的"形式—意义—使用"相统一的三维动态语法观，创设真实的情境，在语法教学中采用 PACE 模式。通过引导学生关注语法现象、合作建构语法规则和拓展训练活动，有效提高学生正确运用语法规则的能力，探索有效的初中英语语法教学路径。

【关键词】 PACE 模式；语境；初中语法教学

一、问题的提出

语法教学是英语教学的重要组成部分，也是我国各级各类英语考试的重要考点。国内外把语法视为英语交际能力中不可分割的重要组成部分。《义务教育英语课程标准（2022 年版）》明确指出，初中阶段（七年级至九年级）英语语法教学的目标是引导学生在理解主题意义的基础上，认识到语法形式的选择取决于具体语境。重视在语境中呈现新的语法知识，指导学生在语境中观察和归纳所学语法的使用场合、表达形式、基本意义、使用规则和语用功能。根据学生的实际需求，选择和设计既有层次又强调整合的不同类型的练习和活动，巩固所学语法知识，引导学生在语境中学会应用语法知识准确地理解他人和得体地表达自己。新课标明确提出了以语言运用为导向的"形式（forming）—意义（meaning）—使用（use）"三维动态语法观。新的语法观要求学生学会在语境中习得语法知识，构建语法能力，增强英语语言意识。在这些理论的指导下，随着新课程改革的推进，笔者也对语法教学的方式和方法做出了一些改变，打破了传统的以讲练为主、机械训练的语法课堂，在教学过程中努力创设情境，加强师生之间的交流，以及生生之间的合作。笔者发现，这种交际互动型课堂虽然提高了学生的参与度并培养了学生的合作意识，但在输出环节存在问题。例如：许多学生对该堂课的语法知识仍一知半解，最后产出的时候还是错误百出；尽管课堂气氛看似活跃，但结束后学生收获甚微；语法知识的缺乏，最终也会影响学生表达的准确性，进而制约学生交际能力的提高。

另外，深圳中考英语从 2015 年开始采用类似高考的热门题型——语篇填空。这一题型旨在考查学生在语篇中运用语法知识的能力，其考核形式要求学生在语篇中，根据语法和上下文连贯性，正确使用括号中词语的适当形式填空。对于这种题型，学生的正确率不稳定。产生这一问题的主要原因是学生缺乏词性意识和句法结构知识，无法分析句子结构，做语法题时主要依赖语感。

针对学生在语言学习中遇到的问题以及中考题型的要求，笔者重新审视语法在英语学习中的作用，从语用的角度进行语法教学，在语境中进行有意义的语法教学，采用 PACE 模式进行语法教学。

二、PACE 模式的概念与操作过程以及遵循的原则

（一）PACE 模式的概念

PACE 模式由美国语言学家 Adair-Hauck 和 Donato 于 1994 年首先提出。PACE 是 Presentation、Attention、Co-construction 和 Extension 的缩写。国外学者主要将 PACE 模型应用于法语、荷兰语、西班牙语等第二外语的语法教学。它以交际教学法、建构主义及二语习得中的输入加工和输出强化假设理论为基础，兼顾语言形式和意义的教学模式。

（二）PACE 模式的操作过程

美国语言学家 Adair-Hauck 和 Donato 详细讨论了 PACE 模式的教学程序。PACE 模式的教学流程由呈现、关注、共建、延伸四个步骤构成。

PACE 模式的操作过程分为四个环节：Presentation（presenting meaningful language）环节，呈现有意义的语境，将语法规则的学习依托于有意义的语境；Attention（pay attention to the language form in language materials）环节，注意语境中的语言形式；Co-construction（constructing grammatical rules by teachers and students together）环节，师生共同构建语法规则；Extension（carrying out extended practice activities）环节，进行拓展性的训练活动。这四个环节是层层递进的。而且，这些环节是不可交替进行的，上一个环节的教学效果直接影响下一个环节的开展。它们环环相扣，构成一个紧密相连的整体教学模式。

PACE 模式强调学习者在自然的语境中习得语言规则，并参与语法教学的全过程。同时，它强调让学习者在语境中接触、理解、建构语法结构规则，并在交际、合作的活动中运用这些规则。因此这一教学模式弥补了显性语法教学与隐性语法教

学的缺陷，注意兼顾语言形式与意义。

（三）PACE 模式遵循的原则

1. 将语法教学与语境相结合

PACE 模式鼓励学生在自然语境中接触语言。在教授英语语法时，教师首先应为学生提供有意义和真实的语言材料。在师生共同构建语法规则之后，学生应该将所学的语法形式应用到真实的上下文中。刘冬梅认为上下文和语法是相辅相成的，语法知识只有在一定的语境中应用才具有实际意义，没有语境，语法知识就变得空洞乏味。作为初中英语教师，在教授语法的时候，应将语法融入语境，帮助学生理解语法知识的实际应用和现实意义。

2. 将"形、义、用"与语法教学相结合

PACE 模式主张掌握语法知识应从语法形式、意义和用法三个方面来入手。美国学者 Larsen-Freeman 提出了一个三维语法理论，认为语法由形式、意义和使用三个维度构成，即句法、语义和语用。形式、意义和用法是语法知识的三个不可分割的方面。其中，形式强调语法是如何形成的，注重语法的准确性；意义强调要表达什么意思；用法强调语法的实际应用。因此，英语教师在语法教学的过程中，应更好地将"形、义、用"结合起来。

3. 将外显教学与内隐教学相结合

PACE 模式主张语法在教学时，应将外显语法教学与内隐语法教学相结合。郝兴跃指出，外显语法教学和内隐语法教学各有优缺点。外显语法教学强调语言的形式，但可能忽视了语言的意义和实际用法；内隐语法教学强调语言的意义和使用的语境，但容易忽视语言使用的准确性。而 PACE 模式将显性教学和隐性教学相结合，因此，教师在进行语法教学时，应将外显语法教学与内隐语法教学相结合。

三、PACE 模式的语法教学实践

（一）教材分析

下面以牛津深圳版九年级 Unit 7 的语法教学为例，阐述 PACE 教学模式在初中英语语法教学中的应用。本单元是九年级上册第四个模块"A taste of literature"的第一个单元，单元主题为"The Adventure of Tom Sawyer"。本单元的语法焦点是使用 who、that 和 which 引导的定语从句。从单元板块的整体设计来看，这一语法仅在 Reading 的部分稍有呈现，仅展示了三个例句，输入的部分较为有限。而语法部

分的编排遵循的是先教授语法规则，然后让学生做相应的练习题，巩固语法知识的普遍教学原则，并且教材中的例句采用的是 *The Adventure of Tom Sawyer* 中的内容，与学生日常生活的联系不够紧密，如果按照这一模式授课，学生很难产生共鸣，并且难以将所学知识应用到真实生活场景中。

笔者试图从新课标倡导的"形式—意义—使用"三维动态语法观出发，以校园环境和生活为背景，创设真实的语言使用情境，尝试在语法教学中采用 PACE 模式，帮助学生在正确掌握 who、that 和 which 引导的定语从句的正确形式和含义的基础上，在真实的语境中灵活运用这一语法结构。

（二）教学过程

Step 1：Presentation（情境展示）

PACE 模式的首要步骤是呈现有意义的语言材料。教师通过展示英文歌曲、故事、图片、视频等多模态语言材料，让学生沉浸在真实自然的语境中。学生通过接触各种有意义的语言材料来理解语法形式。白治堂认为语言材料应具有趣味性、情境性和实用性。呈现是为了最大限度地让学生了解语言使用的情况。呈现有意义的语言材料有利于学生掌握语法意义。

教学片段 1：Teacher presents the objectives of this lesson and tells students some rules that they should obey.

Objectives:

By the end of the class we will be able to:

1. recognize and understand the meaning of the relative clauses with who, that and which;

2. use relative clauses with who, that and which to talk about people and things that we know;

3. use relative clauses with who, that and which to write sentences.

The following are rules which/that you should obey:

When you know the answer, raise your hand as quickly as possible.

The student who/that answers the question correctly can get one point.

The group that gets the most points will win.

The winners will get some gifts which/that I bought.

设计意图：教师有目的地将本节课的教学目标及相关要求设计成带有 who、that、which 的定语从句，并突出显示此部分，让学生有意识地注意到由 who、that、which 引导的定语从句，初步感知这些语法知识和形式。

教学片段 2：在导入环节，让学生根据所提供的内容猜人物。

Teacher uses relative clauses to describe a person and asks students to guess who she is.

> Let's guess!
>
> * She is a teacher who/that is kind and friendly.
>
> * She is a teacher who/that likes travelling.
>
> * She teaches you subjects which/that are difficult.
>
> * She introduced the movie *Ne Zha* which/that made you excited.
>
> * She is a teacher who/that teaches Class 5 & 6 lessons.

设计意图：在导入部分，将教师自身设定为情境的中心，使用由 who、that、which 引导的定语从句来描述学生熟悉的一个人物，以日常生活中发生的真实事件为基础，邀请学生猜人物，从而引出定语从句的主题，在此部分呈现出更多包含定语从句知识的语句。

Step 2：Attention（注意）

注意，即对呈现活动中使用的语言材料中某一语法结构加以重视。要使语言规则突出，以便学生能够注意到，教师可通过多渠道来加深学生的理解。例如，可以通过设计活动、提问、使用幻灯片或多媒体凸显相关的语法规则等方式来实现。其目的在于让学习者在理解整体语言材料的基础上自觉注意其特别的语言规则。

戴炜栋和任庆梅指出，如果学生能够注意到他们即将学习的语法规则，他们对该语法特征的意识就会增强，在以后接触语言输入时，就很容易发现并注意到这些语法特征。为了让学生关注到由 who、that、which 引导的定语从句的相关规则，教师可通过多种方式反复引导学生关注，通过师生互动、生生互动的方式让学生理解语法规则。

教学片段 3：在教授定语从句 who/that 时，教师用语言描述两名学生和一位教师，不断提问学生，并且高亮该语法点，引导学生关注定语从句的形式和意义，并逐步理解其用法。

师生对话如下。

> T: Let's keep guessing.

He is a student. Do you know who he is?

S: No, we don't know.

T: Can you tell me why?

S: Because the range is too broad.

T: If I add "The student likes cosplay?", do you know who he is?

S: He is Yang Wenbo.

T: Yes, we can know the answer exactly. Because we know more information from the second sentence. Sometimes we can combine two simple sentences together.

S: He is a student who/that likes cosplay.

T: Exactly! Pay attention to the highlight words.

设计意图：教师设计猜人物的活动，选取学生熟悉的同学，通过师生互动和语言线索，提醒学生关注 PPT 中高亮的部分，以醒目的方式让学生注意到定语从句的使用规则。

教学片段4： Teacher asks students to watch an interview about a foreign teacher, then fill in the blanks.

具体篇章如下。

Matthew is an English teacher who works in our school. He wants to share something with us.

Hi, I'm Matthew. I am an English teacher at Hangchen School. I am a fun guy who loves to dance. I dance almost every weekend with my friends. I also really like to read. I love to read books which/that are interesting and make me think. I don't like books which/that are scary or too long. My favourite book is called *The Name of the Wind*. It's a book that always makes me think. You should read some time.

设计意图：在 which、that 引导定语从句的教学环节中，教师邀请外教录制视频，以语篇的形式介绍其爱好，以多种形式向学生展示与语法知识相关的语句。这样的设计既分层又整合了不同类型的练习和活动，使学生在看和听的过程中能更深刻地理解这一语法规则的使用，为最后的语言输出活动搭建"脚手架"。

教学片段5： 通过小组活动，让学生用 who/that 引导的定语从句描述自己感兴趣的一位同学。

Describe a classmate who/that interests you.

Try to use as many relative clauses as possible.

Ask your group members to guess who he/she is.

Example: He is a... who/that...

She is a... who/that...

设计意图：通过生生互动和小组活动的方式，引导学生自己体会如何用 who、that 描述熟悉的人，并在语境中学会应用语法知识准确地理解他人和得体地表达自己。这一活动旨在加深学生对包含定语从句语法点的语篇的理解，为归纳定语从句的语法规则打下基础。

Step 3：Co-construction（共建）

在以上两个步骤的基础上的共建步骤起着至关重要的作用，强调教师与学生之间的沟通与合作。PACE 模式的这一环节主要通过师生的合作与交流，共同分析、解释和归纳语法规则。它强调学生主动去发现和探索。在这个阶段，教师的角色已经从语法的讲师转变为语法学习过程中的推动者和帮助者。Adair-Hauck 和 Donato 认为，教师应该通过提出一些有助于学生发现语法规则的问题来提供帮助。在这一过程中，教师需要提出清楚的、直接的问题，因为问题是帮助学生理解语言结构的有力工具。同时，教师也可以和学生一起通过探讨、预测、猜测、假设等方式，引导学生自己归纳出语法规则。共建意味着让学生自己建构语法结构并解释规则。此外，共建步骤有助于激发学生学习语法的主动性。

教学片段 6：在归纳总结的环节，教师呈现关于由 who、that、which 引导的定语从句，引导学生总结出规则及用法。

We use relative clauses to give more information about people.

Rule 1:

1. He is a student who/that likes cosplay.

2. She is a teacher who/that likes travelling.

3. She is a girl who/that is good at dancing.

4. They are students who/that take part in the singing competition.

Relative clauses about people start with who or that.

The verb in relative clauses is decided by the noun it describes.

We use relative clauses to give more information about things.

Rule 2:

1. He likes to read books which/that are interesting and make him think.

2. He doesn't like books which/that are scary or too long.

3. *The Name of the Wind* is a book which/that always makes him think.

Relative clauses about things start with which or that.

The verb in relative clauses is decided by the noun it describes.

设计意图：在此过程中，教师引导学生观察语言的各种现象，通过比较和识别，根据所获得的多种信息，归纳共同要素，构建新的概念。教师引导学生主动去发现和探索，从而总结出该语法点的规则及用法，培养学生的思维品质。

Step 4：Extension（拓展）

在前面三个步骤中，学生通过教师的引导能较准确地掌握语法规律。那么，如何设计拓展活动来促进学生运用语言进行交流，而不仅仅是机械、重复地练习呢？这一环节的活动设计要有趣味性、多样性，并且与学生的实际生活相结合，让学生能够更好地通过新的语言形式进行表达和交流。这类活动可以设计成信息搜集、角色扮演、游戏、写作、面试、调查等具有真实生活情景的活动，以便从不同的角度检验学生对所学知识的掌握程度。

教学片段 7：在小组活动中，教师要求学生用带有 who、that、which 的定语从句描述学校及其生活，描述的内容可以涉及同学、教师、学校建筑、各项活动等，然后制作成海报，向来宾展示并汇报。具体设计如下。

Group work:

Describe your school or your school life (classmates, teachers, and buildings, activities...).

Write down an article. Use at least 3 relative clauses that we've just learnt.

Example: Hangcheng School is a new school which/that was built in 2016.

Make a poster, and report to the teachers.

Your group should have a group leader, a reporter, a notetaker, a poster designer...

设计意图：引导学生回顾和总结本节课的语法知识，创设真实的情境，并开展交际练习活动，使学生深刻理解并学会使用该语法。这有助于学生将知识学习能力转化为知识运用能力，培养学生的思维品质，落实英语学科的核心素养，让学生学有所得，学以致用。

四、结语

PACE 模式认为语法教学的目的是让学生在掌握正确的语法形式和含义的基础上，在真实的语境中灵活运用语法。它打破了交际教学法与语法教学法的对立。PACE 模式对初中生语法学习有积极作用，既有助于学生更好地掌握语法的形式、意义和使用，又有利于学生英语语言综合能力的提升。从语法教学的角度来看，这样一个动态的引导不仅推动了语法教学的创新，也解决了当前英语语法教学中的一些问题。

参考文献

[1] ADAIR-HAUCK B，DONATO R. Foreign Language Explanations Within the Zone of Proximal Development ［J］. Canadian Modern Language Review，1994，50 (3)：532 – 557.

[2] ADAIR-HAUCK B, DONATO R. The PACE Model-Actualizing the Standards through Storytelling: "Le Bras, la Jambe et le Ventre" ［J］. The French Review，2002，76 (2)：278 – 296.

[3] 白治堂. 高中英语语法教学：从故事、规则到语感 ［J］. 中小学外语教学（中学篇），2008，31 (7)：28 – 31.

[4] 戴炜栋，任庆梅. 语法教学的新视角：外显意识增强式任务模式 ［J］. 外语界，2006 (1)：7 – 15.

[5] 郝兴跃. 20 世纪 90 年代以来国外语法教学的新趋势 ［J］. 外语界，2004 (4)：48 – 52.

[6] 刘冬梅. 突出语篇　融入语境　分析与综合：论跨文化交际能力培养模式下的中学英语语法教学 ［J］. 基础教育外语教学研究，2003 (6)：27 – 28，31.

[7] 中华人民共和国教育部. 义务教育英语课程标准：2022 年版 ［M］. 北京：北京师范大学出版社，2022.

[8] 田小霞. 论 PACE 教学模式在初中英语语法教学中的运用 ［D］. 武汉：华中师范大学，2012.

指向思维品质发展　设计初中英语单元作业

——以沪教牛津版英语八年级上册 Unit 5 Educational exchanges 为例

张　卉　深圳市宝安中学 （集团） 初中部

【摘要】设计初中英语单元作业，培养学生的思维品质是重点也是难点。单元作业设计立足单元整体教学，围绕单元主题和单元学习目标展开，充分体现单元课程内容的整体性和连贯性。建立作业目标和学习目标的关联，目标多元思维分层；设置形式多样的作业，以问题为导向促进思维进阶；借助可视化工具，实现逻辑思维的具象化、可视化；实施合作评价，促进探究互助与思维互动。

【关键词】思维品质；英语单元；单元作业设计

一、引言

《义务教育英语课程标准（2022 年版）》指出，英语课程要培养的学科核心素养包括语言能力、文化意识、思维品质和学习能力等方面。其中思维品质是指人的思维个性特征，反映学生在理解、分析、比较、推断、批判、评价、创造等方面的层次和水平。而提升思维品质需达到如下目标：能够在语言学习中发展思维，在思维发展中推进语言学习；初步从多角度观察和认识世界、看待事物，有理有据、有条理地表达观点；逐步发展逻辑思维、辩证思维和创新思维，使思维体现一定的敏捷性、灵活性、创造性、批判性和深刻性。

单元作业设计指向思维品质的培养，立足单元整体教学，围绕单元主题和单元学习目标展开，充分体现单元课程内容的整体性和连贯性。而最好的设计应该是"以终为始"，从学习结果开始的逆向思考。逆向设计的三个阶段分别是确定阶段结果、确定合适的评估依据、设计学习体验和教学。以逆向设计为主线，构建以学习结果为目标的逆向教学设计模型，确定预期结果，设计项目最终输出活动。建立作业目标和学习目标的关联，目标多元思维分层；设置形式多样的作业，以问题为导向促进思维进阶；借助可视化工具，实现逻辑思维的具象化和可视化；实施合作评价，促进探究互助与思维互动。把每一次学生作业的结果作为设计新的教学任务的出发点，每一个课时为单元最终输出搭建阶梯式的"脚手架"。学生在独立完成作业的基础上，通过小组合作共同完成单元主题项目作业，不仅有效提升听、说、读、写方面的能力，更使思维递进可视化成为现实，培养了学生灵活应用英语解决实际问题的能力。在"以英语新课标为纲、逆向设计为线、培养思维品质为标"的指导下，现以沪教牛津版英语 Unit 5 Educational exchanges 为例，探讨指向思维品质提升初中英语单元作业设计的思路与实践。

二、指向思维品质培养的英语单元作业设计分析

（一）单元内容分析

"What"：本单元为八年级上册第三模块 Culture and history 中的 Unit 5，以"教育交流"为话题，介绍不同国家之间的教育交流活动。该话题属于"人与社会"范畴下主题群"社会服务与人际沟通"的子主题"跨文化沟通与交流，语言与文化"。本单元阅读（Reading）板块是阅读一篇有关国际教育交流项目的文章；听力（Listening）板块是听一段北京新华初级中学的带队教师和学生之间关于赴英国参加教育交流项目注意事项的对话；语法（Grammar）板块是学习现在完成时的基本结构和用法，以及常与该时态连用的副词 already，yet，ever 和 never；在口语（Speaking）板块的语音语调（Talk time）部分，学生将学习降调的朗读规则，在会话（Speak up）部分就 Alice 在伦敦参加教育交流项目的情况进行对话，并以 Alice 的身份口头汇报参加教育交流项目的经历；在写作（Writing）板块，学生将以北京新华初级中学交流生的身份完成一份报告，汇报在英国参加教育交流项目的情况；在补充阅读（More practice）板块，学生需阅读一则介绍教育交流项目的广告；在学习技能（Study skills）板块，学生需仿照示例，填写一份申请参加教育交流项目的表格；在文化角（Culture corner）板块，学生需阅读"文化冲击"语篇。

"Why"：通过阅读国际交流项目的文章，了解来自英国伦敦的交流生在北京新华初级中学参与教育交流的情况，体会其参与的各项活动和感受；通过听力对话，训练学生捕捉关键信息、完成听力笔记的基本技能；通过真实语境活动，训练降调的朗读规则；通过角色扮演，汇报教育交流活动的经历与体会；借助关键词，完成教育交流活动的汇报；通过阅读与讨论，探讨文化冲击的现象与应对的方法。

"How"：本单元的语篇以多种形式呈现，如记叙文、对话、海报、表格、报告等。从文本结构上看，每种语篇都有其明显特征。例如：记叙文叙述教育活动的经历，表达交流生参与活动的感受；海报有夺人眼球的图片，有感染力强的宣传语；申请参加教育交流项目的表格，来源于真实的生活。从语言使用来看，本单元主要

使用现在完成时态的基本结构，与该时态进行的典型副词有 already，yet，ever 和 never 等。

根据本单元内容，确定单元大主题为"线上线下双线融合看世界、爱祖国"。按时间与空间轴分别从"我申请""我设计""我调查""我撰写"到最终输出任务"我推荐"，确立每一课时话题"教育交流在召唤""外国学生在中国""中国学生在国外""中外游学我设计""中外游学我推荐"（参见本文后的附录）。

（二）学情分析

"K"（What they know）：根据前置学情调查，八年级学生已经掌握了一定的语音、词汇、语法等基础知识，能够用英文介绍地方、活动等；学生在以前的学习经历中完成过不同主题的英语海报设计，通过小组合作完成创编海报草图，可行性强；学生在七年级学过相关城市介绍的文章，且部分学生有真实生活中的旅游经历，选择教育交流活动的开展城市难度不大。学生在七年级上学期已经学习过 7A Unit 6 Travelling around Asia 单元的内容，并初步掌握旅游指南的结构与介绍城市的方法，并且积累了相关的语言知识，能应用关键信息介绍旅游景点，能撰写旅游指南类型文本。

"W"（What they want to know）：本单元的话题"跨文化沟通与交流，语言与文化"是学生比较感兴趣的，全班有 11 名学生参加过国外夏令营，有 48 名学生有国内旅游的经历。虽然班级中有 47 名学生对教育交流活动充满好奇与向往，但对教育交流活动的组成与体验明显了解不多，尤其是对用现在完成时去描述"已经发生，对现在仍有影响的活动"的语法语用范畴比较陌生。

"L"（What they want to learn）：在本单元的学习活动中，分析城市的优势、设置目标群体的意向问题链、撰写现场推荐词等任务对部分学生存在一定的难度。为了提升每一位学生的自我效能感，在作业设计中给学生提供不同的图形组织器与样例的同时，引导学生学会合作分工，通过观察、体验、合作、探究等途径在生活化的情境中学习知识，提升能力，展示多元自我。

（三）作业目标

本单元作业设计基于单元整体教学，寻求过程性与结果性的统一。根据以学习结果为导向的逆向教学设计模型，确定本单元的预期结果是参加"最佳教育交流活动现场推荐会"。第一课时读海报、遴选"理想之城"、创海报；第二课时阅读教育交流活动，讲"外国学生在中国"、征集"活动金点子"；第三课时听教育交流活动、说"中国学生在国外"、绘制"教育活动意向图"；第四课时以读促写，撰写推荐方案，拟订特色展示方案；第五课时在现场推荐会后，完善活动方案，完成自评与他评报告。整合单元教材，并融合七年级所学的相关语篇，本着"学用结合"的原则，开展英语综合实践活动，把学生的学习从书本联结引向更广阔的真实世界，在用英语做事情的过程中发展语言能力，树立国际视野，尊重文化的多样性和差异性，增强国家认同感和文化自信。

三、指向思维品质培养的初中英语单元作业设计实践

本单元作业设计旨在培养学生思维品质，聚焦从低阶思维到高阶思维的进阶，设计多元作业形式，培养学生思维的逻辑性、批判性、创新性；重视反刍迭代，编制作业评价体系；创设真实情境，激发学生的学习兴趣与学习挑战。在对语言知识复习巩固的基础上，注重拓展实践。从文本梳理到思考回答再到比较选择，开启思维之门；从模仿朗读到信息匹配再到分析判断，激活思维之力；从连词成句到短文填空再到问题链设置，发散思维之花；从好词好句摘抄到推荐词撰写修改再到特色创意排演，触发思维之光。从低阶思维到高阶思维的梯度进阶，转知成智，以生生互动、师生互动为主体，学生在内化知识、自主探究、解决问题的过程中逐步提升综合能力，使思维递进可视化成为现实。

四、亮点与不足

（一）设计亮点

1. 创设真实情境，兼顾整体性和趣味性

本单元以"教育交流"为话题，以教育交流项目中的各项活动为主线。基于教学内容及对学生"教育交流经历与知识"的前置学习调查结果，有意识地为学生创设主动参与和探究主题意义的情境——"最佳教育交流活动现场推荐会"。学生在每个课时的学习中获得相关语言文化知识，为小组制订活动方案做好语言、内容、认知、文化等方面的准备。同时，在"理想之城"—"海报创编"—"活动金点子"—"教育交流意向图"—"现场推荐词"作业链的引领下，逐步完成单元设计项目。学生兴趣盎然地完成作业，实现对所学内容的迁移与运用，不仅调动其学习的积极性，还激发其学习兴趣。

2. 指向思维品质进阶，体现针对性和发展性

本单元作业设计从文本梳理到思考回答再到比较选择，开启思维之门；从模仿朗读到信息匹配再到分析判断，激活思维之力；从连词成句到短文填空再到问题链

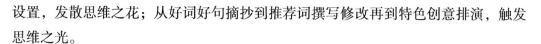

设置，发散思维之花；从好词好句摘抄到推荐词撰写修改再到特色创意排演，触发思维之光。

3. 作业形式多样，强化合作意识和互动性

依托单元话题，把项目化作业渗透到每节课中，在独立完成作业的同时通过小组评价和讨论逐步完成小组项目化方案，完成五次作业即完成一次项目化学习。

4. 坚持育人为本，注重学科融合和实践体验

从育人角度出发，学生学会分工合作，学会如何合作或如何坚持自己的观点。课堂上积极参加活动并进行分享和展示，帮助学生更高效地完成课下小结作业。选做"理想之城"，绘制海报草图，制作 Vlog，现场主持表演等活动，以英语为中心，横向联系地理、音乐、美术等学科围绕教育交流活动现场推荐会开展活动，学生在"做""玩""唱""画""探究"等实践中学习知识、提升能力、展示多元自我。

（二）不足与反思

在整个单元作业设计的实施过程中，教师惊叹于学生的奇思妙想与才能展示，也感受到一份好的作业设计不仅能够不断地将课堂延伸，更能拉近师生间、生生间的关系。对于不同的学生对作业的接受程度，尤其是难度的把控，需要进行更精细的调查与跟进。

作业既是预习与巩固知识的载体，也是评价和改进学习的途径。每次学生的作业自评和对作业设计的评价中，很多学生各抒己见。根据学生在作业评价时的真情实感，依据具有"高结构""强关联""共成长"特质的单元作业设计理念优化作业。尤其是作业类型的层次性与作业时间的把控，是作业设计中的难点，也是关键点。教师能否精确地估计作业时间，决定了教师布置作业的质与量，也直接影响学生的负担问题。通过教师、不同基础学生的试做，尽量科学地预估学生完成作业所需的时间；记录不同水平学生完成作业时的困难，逐步调整必做作业与选做作业的难度和要求，是推进此次单元作业设计的尝试，也是需要坚持实践、反思、完善的有价值的研究。践行单元作业设计，要走"通"更要走"懂"、要走"智"更要走"质"、要走"新"更要走"心"。作业设计，没有最好，只有更好。

参考文献

［1］中华人民共和国教育部．义务教育英语课程标准：2022 年版［M］．北京：北京师范大学出版社，2022.

［2］王月芬．重构作业：课程视域下的单元作业［M］．北京：教育科学出版社，2021.

［3］吴云开，陈惠莉，林鉴，等．"双减"目标下初中英语思维型单元作业的设计策略［J］．福建教育，2021（37）：47－50.

［4］吴云开．初中英语"思维课堂"：理解与实践［M］．厦门：厦门大学出版社，2021.

英语阅读与写作教学

附表

U5 Educational exchanges 课时作业设计

单元主题意义	单元主题作业	话题内容	课时	课时主题意义	课前作业	课中作业	课后作业
在推荐教育交流活动的经历中，学生能够用英语描述祖国美丽的城市、风景名胜、风土人情，对祖国文化有更深刻的了解，能够通过英语分享教育交流活动的意向与选择，学会客观、理性看待世界，树立国际视野，逐步形成跨文化沟通与交流的意识和能力	推荐教育交流活动方案：必选：现场推荐词；自选：创意展示（海报/表演/Vlog/表演等）	I apply（我申请）申请游学项目	第一课时	通过教育交流海报，了解不同文化，树立国际视野	收集有关教育交流活动海报	填写申请表：出国游学项目	基础性作业 读一读："教育交流知多少" 拓展性作业 选一选："理想之城" 画一画：海报构思图 选做（跨学科作业）
		I design（我设计）设计"外国学生在中国"教育活动方案（城市、活动等）	第二课时	基于阅读"外国学生在中国"，讲述祖国的美丽城市、风土人情，提升民族文化自信	查找选定中国城市的资料（如宣传片等）	角色扮演：从 city、activities、reasons 等角度与同伴谈论"外国学生在中国"的城市与活动推荐	基础性作业 读一读：模仿朗读 拓展性作业 配一配：根据外国学生意向选择城市 画一画：借助图形组织器绘制活动推荐单 选做（跨学科作业）
		I survey（我调查）	第三课时	借助听说"中国学生在国外"，交流旅行的经历与感受，体现跨文化认知，态度与行为选择	查找选定国外城市的资料（如旅游宣传片等）	感悟表达：评价中国学生在国外的教育交流经历，采访分享国外教育活动的意向与注意事项	基础性作业 连一连：在语篇中连词成句 拓展性作业 查一查：模仿课堂的调查对话并续编，梳理不同目标群体对国外教育交流活动的意向 改一改：通过小组讨论，调整教育交流活动推荐方案 选做
		I write（我撰写）	第四课时	根据"中国学生在英国"的教育交流活动报告，创编国外活动现场推荐词，表达在国外的所行所观所感，增强跨文化沟通与交流的信心与能力	观看"中国学生在国外"视频	书本报告：完成课本第76页教育交流报告，并在此基础上创编国外活动	基础性作业 摘一摘：阅读文章，归类 拓展性作业 演一演：小组合作排演、表演、音乐、特色等 选做（跨学科作业）做一做：制作开场 Vlog

单元主题意义	单元主题作业	话题内容	课时	课时主题意义	课前作业	课中作业	课后作业
		I recommend（我推荐）	第五课时	现场推荐教育交流活动方案，能用所学语言描述文化现象与文化差异，践行跨文化沟通与交流，欣赏、鉴别美好事物，表达自己的价值取向	学习舞台现场呈现技巧	教育交流方案分享：小组合作，分工展示	基础性作业 美一美：完善教育交流活动方案 评一评：完成自评、他评报告 拓展性作业 选一选：选择自己想要参加的教育交流项目，并说明理由。 想一想：阅读文本，绘制"我的教育交流畅想"图形组织器

创新教学设计与作业研究

基于学习共同体的初中英语作业设计与探究

郑丹虹　深圳市宝安中学（集团）第二外国语学校

【摘要】在初中英语教学当中，作业既是课堂教学的重要环节，也是对课堂学习的巩固和延伸。本文引入"学生、教师和家长构成的学习共同体"模式，并结合相关教学理论和案例阐述了初中英语作业的设计与探究，旨在探讨如何基于学习共同体来改革作业的形式和内容，激发学生的学习兴趣和提高教师的教学效率。

【关键词】学习共同体；初中英语；作业设计

一、引言

为了积极响应 2021 年广东省教育工作会议提出的"全面深化教育领域综合改革，大力发展素质教育，推动基础教育高质量发展"的工作部署，本文围绕"现代高质量的课堂教学之初中英语作业设计"进行案例展示和分析。

《义务教育英语课程标准（2011 年版）》指出，合理开发和积极利用课程资源是有效实施英语课程的重要保证。如学生资源、教师资源和家长资源，他们的生活经历、情感体验和知识结构都可以成为宝贵的课程资源。在提倡终身教育和素质教育的今天，笔者认为如果可以把学生、教师和家长融合成"学习共同体"，一起参与设计初中生的英语作业，将会使英语教育和学习的空间得到有机的延伸和扩展。"学习共同体"的概念最早由博耶尔在 1995 年发表的题为"基础学校：学习的共同体"的报告中首次提出。这里的学习共同体亦称学习者共同体，是一个由教师、学生、管理人员以及其他人员组成的组织，其成员有清晰的奋斗目标，可以面对面地沟通与互动。因此，构建学生、教师和家长的学习共同体来设计和探究初中英语作业很有必要。本文所提出的初中英语作业设计遵循趣味性、情境性、多样性、合作性、差异性和评价性原则。

二、作业的设计与实施

基于学习共同体的初中英语作业设计与探究中，笔者将学生、教师和家长构成的学习共同体以最稳固的三角形来展示，包括学生之间、教师之间、家长之间、师生之间、家校之间和亲子之间六种学习共同体（见图1）。

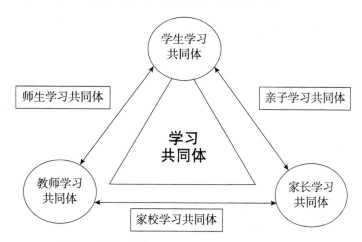

图1　学生、教师和家长构成的学习共同体关系

1. 学生学习共同体活动

为了激发初中学生对英文报刊阅读的兴趣，笔者与初中英语科组的教师为学生设计了一个富有创新性的作业：在国庆期间，请同学们根据已发的三期报纸制作出属于自己风格的特色英语书"My First English Book"。作业"My First English Book"的具体步骤和目的如表1所示。

表1　　　　　　作业"My First English Book"的具体步骤和目的

步骤	目的
1. 请你从前三期报纸当中剪下至少五篇自己感兴趣的文章，并粘贴在五张 A4 纸上	用剪贴的方式减少信息量和降低阅读的难度，激发每个学生参与的积极性
2. 请你在自选的文章中做批注，可以利用词典查找出你想学的生词的音标、词义和用法，或写出你的读后感（中英文都可以）、分享你赞同和不赞同的观点等	提供多样化的自学方式，希望每个学生都可以用自己喜欢的方式来阅读报纸，积累词汇，锻炼审辩式思维
3. 可以在最后一部分加入个性化元素，比如分享你喜欢的英文歌、英文诗、英语俚语、英语漫画或其他跟英语有关的内容	基于学生在英语领域的兴趣点不尽相同，提供最后一个部分让学生进行个性化添加，希望每个学生都有跟英语相关的内容进行分享
4. 可以参照正在使用的英语教材的封面、目录和封底的设计，也可以进行创意化设计（手绘或计算机设计），请确保题目"My First English Book"包含在内	作业设计的提示起到一定的引导作用，为学生的创新型思维提供一个平台，期待创意化的封面和封底

续　表

步骤	目的
5. 请为每篇阅读设计两道阅读选择题和一道简答题，并把答案和解析附在最后一页	学生根据阅读设计选择题和简答题，按照教师的指导去设计，可以提高阅读能力和审辩式思维能力
6. 装订成自己独一无二的英语书（如果你的第一本英语书完成得有特色，它就有机会参与班级间的阅读漂流活动，并得到同学们的点赞）	充分利用初中生好奇的心理特点，让他们对完成特色化作业后的漂流活动充满期待，进而促进学生认真完成国庆作业

　　笔者利用每周二下午的科组教研时间组织教师们首先进行抽签并交换班级作品，随后，参与交换的班级教师进行合影留念。接着进行作品漂流活动，教师把作品带到班级随机派发，组织学生课后或在家中阅读作品，并按照模板写一封信给原作者，在每篇阅读下面设计两道阅读理解题和一道简答题，把答案和解析附在封底。当学生完成作业并上交后，教师就把作品返还给原班教师，再由原班教师发给原作者，以便他们阅读信件并回答设计的问题。最后原班教师对作品进行深度批改和反馈，起到优化教与学的作用。

　　【分析】本次作业设计生动有趣，深受学生喜欢。国庆之后，从七八年级学生上交的作品来看，无论是封面、目录还是封底的设计，都各具特色，魅力十足。从内容上看，有的学生在文章中做批注，利用词典查阅出生词的音标、词义和用法，用中文或英文写出他们的读后感，分享赞同和不赞同的观点等。有的学生在最后一部分加入个性化元素，比如分享他喜欢的英文歌、英文诗、英语俚语、英语漫画或其他跟英语有关的内容。尤其是在阅读题目和问答题的设计上，从整体上看，设计比较合理，所包含的问题有关于 when、where、what、how many、how long、how old 等。学生设计问题的能力和阅读审辩式思维同时得到提高。

　　2. 教师学习共同体活动

　　作为英语科组组长，笔者每周二下午组织科组教师一起进行教研活动。在开学初，笔者建议科组教师在作业设计上应尽量落实减负增效，并提出了"以活动形式来完成作业"的想法。笔者组织三个年级组的教师分别组成三个备课组学习共同体。在二十分钟的讨论时间内，针对学情和教材，备课组初步研讨出一个单元活动作业的构想，然后邀请每个年级组派一个代表进行分享，其他年级组的教师提供补充与建议，最终形成一个单元活动作业初稿。以沪教牛津版英语 8A 的教材为例，备课组设计了以下单元活动作业（见表2）。

表2 　　　　　　　　　沪教牛津版英语8A 每个单元活动作业设计

单元	活动作业设计
Unit 1 Encyclopaedias	奇葩故事说——故事续写
Unit 2 Numbers	欢乐戏剧人——课本剧表演
Unit 3 Computers	谁与争锋——辩论赛
Unit 4 Inventions	创客智多星——我是发明家
Unit 5 Educational exchanges	教育交流记——模拟访学介绍
Unit 6 Ancient stories	会演戏的木马——经典重现
Unit 7 Memory	最强大脑——单词记忆大赛
Unit 8 English Week	快乐英语周——社团招新记

活动作业设计都比较精彩，如 Unit 1 Encyclopaedias 的写作部分，主题是"A baby dinosaur called Dudley goes to Dinosaur Park"。写作分为两个部分：A 部分要求学生根据图片完成故事；B 部分提出了两个问题：What did Sammy do with the money? What happened to Dudley later? Write an ending for the story。于是我们备课组为学生设计了"奇葩故事说——故事续写"的作业。学生们充分发挥自己的想象力，续写的故事各不相同，富有创意。又如 Unit 5 的内容是 Educational exchanges 的教育交流互访活动。经过调查，我们了解到许多学生没有国外教育交流的经历，所以我们根据学生的实际情况，把本单元的活动设计为：假设你已经去了心仪的国家参加了教育交流互访活动，请模仿课文，按照以下表格的五部分用现在完成时进行交流访学的写作，并制作成课件来分享（见表3）。

表3 　　　　　　　　　　　演讲步骤

Part 1	How is your local life there?
Part 2	How did you spend your weekdays and weekends?
Part 3	Could you introduce some history and culture about that country?
Part 4	What have you learned from this educational exchange?
Part 5	Could you share your feeling?

第一单元是续写故事，为学生提供一个情境：当 Sammy 带着 Dudley 去恐龙公园与小朋友见面后，他们获得了一万美元，他们会怎么使用这些钱？后来 Dudley 身上发生了什么故事？学生充分发挥自己的想象力，以手抄报的形式续写故事。对于学生这些宝贵的作品，笔者进行了评价，具体的评价方法如下（见表4）。

表4　　　　　　　　　　　　　　故事续写评价四部曲

评价四部曲	目的
把作品收上来，然后交换作品	让学生欣赏彼此的作品，扩展阅读视野
小组交叉派发：当学生拿到别人的作品后，教师统一把容易犯错的点在全班集中讲解，学生一边听一边批改别人的作文，并在背后签名	培养学生互改作文的好习惯，并且提供一个加分的机会，刺激学生的大脑，锻炼思维
教师批阅：当教师批阅的时候，如果找不出任何错误，那就给批阅的同学加三分	培养学生认真负责的态度，鼓励学生尽量学会自己独立思考
教师单独讲解：教师把学生按写作水平的高低分为八个小组，每个小组利用课间时间到办公室找教师进行写作指导	把学生按照写作水平分组，有利于同等水平的学生相互学习；为学生分组面批作文，会有比较好的效果

第五单元是关于教育交流互访的内容，作业设计意在促进学生在学完这篇课文之后也会运用相关重点句型来描述一次教育交流互访活动。基本上，每个学生都能按照五个部分的要求完成写作并完善课件的内容。但是在描述第四部分的时候，许多学生没有使用现在完成时来表达他们已经学会的内容。在四个同学演讲完毕之后，笔者为其他同学再次进行指导：第四部分的内容需要使用现在完成时，如果你的演讲当中能够使用一句现在完成时，那你就可以加一分，如果你使用了两句，那就加两分，以此类推。果然，在后来的演讲当中，使用现在完成时来表达第四部分的学生越来越多。为了增强学生的演讲体验，笔者还特意安排了四节英语课，为每个学生提供上台演讲介绍的机会并录制下来，最后把视频共享到班级家长群，让家长也可以下载自己孩子的演讲视频并看到自己孩子学英语的进步与成长。

【分析】笔者所在学校的英语科组的教师为了让学生体验学习英语的快乐，并通过活动实践体验学习的成功，以备课组学习共同体和大科组学习共同体的形式，研讨出以活动或比赛的形式组织学生完成每个单元大作业的设计。这些设计体现了作业的趣味性、情境性和评价性。这样既可以调动所有学生参与学习英语的积极性，又可以提高学生的英语综合素养。在教师们的耐心指导和学生的认真完成下，本学期的八个大作业在欢乐的气氛中开展，学生们完成活动作业的精彩瞬间都以照片或视频的形式记录下来，并通过班级 QQ 群和微信群进行分享。期末，我们对本年级的学生进行简单的问卷调查和访谈，大部分学生表示很喜欢这些丰富多彩的活动，因为这样的作业设计不但可以帮助学生学到知识，还可以促进与同学和家人的沟通互助，录制出精彩的视频和创作出优秀的作品。

3. 家长学习共同体活动

家庭教育的质量在很大程度上直接决定了孩子在各方面的表现，如果家长不断学习与进步，那么他们的孩子也一定会不断前进。在第一次家长会上，笔者就推荐家长阅读《正面管教》这套书。几个非常上进的家长自发组织了《正面管教》读书沙龙会，并邀请笔者一起参加。家长们结合各自的教育情况，共同分享了阅读后的心得体会，并围绕着如何合理地给孩子设计额外的英语作业进行了激烈的讨论。通常家长们都是用比较简单粗暴的方式命令孩子在完成学校教师布置的作业之后，要额外完成他们为孩子购买的英语习题册。但是从《正面管教》的观点出发，这种简单粗暴的沟通方式和题海战术并不能让学生欣然接受，学生有时候甚至带着愤怒的情绪应付了事。后来几位家长通过讨论，决定为自己设计一个作业：坚持每周都跟孩子聊一聊在学校学习英语的情况，并对孩子一周的作业表现给予鼓励性的积极反馈。他们取消题海战术，如果孩子每天在 21:00 之前完成校内作业，就可以有半个小时的娱乐时间：看英语电影、听英语歌曲或阅读英语报刊。坚持一个月后，家长们反映孩子们完成作业的效率大大提高，对学习英语的兴趣也越来越浓厚。与此同时，笔者也发现那些学习了《正面管教》的家长的孩子在课堂上的表现越来越积极活跃，口语水平也得到相应的提高。

【分析】《正面管教》促使家长们自发组成学习共同体，一起学习并讨论如何平等地与孩子沟通。通过这种方式家长与孩子能够共同设计出有趣的和多元化的家庭英语作业。让英语作业变成一种轻松有趣的奖励，这将让孩子们非常期盼每天的英语奖励时光。家长的不断学习与进步，同样能够激发孩子们学习的积极性与热情。

4. 师生学习共同体活动

在带初三冲刺中考阶段，笔者做了一个尝试，让学生以小组的形式开展"学霸开讲"活动来进行中考一轮复习。笔者根据中考试题的板块，对复习环节与学生进行了讨论，在师生学习共同体的研讨下，确定了每两个课时复习两个单元的设计思路。在"学霸开讲"的活动中，笔者与每个小组的学生在备课的时候会建立一个QQ 讨论组，分工合作，一起研究复习的重点难点，互相讲解或学生在群里向教师请教。笔者还会准备各种各样的奖品，如"逢考必过"的祝福信、蛋糕、饼干、水果或一些家长自制的美食等。有时候在课间会听到学生在讨论如何把题目讲解得更清晰、如何改善教学效果、如何把课堂模式进行深化等。甚至有的小组对其他小组模仿他们教学风格提出申诉，提出自己的教学专利如果被其他组模仿，可以要求加分。最让笔者感动的是有一个基础薄弱的孩子发高烧请假在家，也通过电话与组员进行备课。当看到成功的曙光，笔者就更加坚定不移地把这项"学霸开讲"活动进行到底，最后顺利地完成了六册书的复习。

【分析】这样具有趣味性和活动性的作业，让紧张备考的初三学子充分体验到做课堂主人的愉悦。师生学习共同体通过网络突破时空的界限，实时进行沟通和指导。学生的参与度、积极性和关注度表现出前所未有的高涨，在获得自主和快乐的学习体验的同时，学习英语的内在动力和成绩有了新的突破，这实属难得。可见，素质教育与应试教育可以通过师生学习共同体做到更好地融合。

5. 家校学习共同体活动

时下家校合作是一个备受关注的热点话题，越来越多的人意识到，学校教育与家庭教育有效结合能够提高初中生英语学习的质量。家校合作学习共同体更是一种必然趋势。教师与家长应在平等互尊的前提下进行沟通，教师要了解家长如何在家辅导子女学习。通过家长会或家访等形式，笔者与各位家长在常规作业的设计与实施方面达成以下共识：听力方面，请家长多给孩子提供接触英语节目、歌曲或电影的机会；口语方面，如果家长不懂英语，就多鼓励孩子参与英语角或各种校内校外英语比赛活动；读英语方面，充分利用教师每天布置的 App "跟读作业"，让孩子每天借用家长的手机进行 10 分钟口语练习，家长可以及时查阅孩子的系统评分，如果分数低于 85 分，可以要求孩子重新练习，直至达到 85 分以上；书写方面，每学完一节单词课，家长就可以在家里提前给孩子念单词的中文进行听写。另外，对于每个孩子比较弱的项目，家长可以定期主动与教师联系沟通，有针对性地为孩子提供一些阅读材料进行查缺补漏。

【分析】本案例充分体现了合作与共享，构建家校合作学习共同体能够发挥社会化教育的作用，这不仅有利于提高学习者的兴趣，还促进了家长和教师之间的互相学习和共同进步。家校合作学习共同体有着同一个愿景，即通过家校的共同努力，进一步提升学生的英语知识和素养。笔者邀请家长一起参与孩子的常规作业的设计，既可以让家长更深入地了解教师的日常教学和学生必须掌握的内容，又有助于减少家长对学校作业设计的误解。

6. 亲子学习共同体活动

孩子是一个独立的个体，家长要充分尊重孩子的个性特点，以平等温和的态度与孩子进行沟通与互动。为了充分利用亲子学习共同体来优化英语作业的设计，也为了让学生更好地理解单词之间的情境性和故事性，笔者将每个单元的单词分配给每个小组的六个同学。这六个同学要把自己负责的单词跟父母合作编成一个有趣的英语故事并一起演出来，然后以微课的方式录制下来。这些微课视频也为单词课的导入增添了趣味性，加深了同学们对生词的印象。学生们把沪教牛津版英语 7B 每个单元的单词都用这样有趣的方式与自己的父母共同完成，提升了课堂的整体性和活跃度。

【分析】这样的亲子学习共同体体现了作业设计的趣味性、情境性、合作性和差异性。每当随机地把单词分配给学生的时候，笔者就非常期待学生自编自导自演的趣味故事。当学生把故事的初稿拿给笔者的时候，笔者都会非常认真地去修改与指导，有时候还会引导学生如何把故事编写得更具正能量。现代教师要学会充分利用现代教育技术，指导亲子学习共同体一起讨论和制作出精彩绝伦的微课视频。笔者为亲子学习共同体提供了一个很好的沟通平台，当孩子和家长一起讨论故事情节和串演故事的时候，英语的运用能力和亲子情感都得到一定程度的提升。

三、结语

本文基于学习共同体的理念和初中英语作业设计的六大原则，通过构建学生、教师和家长的学习共同体一起设计和探究初中英语作业，激发初中生对英语学习的兴趣和提高初中生的英语综合能力。笔者希望在日后的教育教学当中，能够与学生和家长继续形成铁三角的学习共同体，一起为初中生的英语作业进行合理化和优化的设计，不但让学生喜欢各种多元化作业设计，而且逐步使学生形成初步的综合语言运用能力，促进学生的心智发展和提高综合人文素养，实现现代课堂教学的作业设计环节的高质量发展。

参考文献

［1］中华人民共和国教育部．义务教育英语课程标准：2011 年版［M］．北京：北京师范大学出版社，2011.

［2］张兆芹．为幸福人生奠基：学习型学校创建案例剖析［M］．北京：教育科学出版社，2011.

［3］欧玉松．构建家校合作学习共同体的内涵、意义及措施［J］．教学与管理，2013（7）：35－37.

［4］徐芸儿．促进初中生英语阅读思维品质培养的学习共同体构建［D］．宁波：宁波大学，2019.

［5］冯洁．基于学习共同体培养初中生英语学习能力［J］．华夏教师，2018（30）：24－25.

［6］郭青松. 学习共同体助力教师成长［J］. 教书育人（校长参考），2020（3）：48－49.

［7］李臣之，黄芸芸. 教师学习共同体建构路径的整体优化［J］. 教育导刊，2019（10）：5－10.

［8］马由馨. 集体备课中教师学习共同体的构建［J］. 海外英语，2019（19）：118－119.

［9］LI Y, KRASNY M E. Development of Professional Networks Among Environmental Educators［J］. Professional Development in Education，2020，46（2）：337－353.

［10］BARR S, ASKELL-WILLIAMS H. Changes in Teachers' Epistemic Cognition about Self-Regulated Learning as They Engaged in a Researcher-Facilitated Professional Learning Community［J］. Asia-Pacific Journal of Teacher Education，2020，48（2）：187－212.

［11］卢范坤. 家庭学习共同体教育行动的实践与思考［J］. 福建基础教育研究，2018（12）：24－25.

［12］WENNERGREN A-C, BLOSSING U. Teachers and Students Together in a Professional Learning Community［J］. Scandinavian Journal of Educational Research，2017，61（1）：47－59.

［13］WRIGHT K, WILLIS S. Engaging Middle School Parents, Students, and Teachers in a Learning Community a Case in Point［J］. Childhood Education，2003，80（2）：54－58.

［14］MAYNARD T. The Student Teacher and the School Community of Practice：A Consideration of"Learning as Participation"［J］. Cambridge Journal of Education，2001，31（1）：39－52.

新课标下初中英语绘本分级阅读
及作业分层设计的优势

郑玉琴　深圳市宝安区实验学校（集团）宝安实验学校

【摘要】分级阅读是指根据初中生的具体英语水平和能力选取适合的阅读材料，以避免英语阅读材料无法有效发挥作用，导致教学效率低下，产生不良影响。

【关键词】初中英语；分级阅读；作业设计；学科育人

一、引言

近几年，宝安实验学校英语教学结合初中生的特点，提供了适合学生的英语读物，指导学生进行课外阅读，取得了很好的效果。分级阅读能够拓宽学生视野，帮助他们理解英语语法、掌握英语词汇、培养听说读写能力，提升学生的阅读思维和语言表达能力，最终促进学生英语阅读素养的提升。分层布置阅读作业可以有效地落实英语深度思维的培养。

二、当前英语分级阅读教学和作业布置中存在的问题

（一）分级阅读认识不足，学生兴趣难提高

受传统应试教育的影响，部分教师对英语分级阅读教学认识不足，缺乏对阅读理论的学习和研究，对阅读材料仍采取逐句分析的方法，很少根据学生的接受能力进行分级阅读的指导。学生被动接受知识，大脑处于抑制状态，学习英语的兴趣难以有效激发，自主学习的意识不强，阅读能力得不到提高。

（二）分级阅读材料匮乏，学生需求难满足

近年来，英语分级阅读作为一种逐渐发展起来的英语教学模式，已经受到很多英语教育者的重视和认可。但是目前来看，适合初中生的英语阅读材料比较匮乏，而且很多阅读绘本不符合学生的需求，使初中英语阅读教学受到了一定程度的阻碍。

（三）分级阅读教学方法滞后，学生综合能力难提升，作业很难落实

很多学校的英语分级阅读教学体系还没有完善，对英语阅读材料缺乏科学的阅读指导和教学支持，阅读教学始终围绕教材中的课文转个不停，限制了学生的阅读视野。阅读训练只是"读课文、教单词、回答问题"这种最常见的模式，缺乏有效的阅读方法的指导，忽视了阅读材料的趣味性和学生的兴趣。

三、分级阅读在初中英语阅读教学和作业中的应用

（一）结合学生年龄特点科学选择阅读绘本并布置相关作业

初中生年龄小，仍以形象思维为主，教师可以根据其身心特点选择图片和文字相结合的绘本阅读材料，如《多维阅读》《黑布林英语阅读》等，让学生在生动有趣的情境中开展阅读活动。在英语绘本教学中，教师要设置带有疑问性质的语言，引导学生去观察、判断、理解绘本中的图画和故事情节，提高其阅读技能，锻炼其英语语言能力。

（二）引导学生掌握正确的阅读方法，提升阅读质量和作业质量

英语分级阅读教学有四种主要策略：图片环游、拼图阅读、持续默读和阅读圈。由于初中低年级的学生年龄小、逻辑思维不成熟，分级阅读时最常使用的就是图片环游的教学模式。例如，对于"What do you do on Sunday?"相关内容，教师在对学生开展图片环游教学的过程中，可以将其分成六个板块的内容，也就是课前趣味导入、理解文本概念、图片环游、总结评论、朗读默读和交流探讨。在这个过程中，教师充分运用那些充满童趣的图片信息，科学设置问题，引导学生去观察和发现，然后再结合朗读的方式，进一步加深学生对英语知识内容的理解和记忆，从而增强其英语阅读体验的丰富性和完整性。在分级阅读教学中，教师还会设置一些问题，引导学生针对问题发表自己的看法，使学生从最初的印象式学习发展成为交流式学习，逐渐再发展为探索式学习，从而促进学生的成长和发展。

（三）灵活运用多种教学方式，带领学生感知语言并真正落实分层阅读作业

初中英语分级阅读是让学生能够根据自己的年龄、年级或阅读测试成绩，选择适合自己的读物。分级阅读帮助学生构建英语思维，从看图识词开始学习，然后到基于这些词汇的类似于中文组词、造句一样的直述式表达练习，再到5个词左右的

完整短句，以及 8～10 个词的长句，逐步增加初中生的词语积累，提高学生阅读技巧。绘本课上要让学生静静地读，读自己喜欢的内容；慢慢地说，说自己会说的。通过分级阅读作业训练，教师可以相对准确地知道孩子目前的阅读能力，从而选择更为合适的分级读物，最后通过长期的阅读，实现学生词汇积累和阅读能力的飞跃。

四、分级阅读和作业的成效与反思

（一）分级阅读和作业提高了学生的阅读能力

宝安实验学校使用的英语分级读物的难度更贴近学生实际的水平，加之绘本特有的生动插图、有趣而简单的文字，都激发了学生的阅读兴趣。目前学校为每班学生都提供了分级阅读绘本，包括故事类、非故事类和拼读类三大类。相比传统教材，绘本的阅读和学习给学生带来的信息量和语境的真实性都远远超过传统教材。

（二）分级阅读和作业培养了学生学习英语的兴趣

为了提高学生的英语水平，宝安实验学校的每个班都成立了由英语教师指导的英语社团，七、八年级英语绘本阅读兴趣小组的建立让更多的学生投入分级阅读绘本的学习中。教师结合学生生活实际设计了了解文本、回顾文本、仿写文本、创作文本等读后活动，使学生把阅读落在实处，学以致用。在开展英语分级阅读教学和设计分层作业时，英语教师应该综合考虑学生身心发展的实际情况，遵循学生的身心发展特点，科学选择阶梯式系列读物，使得学生充分感受英语课外阅读的乐趣，掌握科学高效的阅读方法，提高阅读效率，有效提高英语学科的综合素养。

绘本阅读型作业要求学生阅读教材或已有的材料，全面把握材料内容。它旨在帮助学生理解其中蕴含的英语知识、思想与方法，为更深层次的学习活动提供保障。它通常表现为课前预习和课后提高两种形式。以课前预习为例：在布置学生预习绘本 *Maths Heroes* 时，为了让不同层次的学生在预习中都能对课文内容有所理解，笔者设计了三个层次的阅读型作业。

1. A 层次（基础比较弱的学生）的作业

（1）跟读绘本，朗读 3～5 遍。在跟读时要求学生一句一句跟读，认真把握好单词的读音和句子的停顿。

（2）跟读完后，自己独自出声朗读绘本中最喜欢的段落 5～6 遍，以读准单词的读音，同时读出句子中的语调。如一般疑问句读出升调，陈述句、特殊疑问句读出降调等。

（3）流利且有感情地朗读5～6遍。在朗读过程中要投入，并试着找出自己读不懂的地方。

"书读百遍，其义自见"。通过数遍地跟读、有感情地朗读，学生在获得语感的同时对绘本内容也有了一定的印象，为课上的听讲做好了准备。

2. B层次（基础比较好的学生）的作业

朗读绘本数遍（自己定数量），整体把握绘本内容。在读绘本时，完成教师预先设计的"T""F"判断练习。然后，听绘本录音，回答教师在布置预习时设计的几个帮助理解故事大意的问题。如：

a. What—?

b. Who—?

c. When—?

d. Where—?

e. How—?

f. Why—?

上述预习作业能帮助中等学生深入理解绘本故事的细节内容。

3. C层次（优秀生）的作业

（1）精读绘本——逐句阅读，圈点不理解的单词或句子。

（2）提出问题——根据绘本内容，自己提出有助于理解内容的问题，并自行解答。

（3）明确语法点——找出绘本中的重要词组及句型。如：

a. much earlier

b. very few boys

c. expect sb. to do sth.

d. didn't look pleased at all

e. little time

f. — I'm sorry I'm late. — That's OK.

优秀生通过精读绘本，掌握故事内容，在此基础上根据内容提出问题，有助于进一步理解绘本，且归纳出故事中的关键词组和句型。这三个层次的阅读型作业已经让优秀生对课文内容做到了心中有数。教师给不同层次的学生设计了不同要求的阅读作业，让基础各异的学生真正做到整体把握，兼顾差异。同时，通过这样的作业，学生养成了良好的阅读习惯，培养了完整的英语思维能力。

由于绘本阅读分层作业难度适宜，不同层次的学生完成作业不再感到困难，这无疑激发了学生完成作业的乐趣，使他们在完成作业的同时不仅能接触到大量生动的故事，也培养了他们英语阅读的能力，为高中的英语续写作文这一难题打下了扎实的基础。此外，教师可以每两周进行一次英语绘本阅读沙龙，让学生分层表达自己在阅读时提炼出来的对人物和故事情节的体会或者看法，培养他们的批判性思维。

参考文献

[1] 陈丞．基于文学功能的中国儿童英语教育改革战略性研究 [J]．江汉石油职工大学学报，2017，30（5）：86－89.

[2] 英语分级阅读研讨会暨"大猫"英语分级阅读新书发布会在京举行[J]．基础外语教育，2015，17（4）：113.

[3] 王勃然，赵雯．英语学习者的阅读模式与其阅读能力的相关度研究 [J]．东北大学学报（社会科学版），2014（3）：321－326.

主题意义探究引领下的初中英语单元整体教学设计与实践

——以沪教牛津版九年级上册 Unit 3 Family life 为例

周　燕　深圳市西乡中学

【摘要】主题意义探究引领下的英语单元整体教学有助于优化初中英语课堂教学。本文通过教学实例，探讨在主题意义探究引领下进行单元整体教学设计与实践的路径，以实现学科育人价值。

【关键词】单元整体教学；主题意义探究；初中英语；学科育人

一、引言

英语新课程倡导将主题意义探究作为教与学的核心任务，教师要围绕促进学生全面发展的育人目标，以单元整体教学设计和主题意义的深度探究为实现英语学科育人的有效路径。具体来说，教师要强化素养立意，围绕单元主题，充分挖掘育人价值，确立单元育人目标和教学主线；深入解读和分析单元内各语篇及相关教学资源，并结合学生的认知逻辑和生活经验，对单元内容进行必要的整合或重组，建立单元内各语篇内容之间及语篇育人功能之间的联系，形成具有整合性、关联性、发展性的单元育人蓝图；引导学生基于对各语篇内容的学习和主题意义的探究，逐步建构和生成围绕单元主题的深层认知、态度和价值判断，提升其核心素养。

目前部分初中英语教师进行教学实践时，依然局限于语言知识和语言技能的传授，普遍存在教学内容碎片化、学生学习浅层化、素养培养割裂化的问题。

二、主题意义探究引领下的初中英语单元整体教学的必要性

单元整体教学有助于教师跳出专注于零散知识点的教学，转而引导学生关注单元主题意义，从而把握学科本质和内涵，指导学生做人做事。教师以单元为单位，通过构建单元教学目标、课时教学目标，组织各语篇教学内容，引导学生探究单元所涉及语篇的主题意义，逐渐构建对单元主题的完整认知，进而发展能力、形成素养。

单元整体教学围绕主题设计展开，通过提炼单元的大主题，以及对单元分课时进行系统性、结构性的分解，通过课时子主题体现主题意义的完整性和递进性，同时根据主题意义分解进行教学内容重组，使学生的逻辑思维能力和辩证思维能力得到有效提升。在内容和意义的引导下，基于主题意义的单元整体教学很大程度上避免了碎片化、孤立化、唯语言为重等问题，能有效推动学生的深度学习。

三、主题意义探究引领下的初中英语单元整体教学实践

本文以沪教牛津版初中英语九年级上册 Unit 3 Family life 为例，具体说明主题意义探究引领下的初中英语单元整体教学的开展。

（一）研读课时语篇，提炼和分解单元主题

要保证学生在探究中思维有方向、边界和焦点，文本主题的提炼至关重要。本单元主题是 Family life，即家庭生活，该主题属于"人与自我"及"人与社会"范畴，包含两个主题群"做人与做事"和"人际沟通"，涵盖"家庭与家庭生活""良好的人际关系""和谐家庭"三个子主题。本单元的核心内容主要围绕家庭生活这一主题来展开，涉及五个主要语篇，包括一篇采访记录，两段家庭成员之间的对话，一段同学之间表示提供、接受、拒绝帮助的对话，以及一篇如何与父母沟通交流的文章。

语篇分析是大单元设计的基础，笔者通过综合分析教材各板块的语篇内容并适当增删，提炼出各个语篇的主题意义（见表1）。

表1　　　　　　　　单元语篇基本信息分析及主题意义提炼与分解

语篇题目	语篇类型	语篇内容	语篇主题意义及价值
Culture corner & Listening & Grammar	说明文	介绍和家谱相关的基本情况和知识	介绍家庭和家庭成员
	对话	父亲和女儿谈论自己家族的家谱	
	对话（图片文字）	介绍 be 动词和其他动词作系动词的用法。练习 A 通过一个对话谈论并评价自己的家庭生活，B 部分因漫画与本课主题无关，由教师补充与家庭生活相关的图片素材和句型结构，引导学生用所学系表结构介绍家庭成员及职业并了解其社会角色	认识家庭成员在家庭和社会中的不同角色；树立正确的家庭观和职业观；培养健康向上的人生态度

语篇题目	语篇类型	语篇内容	语篇主题意义及价值
Reading & Speaking (B. Speak up)	采访记录（口头调查及汇报）	从家庭成员、私人物品、家务活、家庭活动、家规和个人感受六个方面介绍 Emily 和 Jerry 的家庭生活；根据所提供的模板调查班内同学对自己家庭生活的看法	对比不同的家庭生活，体会家庭温情，思考家庭责任，感悟责任与贡献，做出正确的价值判断
Extensive reading	说明文	介绍《傅雷家书》，文中涉及傅雷与孩子的沟通方式以及傅雷的价值观、教育观	感知名人亦师亦友的亲子关系；学习平等交流的沟通方式；深入探究什么才是最融洽的亲子关系
Speaking (A. Talk time) & Study skills	对话（图片文字）	掌握向父母寻求帮助、接受帮助和拒绝帮助的表达方式 A 部分是一个关于制定规则的应用文写作训练，所给文本是 Jerry 母亲对 Jerry 的相关要求，需要学生运用第一单元的语法知识祈使句把它改为 Jerry 的家规	制定家庭规约
More practice	说明文	介绍如何与家长有效沟通，提供一些与家长更好地交流沟通的技巧和建议。语篇从描述家庭生活方式迁移到家庭成员之间的交流和沟通，这对学生有一定的启示	学习沟通技巧；树立换位思考的意识；建立和谐家庭

（二）探究单元主题意义，明确单元学习目标，重组教学内容

《义务教育英语课程标准》指出，要对单元内容进行必要的整合或重组，建立单元内各语篇内容之间及语篇育人功能之间的联系，引导学生对主题意义进行探究。本单元从主题意义出发，整合、重组并拓展了语篇，设计了五个课时。

经过重组之后的课时安排及内容如下：第一课时（听力语法课）介绍家庭和家庭成员；第二课时（精读口语课）理解、分析家庭生活的采访记录，交流对不同家庭生活的看法；第三课时（泛读课）了解傅雷与孩子的沟通方式并总结傅雷的价值观及教育观；第四课时（写作课）掌握向父母寻求帮助、接受帮助和拒绝帮助的表达方式，撰写家庭规约；第五课时（综合实践课）学习与家长沟通的技巧（见图1）。

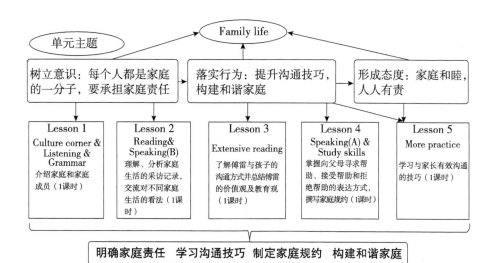

图1 单元主题内容框架

通过第一、第二课时的学习，学生能够树立意识——每个人都是家庭的一分子，要承担家庭责任；通过第三、第四课时的学习，学生能够落实行为——提升沟通技巧，构建和谐家庭；通过第五课时的学习，学生能够形成态度——家庭和睦，人人有责。最终单元的总目标是：学生通过学习单元内容，能够明确家庭责任，学习沟通技巧，制定家庭规约，构建和谐家庭。

（三）将主题转化为问题，创设探究情境

在分析单元主题内容的框架下，结合发生在身边的真实事件，笔者设置了如下单元情境：每年5月15日国际家庭日所在周为全国家庭教育宣传周。宝安区教育系统2023年举办了第二十三届家庭教育宣传周活动。学校根据问卷调查（见图2）发现亲子关系中存在问题，为此开展"话说我的家""我理想的家""家人同成长"三个特色活动（见图3）。在"话说我的家"这个活动中，学生展示自己的家谱，介绍家庭成员及职业，并体会其在家庭和社会中承担的不同角色及做出的贡献。在理解家人的不同角色及生活的不易之后，学生会有创造一个温馨的家的愿望，因此，第二个活动——"我理想的家"随之展开。在这个活动中，学生对比不同的家庭生活，反观自己的家庭生活，构建出理想的家庭生活，并将这种期望录制成视频，形成"我想对你说"活动的内容。接着学生和家长一起参与"家人同成长"的活动。首先，让家长体会傅雷的育儿智慧，并学习傅雷的育儿理念和方式方法。在这个过程中，学生感受到父母的变化和对他们的爱——双向奔赴的亲情，才是人人向往的美好。在第四课时，让家长和孩子共同感悟责任与贡献，共同制定和谐家庭规约。在此基础上，学生

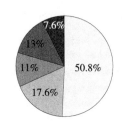

图2 亲子关系调查

凡例:
□ 不知道如何与父母沟通
▨ 不愿意与父母沟通
▩ 认为与父母沟通很难达成一致
▦ 与父母沟通时,双方很容易情绪失控
■ 与父母沟通顺畅,关系融洽

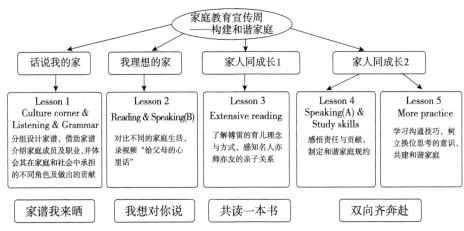

图3 单元情境及活动

通过综合实践课学习沟通技巧,与家人共建和谐家庭。

(四)规划课时目标及重难点

基于上述分析,笔者确定了课时目标和重难点(见表2)。

表2　　　　　　　　　　　**课时目标和重难点**

单元课时教学目标	语篇与课时
本单元学习后,学生能够: 1. 根据家谱的图片推测语篇的主题和主要信息,通过听力输入,获取录音中关于家谱的关键信息并记录(学习理解); 2. 能用系动词后接名词或形容词简单介绍自己的家谱和家庭成员(迁移创新)	1. Culture corner & Listening & Grammar (1课时)
3. 通过阅读输入,对比归纳 Emily 和 Jerry 的家庭生活的不同,根据实际情况,辩证地看待不同的家庭生活方式并做出正确的价值判断(学习理解); 4. 通过采访,调查组内成员的家庭生活的情况并口头汇报调查结果,表达自己的观点和情感(应用实践)	2. Reading & Speaking (B. Speak up) (1课时)

单元课时教学目标	语篇与课时
5. 通过视频输入，分析并总结父母和孩子沟通中存在的问题，掌握向父母寻求帮助、接受帮助和拒绝帮助的表达方式（学习理解）； 6. 用不同句型撰写家规，以期解决父母与孩子的沟通问题（应用实践）	3. Speaking （A. Talk time） & Study skills （1课时）
7. 通过阅读输入，获取如何与家长有效沟通的信息；谈论与家庭成员和谐相处的方式方法，妥善处理家庭中出现的问题，与父母良好沟通（学习理解）	4. More practice （1课时）
8. 小组合作总结傅雷的教育观（应用实践）； 思考谈论正确的人生观和价值观（迁移创新）	5. Extensive reading （1课时）
9. 小组合作完成一个以家庭生活为主题的展板，包含家谱、家庭成员、家庭活动、家规、沟通方式及构建和谐家庭的建议（迁移创新）	6. Project：Exhibition board—Family life

（五）依托英语学习活动观，践行层次性教学活动

新课标指出：英语学习活动观包括学习理解、应用实践和迁移创新等活动。下面以本单元第五课时为例，探究如何依托英语学习活动观开展层次性教学活动。

1. 话题导入，头脑风暴

学生展示"快问快答（Quick Response）"——有关家庭成员之间的交流和沟通方式的 Vlog。教师协助学生总结和父母相处中存在的问题，导入本课主题——"How to communicate with your parents?"。

[设计意图]　这个活动属于思维探究活动，结合学生生活导入话题。本阶段学习活动旨在帮助学生在看、听、说的活动中，了解与父母相处过程中出现的问题，并引发学生的思考——如何解决问题？

2. 阅读圈1（基于语篇，学习理解）

学生四人一组分角色阅读，这四个角色分配如下：角色1是 Question Raiser，角色2是 Word Master，角色3是 Summarizer，角色4是 Connector。学生首先独立完成自己的任务，然后在小组内进行交流。教师观察、聆听，记录学生存在的问题，并予以点评、指导。

首先，Question Raiser 提出问题，例如：

（1）What is the article probably about?（It's about how to communicate with our parents.）

（2） What will you probably learn from the article? （We will learn about some useful tips on how to communicate with our parents. ）

（3） Why does the writer write the article? （Because many young people have trouble communicating with their parents. ）

然后由 Word Master 组织学生学习单词和短语。学生完成表格，再由 Summarizer 总结文中给出的关于和父母沟通的建议。

[设计意图]

这个活动属于综合性探究活动，通过小组分工展示的形式，引导学生在了解语篇内容——如何有效和父母沟通的基础上，梳理解决家庭中沟通问题的核心语言，归纳解决与父母沟通问题的方法。

3. 阅读圈 2（深入语篇，应用实践）

学生结合自身的实际情况，独立思考，罗列出在家庭生活中与父母出现过哪些问题。然后由 Connector 询问同组的成员是否也存在类似的问题，并交流各自的解决方法，Connector 做好记录，最终由 Summarizer 汇报小组的讨论结果。在教师指导下，学生对各组提出的解决办法做出评价，并总结生成和父母有效沟通的原则和方法，建立"和谐家庭树"的概念（见图 4）。

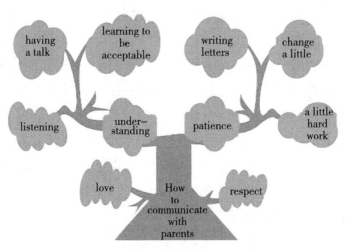

图 4　和谐家庭树

[设计意图] 本阶段学习活动在整理解决家庭中沟通问题的核心语言的基础上，通过小组讨论，使每位学生都能反思与父母的关系，思考与父母沟通的有效方式方法。

4. 单元主题展（超越语篇，迁移创新）

学生完成"家庭教育宣传周"的展板，包含家谱、家庭成员、家庭活动、家规、沟通方式及构建和谐家庭的建议。

[设计意图]

学生从课本走向现实生活，在交流的过程中发展语用能力，初步形成对构建和谐家庭意义的认识与理解。

（六）立足学科育人理念，开展单元整体评价

明确了教什么、为什么教、怎么教之后，如何检测学生的学习成果，就关系到评价这一环节。有什么样的评价观就会有什么样的育人观。

整个单元的最终输出任务以"家庭教育宣传周"的展板评价表的形式呈现（见表3）。该表旨在从主题相关性、展板设计等方面，更好地检验学生对单元主题的认识和学习成效。

表3　　　　　　　　　　　单元整体输出任务评价

Checklist for exhibition boards	Yes	No	Fixed
Are the exhibition boards related to the theme?			
Are all the main elements included in the exhibition boards?			
Are all the exhibition boards arranged in a neat way?			
Are the exhibition boards attractive?			

四、结语

主题意义探究引领下的英语单元整体教学能够优化初中英语课堂教学，使学生的学习过程更有系统性，同时达到学科育人的最终目的。教师充分挖掘语篇蕴含的育人价值，引导学生在真实的语境中，通过逻辑关联、递进式的学习任务，体验有意义的学习过程，实现语言学习与课程育人的融合统一。学生经过"学习理解、应用理解、迁移创新"等实现语言能力螺旋上升的学习过程，逐渐从基于语篇的学习走向真实的生活世界；从理解、内化语言到运用所学语言，表达自己的思考，学习沟通技巧，感悟责任与贡献，制定家庭规约，建立和谐家庭。

参考文献

[1] 中华人民共和国教育部. 义务教育英语课程标准：2022 年版［M］. 北京：北京师范大学出版社，2022.

［2］李宝荣，国红延．单元整体教学中实现英语学科育人的实践探究［J］．天津师范大学学报（基础教育版），2023（6）：23 – 28.

［3］齐地尔．基于主题意义的单元整体教学［J］．中小学外语教学（中学篇），2019，42（9）：32 – 37.

［4］王芳，武茜．主题意义探究引领下的小学英语单元整体教学策略：以外研版小学《英语》（一年级起点）五年级下册主题单元"A Great Present"为例［J］．英语学习（教师版），2022（3）：46 – 51.

［5］《英语学习》编辑部．努力推进新时代义务教育英语课程建设新发展：访《义务教育英语课程标准》修订组组长梅德明［J］．英语学习，2022（4）：4 – 17.

［6］张金秀．主题意义探究引领下的中学英语单元教学策略［J］．中小学外语教学（中学篇），2019，42（7）：1 – 6.

初中生英语写作现状的调查研究①

左 莎 深圳市新安中学 （集团） 第一实验学校

【摘要】 本研究以深圳市新安中学（集团）第一实验学校的 364 名学生为研究对象，通过调查问卷及测试等工具进行研究，旨在探究初中生对英语写作的态度、习惯与现状，以及对同伴反馈法的态度。调查结果显示：①初中生对英语写作的重要性有清楚的认识，但对英语写作的兴趣不高；②初中生的英语写作习惯不好，导致写作能力不高；③初中英语写作教学反馈方式单一，同伴反馈法基本没有得到运用。最后，对如何提高初中生英语写作能力提出了三条建议。

【关键词】 初中生；英语写作；同伴反馈法

一、引言

初中英语教学的主要目标是培养学生听、说、读、写四大基本语言技能的综合运用能力。其中，写作不仅能巩固经由听和读输入的语言材料，促进语言知识的内化吸收，还是检测语言水平的重要指标。

然而，在实际教学活动中，为了避免以往"耳聋式英语"或"哑巴式英语"的出现，教师更加重视"听"和"说"，而忽视了"写"，导致学生的英语写作水平长期处于较低的水平。《义务教育英语课程标准（2011 年版）》要求初中毕业生写作能力达到五级："能根据写作要求，收集、准备素材；能独立起草短文、短信等，并在教师的指导下进行修改；能使用常见的连接词表示顺序和逻辑关系；能简单描述人物或事件；能根据图示或表格写出简单的段落或操作说明。"为了达到这样的要求，英语写作教学迫切需要得到重视和提高。因此本研究旨在探索以下问题：①初中生对英语写作的态度如何？②初中生英语写作的习惯与现状如何？③初中生对同伴反馈法的态度如何？

---

① 本文为广东省深圳市教育科学规划课题（2018 年度）"初中英语写作教学中同伴反馈法的实践研究"（立项编号：ybzz18068）的阶段性研究成果。

二、同伴反馈法的概念界定

同伴反馈法是指在教学过程中，学生通过合作以书面或口头的形式互相为对方在写作上存在的问题提供反馈，从而达到提高写作质量的目的。同伴反馈法是一种写作教学中使用的教学方法，目的是通过学习者的相互作用和影响促进写作能力的提高，这一方法在英语作为母语和二语的写作教学中得到了广泛应用。

三、调查对象和调查方法

（一）调查对象

依照随机抽样原则，研究者选择了深圳市新安中学（集团）第一实验学校的364 名初中生作为研究对象（见表1）。

表1　　　　　　　　　　　研究对象分布　　　　　　　　　　单位：名

班级	男生	女生	合计
八（1）	23	15	38
八（2）	25	19	44
八（3）	26	23	49
八（4）	21	22	43
八（5）	32	19	51
八（6）	23	24	47
八（7）	27	21	48
八（8）	26	18	44
总计	203	161	364

（二）调查方法

本研究采用定量调查方法，主要通过问卷和测试的方式收集数据。

1. 问卷

本研究于 2018 年 9 月 11 日通过问卷星平台在线收集学生问卷数据，共收到学生问卷 371 份，经过人工筛选删除非正常的无效数据后，最终获得有效问卷364 份。

2. 测试

本研究统计了该校被试学生 2019 年 1 月参加区级期末统考的英语写作成绩。

该写作测试经过专家论证，其信度与效度均较高，所有试卷得分均转化为百分制。

本研究主要运用问卷星进行有效数据处理和分析。

四、调查结果及分析

（一）初中生对英语写作的态度

调查发现，大部分学生认为英语写作很重要，但是只有44.23%的学生喜欢英语写作，36.81%的学生对英语写作的态度说不清楚，18.96%的学生表示不喜欢英语写作（见图1）。

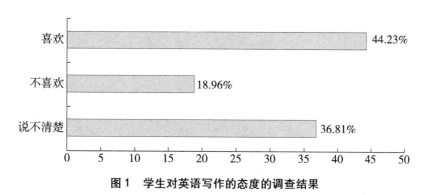

图1　学生对英语写作的态度的调查结果

可见，绝大多数的学生尽管对英语写作的重要性有清楚的认识，但喜欢英语写作的人数还不足一半，超过1/3的学生对英语写作的态度非常模糊。这与学生的英语写作水平有关，当学生写不出好文章时，对自己的英语写作能力就不自信，进而影响学生对英语写作的喜好度。因此，教师在进行英语写作教学时要注意多鼓励学生，培养学生写作的兴趣与自信。

（二）初中生英语写作的习惯与现状

1. 学生在英语写作前的习惯

问卷第5题意在调查学生在英语写作前是否有认真构思的习惯，该题的统计结果显示，有52.74%的学生一般会在写作前认真构思，38.19%的学生有时会在写作前认真构思，还有9.07%的学生不会构思，看到作文题目就开始进行写作（见图2）。

问卷第6题旨在调查学生在英语写作前是否会打草稿，该题的统计结果显示，一般会打草稿的学生仅有20.05%，有时会打草稿的学生有41.49%，38.46%的学生在英语写作前不会打草稿（见图3）。

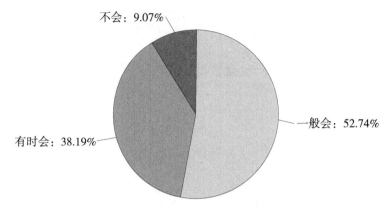

图 2　学生在英语写作前构思情况调查结果

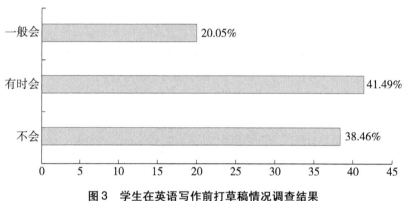

图 3　学生在英语写作前打草稿情况调查结果

可见，超过一半的学生会在英语写作前认真构思，只有约 20% 的学生有将构思写成草稿的习惯。写作文不构思、不打草稿，后果就是考作文时学生在考卷上涂涂改改，卷面不整洁，且容易写跑题。有些教师会要求学生在 10 分钟内完成一篇 80 词左右的作文，学生为了追求写作速度，往往也会忽略构思与打草稿的作用。因此，教师在平时的英语写作教学中要注意引导学生养成构思及打草稿的习惯，而不要片面地追求速度。

2. 学生在英语写作中存在的困难

问卷第 8 题（多选题）旨在调查学生在英语写作中遇到的困难，该题的统计结果显示，学生的英语写作困难主要来自"词汇量有限"（78.57%）和"语法（含句法）知识漏洞多"（78.02%），其次是"字词用法掌握不精准"（70.33%）和"有想法，但不能用英语正确地表达出来"（68.13%）。此外，有 42.86% 的学生认为"能将作文的主要内容比较准确地表达出来，但文章衔接不够流畅、连贯"，而认为自己"无话可说"的学生只有 29.40%（见表 2）。

表 2		学生在英语写作中存在的问题的调查结果
选项	小计（名）	比例
词汇量有限	286	78.57%
字词用法掌握不精准	256	70.33%
语法（含句法）知识漏洞多	284	78.02%
有想法，但不能用英语正确地表达出来	248	68.13%
作文思路狭窄，没有明确的观点，感到无话可说	107	29.40%
能将作文的主要内容比较准确地表达出来，但文章衔接不够流畅、连贯	156	42.86%
本题有效填写人次	364	—

无论是"词汇量有限"还是"字词用法掌握不精准"都是学生在单词方面出现了问题，而"语法（含句法）知识漏洞多"主要指学生即使用对了单词仍写不出正确的英文句子，"不能用英语正确地表达"则与单词、语法都有关系。因此，学生在英语写作过程中遇到的主要困难来自单词和语法，在文章衔接方面问题不是特别严重。另外，无话可说的学生不到 1/3。这就要求教师在进行英语教学时要注意巩固单词和语法的基础知识。

3. 学生在英语写作后的习惯

问卷第 7 题、第 10 题、第 11 题、第 12 题旨在对学生英语写作后的修改习惯进行调查，这些题目的统计结果显示，仅 23.08% 的学生一般会在完成写作后对自己的文章认真修改，47.80% 的学生有时会修改，29.12% 的学生从不修改作文；仅 34.34% 的学生一般会认真阅读教师批改过的作文，58.52% 的学生有时会认真阅读教师批改过的作文，7.14% 的学生从不认真阅读教师批改过的作文；一般会自觉修改教师批改后的作文的学生只有 26.65%，有时会修改教师批改后的作文的学生有 56.59%，从不修改教师批改后的作文的学生有 16.76%；仅 8.24% 的学生一般会与同学互批作文，35.99% 的学生有时会与同学互批作文，55.77% 的学生从不与同学互批作文（见表 3）。

表 3	学生在英语写作后的修改习惯调查结果			
选项	自我修改作文	认真阅读教师批改过的作文	修改教师批改后的作文	与同学互批作文
一般会	23.08%	34.34%	26.65%	8.24%
有时会	47.80%	58.52%	56.59%	35.99%
从不	29.12%	7.14%	16.76%	55.77%

　　由表 3 可知，绝大多数初中生在完成英语写作后并没有养成修改作文的习惯，无论是自我修改还是修改教师批改后的作文，与同学互批作文的学生更是寥寥无几。教师花费大量时间辛辛苦苦批改的作文，只有约 1/3 的学生会认真阅读，读完后也只有约 1/4 的学生会按照教师的意见进行修改，由此可见教师批改作文的有效性非常低。因此，我们需要在英语写作教学过程中引入同伴反馈法，同时引导学生养成修改作文的好习惯。

　　问卷第 9 题旨在调查学生是否有研习优秀范文的习惯，该题的统计结果显示，只有 20.33% 的学生一般会研习优秀范文，49.18% 的学生有时会研习优秀范文，30.49% 的学生不会研习优秀范文（见图 4）。

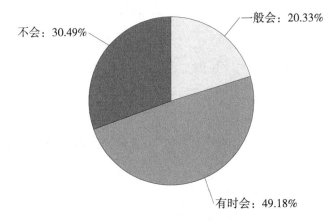

不会：30.49%　　一般会：20.33%　　有时会：49.18%

图 4　学生研习优秀范文习惯的调查结果

　　可见，只有 20% 左右的学生养成了研习优秀范文的好习惯，近一半的学生只是有时研习优秀范文，还有近 30% 的学生没有研习优秀范文的习惯。这需要教师在英语写作教学中引导学生欣赏优秀范文、背诵范文，进而养成仿写范文的好习惯。

（三）初中生对同伴反馈法的态度

　　本次调查设计了旨在了解学生对同伴反馈法态度的问题。调查结果显示，只有 18.41% 的学生了解同伴反馈法，40.11% 的学生只了解一点同伴反馈法，41.48% 的学生根本不了解什么是同伴反馈法。这表明同伴反馈法在教师的英语写作教学中基本被忽视，未得到广泛应用。此外，有 51.92% 的学生想尝试同伴反馈法，35.44% 的学生不清楚自己是否想尝试。这说明有约一半的学生愿意进行同伴反馈，还有约 1/3 的学生处于被动学习状态，需要教师的引导。

　　关于同伴反馈法的效果，52.75% 的学生认为同伴反馈法将有助于提高自己的英语写作水平，42.58% 的学生认为同伴反馈法有一点帮助。这些数据与前面想尝试同伴反馈法的学生占比基本一致，说明这些想尝试同伴反馈法的学生对其作用持乐观态度。

本次调查还设计了学生对所写英语作文希望得到哪种形式的反馈的题目。该题的统计结果显示，68.96%的学生认为"教师和同伴的反馈都需要"，25.27%的学生认为需要"来自教师的反馈"，3.57%的学生认为"自己修改就行了，不需要别人的反馈"，只有2.20%的学生认为需要"来自同伴的反馈"（见图5）。

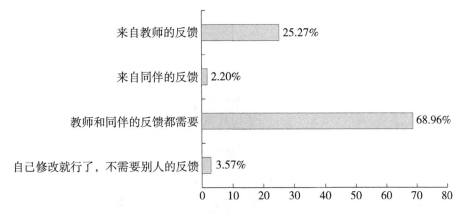

图5 学生对各种形式的英语作文反馈的调查结果

由图5可知，68.96%的学生希望得到来自教师和同伴双方的反馈，约25.27%的学生仅需要教师的反馈，这与一般会修改教师批改后的作文的学生比例基本一致，而单纯的同伴反馈是学生们不太接受的。这说明教师在进行英语写作教学评价时，需要平衡两种反馈方式，引入同伴反馈法的同时，不能彻底摒弃教师反馈，两种形式的反馈评价需要相结合。

问卷第15题、第16题、第17题、第18题对实施同伴反馈法的可行性进行了调查。调查结果显示，63.46%的学生愿意接受同学的写作建议，30.77%的学生偶尔接受同学的写作意见（见图6）。56.32%的学生认为只有部分学生具备与同学互批作文的能力，27.20%的学生认为同学们具备互批作文的能力（见图7）。如果同学对自己的作文提出了修改意见，73.90%的学生会认真阅读并按照同学的意见修改，仅23.90%的学生随便看一下同学的修改意见（见图8）。如果有机会阅读并对同学的作文提出建议，66.48%的学生会认真阅读并提出自己的意见，29.40%的学生不知道自己是否有能力做这件事（见图9）。

由上述调查结果可知，绝大部分学生会认真阅读并批改同学的英语作文，且73.90%的学生都愿意按照同学的意见对作文进行修改，这比修改教师批改后的作文人数占比（26.65%）要高很多。这表明初中生更加重视同伴的意见，更倾向于

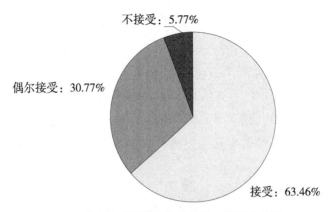

图6　学生接受同学写作建议情况的调查结果

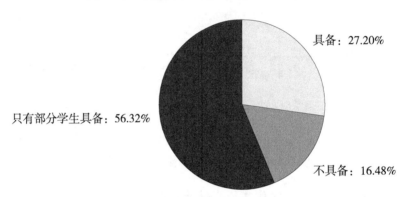

图7　学生具备互批作文能力情况的调查结果

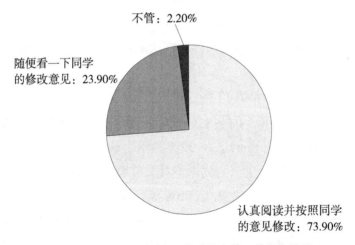

图8　学生按照同学的意见修改作文情况的调查结果

接受来自同伴的意见。但是，绝大部分学生认为自己不具备批改作文的能力，只有部分学生具备该能力。因此，教师在实施同伴反馈法时，要充分考虑到这一点，不要盲目推行，而应逐步推广，逐步提高学生修改作文的能力。

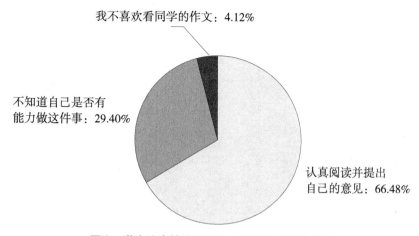

图9 学生认真批改同学作文的情况的调查结果

（四）英语作文测试结果与分析

1. 参加测试学生总人数为 390 人

2. 作文题目：给一位来华交流访问的美国负责人的信（2019 年 1 月深圳市宝安区八年级期末统考的英语作文）

作为一个国际化城市，深圳市每年都有大量的外国学生来访、留学和交流。假如你是李华，美国 Berkman Middle School 的师生将到你们学校进行交流，需要在中方学生中征集接待美国学生的住宿家庭，你与父母商量后决定做出申请。请你向美方负责人 Mr. Smith 写一封申请信，内容包括以下要点。

（1）简单介绍家庭成员：一家三口，父亲、母亲皆为英语教师，为人友善；

（2）介绍你家的基本条件：舒适的房子，单独的卧室，学校离家近；

（3）说明你们为交流生计划的特色活动（至少两项）。

3. 写作要求

（1）文章必须包含所有提示内容，并可作适当发挥；

（2）表达清楚，语句通顺，意思连贯，书面规范；

（3）文中不得出现真实姓名和校名；

（4）字数要求 80～100 词（开头和结尾已给出，不计入总词数）。

参考词汇（仅供参考）：apply for 申请；host family 住宿家庭。

4. 测试结果

该测试作文满分为 15 分，测试结果如图 10 所示。

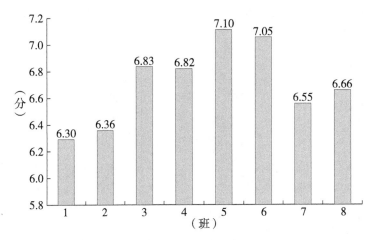

图 10　八年级期末统考各班学生的作文均分

由此可见，各班作文均分相差不明显，但总体水平普遍不高，年级作文均分仅为 6.71 分，如果换算成百分制，均分为 44.73 分。因此，初中生的英语写作现状亟待改进。

五、提高初中生英语写作能力的建议

根据以上研究现状，笔者就英语课改和学生发展的需要谈谈如何提高初中生英语写作能力。

（一）帮助初中生建立和培养英语写作的自信心与兴趣

从本次调研结果来看，学生的写作能力普遍不高，不少学生对英语写作抱有消极的抵触心理，即便是那些写作能力较强的学生，也对英语写作有一定的畏难心理。鉴于此，笔者建议从以下两方面入手。

1. 合理安排英语写作训练的内容和训练时间，帮助学生建立自信心

在训练内容上，教师可以逐步增加难度，从一开始的词汇、短语到后来的句式、段落和篇章等，逐步提高难度，避免学生因为写作难度太大而丧失学习的自信心。另外，写作训练时间在初始阶段不要太长，以避免学生感到过度疲倦，可在课堂上进行微写作技能训练。

2. 重视英语阅读，以读促写，培养学生的英语写作兴趣

阅读对于初中生写作能力的提高同样起着极大的帮助作用。通过阅读，学生可以认识到好的英语作品是什么样的，词汇、短语、句型、语法知识的运用是怎样进行的。比如课外读物《21 世纪学生英文报》的内容非常有趣，与时事相关，贴近学生的生活，容易让学生产生共鸣，并引起阅读的兴趣。因此，教师让学生仿写作文时，学生不会对写作产生畏难心理，因为他们已经有了语言素材的运用示范，而且阅读的兴趣可以迁移到写作上去。

（二）重视初中生英语写作训练的规范化，以培养学生良好的写作习惯

从本次调研结果来看，绝大部分的初中生并没有养成规范的写作习惯，如写前构思和打草稿，写后自我修改作文和认真阅读教师批改过的作文意见等。因此，教师应重视初中生写作训练的规范化，让学生养成良好的写作习惯，为今后深入学习打下良好基础。一般来说，可以通过教学"六部曲"对学生进行写作模式的训练，即审题构思、写提纲（图示法）、打草稿、同伴互评、自我修改和教师批改。此外，初中生还应注意书写和文体格式的规范。

（三）创新写作评价反馈的方式

首先，教师应树立以促进学生发展为核心的作文评价理念，将评价定位在激励学生进步的基础上，不应一味苛责学生在写作中的错误。

其次，教师将批改学生作文时发现的常见错误收集起来，在课堂上让学生参与到修改的过程中来，让学生自己发现并改正错误，比教师费心费力地单独批改作文而绝大部分学生又不看的效果要好。

最后，运用同伴反馈法，让学生互相批改。与教师的评语相比，同学的评语更具有现实性，学生也更容易接受。在同伴反馈中，学生通过评判他人作文和研读评语，能够提高自己的写作能力。

总之，培养初中生的英语写作能力是一个漫长而艰苦的过程。学生写作能力能否快速提高与教师的训练策略是否得当密切相关，因此，英语教师应认真研究初中生在写作中出现的问题，改进教学方法和策略，将写作教学与阅读教学、知识教学与方法教学相结合，帮助学生克服写作心理障碍，提高写作能力。

参考文献

[1] LIU J, HANSEN J G. Peer Response in Second Language Writing Classrooms [M]. Ann Arbor：University of Michigan Press，2002.

[2] 中华人民共和国教育部. 义务教育英语课程标准：2011 年版 [M]. 北京：北京师范大学出版社，2011.

整体教学设计与活动研究

基于英语学习活动观的整本书阅读课堂活动设计探究

吕　晨　深圳市宝安中学　（集团）海滨中学

一、引言

《义务教育英语课程标准（2022 年版）》在"语言技能"的教学内容要求中，对不同年级学生的语言技能提出了以下要求（见表 1）。

表 1　　　　　　　　　　　　　语言技能要求（部分）

年级	语言技能	内容要求
7 年级	理解性技能	13. 课外阅读量累计达到 4 万词以上
8 年级		13. 课外阅读量累计达到 10 万词以上
9 年级		13. 课外阅读量累计达到 15 万词以上

为达到课外阅读的要求，学生需要多元化的阅读内容作补充，教师要从语篇的长度、广度和深度等方面进行系统规划。优秀的小说或者故事可以作为优质的阅读资源，成为学生课外阅读的重要补充。新课标在教学提示中提出，"充分利用课堂的交互性和社会性特点，为学生创造合作学习的机会，如阅读圈、读者剧场等，引领学生多角度分析、审视、赏析和评价语篇，比较文化异同，产生思维碰撞"。可见，在初中阶段开展整本书阅读顺应了新课标的发展。同时，新课标在教学提示中还提出，"一方面，注意选择并补充符合初中阶段学生认知发展需求和语言发展水平、题材丰富、体裁多样、国内正式出版的英语（分级）读物，或指导学生选择适合自身语言水平和兴趣爱好的阅读材料，制订课外读书计划或阅读任务清单，参照课程内容遴选阅读主题范围，如青春期学生感兴趣的，与成长、家庭、校园、科普、社会问题等相关的主题，确保内容积极向上。另一方面，督促学生每天保证一定的阅读时间，坚持精读与泛读、课内阅读与课外阅读相结合，将课外阅读任务统整至课后作业中，并组织学生定期交流展示阅读成果"。因此，整本书阅读可以帮助学生发展阅读技能和策略，扩大阅读量，保持持续的阅读兴趣，养成良好的阅读习惯。本文将上海外语教育出版社《黑布林英语阅读（初一年级第 1 辑）：

Fireball's Heart（赤诚之心）》（以下简称《赤诚之心》）作为案例，探讨基于英语学习活动观的整本小说阅读课堂设计。

二、基于英语学习活动观的整本书阅读活动设计思路

《赤诚之心》一书讲述了关于主人公 Dark Eyes 在面临是否要说真话的选择时发生的故事，全书约 2000 词，难度和篇幅适合七年级学生的认知水平。小说的话题是童话，人物性格特征鲜明，深受男女生喜爱，书中倡导的个人价值观积极向上，有益于学生的精神成长。在此书的教学过程中，笔者设计了切合学生思维发展的课前、课中和课后活动，将内容、语言、文化、思维融为一体，促进了学生深度思维能力的发展。

（一）基于故事内容，提炼主题意义

每一篇文章或者故事都有主题以及主题所要表达的意义。教师在备课前应提前阅读，并在自己的理解以及该经典故事被大众认同的主题意义基础上，提炼合适的主题意义。只有这样，教学目标才得以实现。《赤诚之心》中，部落酋长 Chief Wise Owl 的族人从不说谎，而另一部落酋长 Chief Strong Buffalo 却不相信这是真的。他想出一个计谋，一定要让印第安人 Dark Eyes 撒一次谎。Dark Eyes 专门负责看管 Chief Wise Owl 部落所有的马匹。Chief Wise Owl 最爱的马匹名叫 Fireball，也是由 Dark Eyes 看管。Chief Strong Buffalo 让其女儿 Blue Feather 接近 Dark Eyes 并称自己生病必须要吃 Fireball 的心脏才能痊愈，否则就会死去。一边是 Chief Wise Owl 的心爱之马，一边是好朋友的生命，Dark Eyes 在两难之下还是取了 Fireball 的心脏给好朋友吃下。Dark Eyes 现在面临着一个艰难的选择：是向 Chief Wise Owl 说明真相，还是为了保全自己的性命而撒谎？最终 Dark Eyes 说了真话。故事的主题意义以及传递的价值观是：做一个说真话的诚实之人。

（二）依据学生实情，明确课堂目标

教师要把握好课程目标，深入研读教材，挖掘课程的育人价值，客观分析学情，明确教学的重点和难点，确保教学目标定位准确。学生的认知与基础不同，如果目标设定不当，可能会导致教学低效甚至无效。因此，教师要根据学生实际情况，结合新课标要求，合理设计目标。本次教学的对象是初一学生。这部分学生很少有人阅读过原著小说，对于阅读整本英语小说还比较陌生。教师需要帮助学生熟悉阅读整本书的过程，设计的任务应该是由浅入深，并在布置每个任务时，给予一定的方法指导。为了提升学生的阅读素养，帮助学生养成良好的阅读习惯，激发他

们的阅读兴趣，教师应该思考如何让阅读任务在简单有趣的同时，也能培养他们的思维能力。

基于上述思考，《赤诚之心》的具体课堂目标设计如下。

（1）厘清故事人物关系；

（2）根据人物描写，归纳人物性格特点；

（3）厘清故事发展脉络；

（4）根据故事细节，合理预测故事发展；

（5）深刻理解故事，并进行阅读圈分享；

（6）主动探究问题；

（7）培养和他人合作解决问题的能力；

（8）成为一个敢于说真话的诚实孩子。

其中目标（1）（2）（3）（4）培养思维品质，帮助学生提高阅读能力；目标（5）体现语言运用能力，帮助学生提高写作能力；目标（6）（7）在于倡导学生提升学习能力和社交能力；目标（8）在于帮助学生形成正确的人生观和价值观。课堂目标的设定为接下来的课堂活动设计指明了方向，包括文本信息梳理与获取、概括与整合以及提炼主题等，确保核心素养的落实和英语学习活动观的实践运用。

（三）设计课堂活动层次，促进深度思维理解

英语学习活动观涵盖学习理解、应用实践和迁移创新三种活动类型，它们相互关联、循环递进，以培养学生的核心素养为导向，为教师组织和实施课堂教学提供了指导。这种组织和实施英语教学的理念和方式称为英语学习活动观（见图1）。

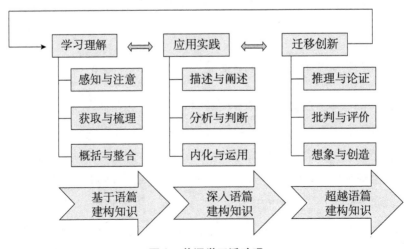

图1　英语学习活动观

基于对新课标的英语学习活动观的理解，笔者把《赤诚之心》的课堂活动设计为课前、课中和课后三个阶段。课前活动偏重于理解书中故事的基本脉络，获取和梳理书中的基本情节，概括并整合故事梗概。课中活动在课前活动基础上进行深化和延伸。在此阶段，教师引导学生分析判断书中故事的内在逻辑和人物性格等，帮助学生内化语言知识和文化知识，并促进学生将知识转化为能力。课后活动为迁移创新类活动，主要引导学生探讨故事背后的价值取向以及主人公的态度行为。

三、整本书阅读作业设计案例解析

下面以《赤诚之心》为例，进行英语学习活动观的实践探究。

（一）布置课前活动，初步理解语篇内容

与短小精悍的篇章阅读相比，整本书阅读因为篇幅长、内容多，虽然培育了学生整体阅读的素养，但给学生带来一定的阅读压力和畏难情绪。因此，教师要综合考虑学生的英语语言能力和思维水平，注意设置讨论问题的难度和梯度。在初始阶段，可侧重于识别回忆和理解性问题，以帮助学生初步理解语篇，缓解阅读压力。本次课前活动的设计围绕故事情节的走向，包括预测、梳理和提问三个环节。梳理分为人物分析、故事脉络发展和故事情节结构整理三个方面。

1. 设计语篇结构活动，了解故事大致内容

利用故事山（Story Mountain）设置语篇结构作业，有利于更直观、更清晰地展现故事发展的主要阶段，通过分析故事的开端、发展、高潮与结局等，提高学生的梳理概括能力。该活动要求学生根据故事山，用自己总结的情节关键词在故事山上做标记（见图2）。

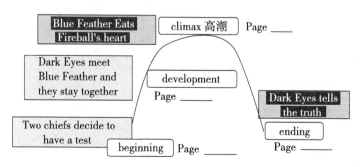

图2 《赤诚之心》课前活动故事山

【**课前活动1**】初读完整本书，参照故事山，分析《赤诚之心》的情节，并在相对应的位置标上页码。

根据学生课前活动作业的反馈，教师发现学生在判断故事发展阶段方面不够准确，这也将是课堂教学活动中需要着重解决的问题。

2. 设计人物分析活动，试探学生人物分析能力

学生需要在课前活动中将故事主要人物罗列在表格中，尝试通过文章字面描述，学会归纳人物性格，为课中深入探究人物性格做准备。在完成该项作业时，教师要求学生以小组为单位，每人扮演一位角色，合作挖掘角色特点。

【**课前活动2**】阅读整本书，根据文章内容，分析并填写人物性格（见表2）。

表2　　　　　　　　《赤诚之心》课前活动人物性格分析

Main character	Personalities

在梳理过程中，学生们惊喜地发现小说某些人物的姓名都有特别含义。如：Fireball 作为部落首长的爱马，其名字既有该马对部落首长的热烈爱戴之意，也暗含了主人公 Dark Eyes 对首长的忠实。教师根据该活动的反馈，发现学生基本能准确把握人物性格特点。

3. 设计语篇理解活动，初步感知故事文本

为帮助学生初步理解故事的大致情节，笔者根据故事的发展脉络，设置了几个问题。

【**课前活动3**】阅读整本书，并回答以下问题。

（1）What is the test?

（2）Why do they want to have a test?

（3）What happens after Dark Eyes comes back on p. 17?

（4）If you were Dark Eyes, would you give Fireball's heart to Blue Feather? Why or why not?

（5）What is Dark Eyes' decision?

（6）Where is Blue Feather after eating the heart?

（7）What is your decision if you were Blue Feather?

从学生的反馈中，发现学生能够准确回答理解类问题，如问题（1）（2）（3），但是对于应用实践类问题，如问题（4），深度思维问题，如问题（7），学生的回答还不够全面精准。这也为教师对课中活动进一步深化和指引深度思维问题提供了铺垫。

（二）精选课中活动，深入解读语篇

课中活动是教师引领学生对整本书进行深度理解，并尝试进行一些创造性语言的生成和表达。同时，课中活动还可以完善学生课前活动的内容，帮助学生解决在课前活动中的一些疑惑。

1. 设计多个问题链作业，深入挖掘故事内涵

问题是阅读进程中的"推手"，是引导、启迪学生思考的支架与工具，是思维活动进行的原动力和牵引力。问题链的回答也有助于学生深入理解故事文本。教师在课中问题设计的时候要参考课前问题的学生反馈，并对问题进行进一步的深化。比如，教师设计了关于主要人物 Dark Eyes 的问题链，根据课前问题作业反馈，学生对于课前问题（4）的理解不够全面。因此，笔者以此问题为开端，通过如下问题链引导学生深入探究 Dark Eyes 的性格特点、态度转变和个人成长等，帮助学生深挖文本内容，使学生对人物形象的理解更加丰富立体。

【课中活动 1】结合课前问题，回答关于 Dark Eyes 的问题链。

（1）Who takes the first step to get to know each other?

（2）Is it planned?

（3）How does Blue Feather feel on p. 16?

（4）Which sentences describe her feelings?

（5）How does Dark Eyes feel after Blue Feather ate the heart?

（6）Why does Blue Feather go away without telling Dark Eyes?

（7）Why does Dark Eyes have so many actions on p. 24?

（8）What's your decision if you were Dark Eyes?

根据学生的反馈，笔者发现学生对于理解性问题的学习把握得很准确到位。但是对于深度思维的开放性问题，学生则显得有点吃力，如问题（7）和问题（8）。学生在表达此类问题时的主要困难在于英语词汇掌握不够，难以找到准确的英语词汇来组织语言。但是当教师说"Chinese is also OK."以后，学生则更自由地表达个人想法。在阅读圈展示时，教师应该允许学生用中文表达某些想法。

2. 设计归纳整合类活动，再次分析人物性格

教师要善于利用多种工具和手段，如表格、思维导图或信息结构图等，引导学生通过自主与合作相结合的方式，完成对信息的获取与梳理、概括与整合、内化与运用。在课堂上，通过师生共读，进一步挖掘人物性格，如通过分析人物动作、语言、表达等方式，归纳主要人物的性格特点。

【课中活动2】根据课前作业的反馈，请与小组成员们讨论并完成下列故事山（见图3）。

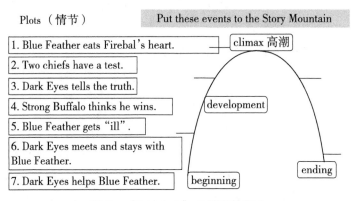

图3　《赤诚之心》的情节故事山

该活动需要小组成员共同讨论完成，是对课前活动故事山的进一步深化。完成该作业，可以让学生对故事的发展脉络有更清晰的了解，帮助他们准确归纳人物性格。

【课中活动3】根据 Chapter 2 的内容，分析和归纳 Dark Eyes 的性格特点，找出相关的证据，补充其他的性格特点并完成下表（见表3）。

表3　　　　　　　　　　　　　　　Dark Eyes 性格分析

Character	Personality	Evidence	Aspect
Dark Eyes	honest		language
	kind		action

根据学生的反馈，笔者发现学生在找主人公诚实的性格特征时完成度相当高。因为这个性格特征是本故事主人公最主要的性格特点，也是贯穿全文主题的关键词，学生在寻找的时候很容易发现。但是对于 kind、brave 和 loyal 这些没那么显而易见的性格特征，学生未能立即归纳出来，或者只有很少的学生想到。但是在部分

学生的提示以及教师的指引下，学生最终能想到并找出证据。

3. 设计总结反思类活动，思考故事意义

通过该活动，教师引导学生归纳故事人物的结局，并引导学生思考"是否要诚实"以及"如何用善意的方式说真话"。通过本活动，学生最终得出结论：诚实是可贵的品质，但是有时善意的谎言也是生活中需要的。

【课中活动4】请总结归纳以下人物的结局并完成思维导图，和组员讨论人物们的结局告诉了我们什么道理。

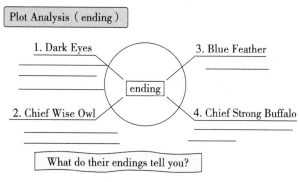

图4　《赤诚之心》结局思维导图

（三）拓展课后活动，促进迁移创新

"阅读圈"是近年来国内外较为流行的一种英语阅读教学模式。阅读圈模式下的教学主要以学生为主体。阅读圈主要包括以下角色：讨论组长（Discussion Leader）、人物性格分析师（Character Analyzer）、生活联系者（Life Connector）、词汇大师（Word Master）、文化收集者（Culture Collector）。学生以小组为单位自主选择角色，并完成相关任务，然后在班上对各自的任务进行展示分享。这种教学模式旨在培养学生自主学习英语的习惯，如学生能在阅读过程中自行组织小组阅读活动，在活动中阅读文本、讨论和分享观点。这个过程能有效增加英语阅读词汇量，培养学生良好的阅读习惯，逐步提高英语阅读能力，也会提高学生英语阅读学习的积极性，促进学生高阶思维的培养。英语学习活动观从主题开始，基于学生已知，依托语篇提出问题，以解决问题为目的来展开一系列相关活动，具体包括信息提取、梳理和整合、内化和运用、分析和比较。英语学习活动观关注活动的整合和活动之间的关联，强调为主题意义的探究而组织相关活动，让学生认为探究有意义，对信息进行梳理、整合、内化，运用分析比较，赏析评价，最后形成迁移创新能力。因此，阅读圈的教学模式顺应了新课标对英语学习活动观的要求和实践。

以下是笔者用阅读圈教学模式进行《赤诚之心》教学的基本做法。由于是七年级学生，笔者本次只选取了生活联系者（Life Connector）、人物性格分析师（Character Analyzer）、文化收集者（Culture Collector）三个角色让学生进行合作展示。

1. 小组分工，选定角色

学生在教师的指引下，已经对《赤诚之心》的故事有了深入的理解。笔者列出了阅读圈角色的具体任务，并帮助学生确定自己的角色（见图 5）。同时，教师还提供了不同角色需要完全的任务，每个任务要完成到什么程度。清晰的指引和明确的任务目标要求是学生顺利完成阅读圈任务的关键。

Character analyzer

Amara

I think Amara is loyal. She helped her master collect feathers to make wings.But she didn't escape.

Icarus

Amara thinks Icarus is too lazy and proud. I think that's right. He didn't help them to make wings, and he didn't listen to his father's warning.

Life Connector

After reading this article, I remembered some things when I was a child. I played games with my cousin. We imagined that this room was a prison. When he was in the room and closed the door, he looked very happy, but after I was in the room, I kept crying in it and slap the door.

Now I think I was really goofy. Then he saw me cry. He was very scared. Finally, he had to give me the key to help me open the door.

Culture collector

The status (['steitəs] 地位) of giants in the world

[mi'θɔlədʒi]   ['vilən]
In World Mythology, there are almost villains and giants. In other words, most of the giants in World Mythology are villains. And not an ordinary villain. The giant family once had an advantage.

在《世界神话》中，几乎都有反派和巨人。换句话说，《世界神话》中的巨人大多是反派，而且不是一般的小人。巨人家族曾经占据优势。

图 5 《赤诚之心》课堂中给学生做示范的三个角色任务

2. 小组合作，完成任务

为了让学生有更直观的视觉和听觉效果，笔者要求学生制作 PPT，将各自需要展示的内容整合到 PPT 中。同时，学生在小组内部谈论各自任务的完成过程时，也遇到了很多问题，并在思想碰撞中产生了很多火花。这时候，教师需要在课后给予小组内部一些指导意见，并帮助协调不同意见之间的冲突。

3. 小组汇报，公开展示

阅读圈展示是体现学生综合能力的一种很好的活动，也是训练和提升学生英语阅读素养的有效途径。以下是学生经过小组合作后完成的本次阅读圈作品展示（见图6）。①

Character analyzer

- I think Dark Eyes is honest.
- On page 24, he tells the truth to Chief Wise Owl. "He always tells the truth all the time."
- I think Chief Wise Owl is wise and determined(坚定的). Because on page 10, he says: " My people always tell the truth." three times. And on Page 24, it says: "Wise Owl turns to Strong Buffalo. He looks at him for a long time." "My people always tell the truth!" He says.

Character analyzer

[ˈvʌlnərəbl]脆弱的;易生病的

I think Blue Feather is vulnerable but cunning because on Page 18, it says ,"Please sit down by my side, and listen." Blue Feather says and starts crying again." I am very ill. In order to get better I must eat the heart of the best horse on the prairie. If I eat it my illness will go away!" "Fireball's heart?" asks Dark Eyes. "I can never kill Fireball!" "Then I'll die!" Blue Feather says and she lies down on the ground.

图6 部分人物性格分析师对角色的分析

该小组由故事中关于说谎的情节，联想到中国典故"曾子屠猪"的故事（见图7）。

---

① 为展示学生真实水平，图6—10均选用学生原作。

Culture collector

Zeng Zi Slaughters a pig

Zeng Zi's wife was going out to buy vegetables one day. Her son was crying to go out with her. She said to her son, "Go home quickly and I will kill the pig for you when I come back." As a result, when she got home, she saw that Zeng Zi was sharpening his knife and preparing to kill the pig.

She quickly ran over and said, "I was just kidding with my son and coaxing him. How can you take it seriously?"

Zeng Zi said to his wife, "Parents can't joke with children, because children don't know what is right or wrong. They learn everything from their parents and rely on their teachings. If you cheat him today, you will teach him to cheat. If you cheat him once, he will never trust you again. This is not the way to teach children well."

图7　部分文化收集者的作品（1）

该小组由故事中提到的诚实与说谎的主题，联想到中国典故"三个斧头"的故事（见图8）。

Culture collector

In the story Fireball's Heart, the Dark Eye told the truth all the time. It makes me memorize a story. One day, a famer was collecting firewood by the river. He dropped his iron ax into the river. Then, the God of the river appeared. After he understood what happened, he sank into the river, picked up a golden ax, a silvery ax and asked, "Which is your ax?"The farmer told the truth to the God. The God praised the farmer's honesty, and he was so happy that he gave him another two axes as gifts. The farmer returned to the house with three axes and became a rich farmer. This story tells us that honesty is a beautiful character of a man.

图8　部分文化收集者的作品（2）

该小组则联想到秦朝时期一个有关诚实赢得人民信任的民间故事（见图9）。

In the story *Fireball's Heart*, the Dark Eye said the truth all the time. It makes me memorize a story.

Culture collector

In the Qin Dynasty, Shang yang served as the minister of Qin Xiaogong and wanted to be a new law. In order to win the trust of the people, Shang yang put a piece of heavy wood at the south gate of the city, and told the people who could move this wood to the north gate can get fifty gold. The people were surprised. A strong man stood up and carried the piece of wood to the north gate, and Shang yang really gave him fifty gold to show his honesty. This practice has finally convinced(让……相信) the people that the new law is credible(可信的), and the new law can be successful.

图9　部分文化收集者的作品（3）

该小组由本故事联想到自己在某次数学考试中说谎的经历（见图10）。

Life connector

After reading this book, I know the importance of telling truth. It's not easy to tell truth. All people lie sometimes, including me. Last weekend, I told my mum I got 85 on the math test. In fact, I just got 62,but if I told the truth, I would get hit. First, she was happy. Some time later, the math teacher told the results to our parents. Sure enough, she was unhappy and scolded me for my lie. We must tell the truth in our daily life!

图10　部分生活联系者的作品

学生们展示的情况令笔者十分惊喜。通过学生作品的展示，教师发现学生们已经深刻理解了《赤诚之心》的文本内涵和主题含义。

4. 课后整理摘抄，吸收语言精华

对于七年级学生，模仿英文原著小说的好词好句是提高英语语言素养的有效方法之一。因此，笔者在学生们展示完阅读圈后，布置了摘抄整理好词好句的作业（见表4）。

我们发现绝大部分学生能够根据指引完成好词好句的摘抄任务。其中学生的摘抄主要有：①人物言语、性格描写；②人物心理活动描写；③含有比喻或者拟人手法的描写；④长难句。学生的作业完成率很高，且完成质量超出了笔者的预期。

表4　　　　　　　　　　　　　　　《赤诚之心》好词好句摘抄

My favorite sentences	Reasons	My favorite words	Reasons

（四）反思整本书阅读活动设计，评价优劣得失

对设计进行评价，可以检验学生的学习成效，也可以通过评价反馈信息进行教学诊断，反思和改进。针对本次阅读教学，笔者根据学习活动设计了学习评价表，并要求学生进行自我评价（见表5）。

表5　　　　　　　　　　　　　　　　自我学习成果评价

评价内容	Excellent	Good	Average	Needs improvement
我能读懂并理解故事内容				
我能归纳人物性格				
我能预测故事发展				
我能正确看待诚实问题				
我能联系生活实际谈论诚实				
我能与小组合作探究				

学生对于反馈表的填写非常积极。笔者收回表格后，组织学生进行了数据统计，得到下表的总数据（见表6）。我们不难发现数据中的有趣现象：各个维度的完成率很高，但也有不少学生认为自己还是有很大进步空间的。笔者根据表格找到了相关的学生，并对他们进行了简单的问卷调查。其中，在人物性格归纳方面认为自己还需要提升的同学，主要是因为自己在归纳人物性格时，没有很快找到精准的形容词进行描述，或没有很快找到最直接的证据。在小组合作探究方面，部分学生认为自己在本次阅读过程中拖了后腿，也有学生认为自己缺乏相关技能，在课件制作方面没有出力。在正确看待诚实问题方面，大部分学生认为自己在大多生活情境中能够诚实守信，但是在必要时也会选择善意的谎言；而有部分学生则认为自己无论何时都会讲真话，因为善意的谎言并没有帮助解决最本质的问题。从这些数据和访谈结果来看，本次故事文本的育人价值得到了体现。

表6　　　　　　　　　　学生自我学习成果评价数据

评价内容	Excellent	Good	Average	Needs improvement
我能读懂并理解故事内容	98%	2%	—	—
我能归纳人物性格	80%	10%	5%	5%
我能预测故事发展	70%	15%	15%	20%
我能正确看待诚实问题	90%	10%	—	—
我能联系生活实际谈论诚实	95%	5%	—	13%
我能与小组合作探究	100%	—	—	20%

四、结语

课堂活动是检验和帮助学生阅读效果最主要的手段之一。整本书阅读对于提升学生阅读素养的作用已经毋庸置疑。在新课标英语学习活动观的指引下，教师设置了阅读课，应该重视让学生成为课堂的主体，尊重学生的思维发展规律。教师在课前、课中、课后三个阶段设计具有综合性、关联性、实践性的教学活动时，学生的综合知识、技能和素养都能得到提升。对于整本书阅读教学活动的设计，教师应该先筛选并阅读合适的书籍，同时深入阅读并对整本书的故事形成主题意义的综合理解。在此基础上，教师才能设计符合学情的阅读活动。

参考文献

［1］洪琛．通过"阅读圈"促进初中英语课堂深度学习的实验研究［D］．重庆：西南大学，2022．

［2］王蕾．新版课程标准解析与教学指导：初中英语［M］．北京：北京师范大学出版社，2022．

［3］中华人民共和国教育部．义务教育英语课程标准：2022年版［M］．北京：北京师范大学出版社，2022．

［4］张金秀，国红延．中学英语整本书阅读：精品课例选粹：第一辑［M］．北京：北京师范大学出版社，2020．

［5］罗少茜，张玉美．阅读圈任务在英语学科核心素养教学与评价中的应用［J］．外语教育研究前沿，2020，3（3）：27－33，91．

初中英语单元整体教学设计探索

——以沪教牛津版八年级上册 Module 2 Unit 4 Inventions 为例

阳　柳　深圳市新安中学（集团）初中部

《义务教育英语课程标准（2022 年版）》指出，英语课程以落实立德树人为根本任务，围绕核心素养确定课程目标，以主题为引领选择和组织课程内容，以不同类型的语篇为依托，融入语言知识、文化知识、语言技能和学习策略等，并建议推动实施单元整体教学。

单元整体教学注重围绕单元主题，以单元教学目标为统领，教师深入解读和分析单元内各语篇及相关教学资源，结合学生的认知逻辑和生活经验，对单元内容进行必要的整合或重组。通过语篇教学目标和课时教学目标的达成，教师引导学生逐步建构起对单元主题的完整认知，从而促进学生正确态度和价值观的形成。

看完这段话，笔者对"薪火计划"培训中杨晓钰教授的"To begin with the end in your mind."和单元整体教学讲座内容理解更加深刻了一些。在开始新单元学习之前，要以本单元的教学目标为统领，以终为始，在引导学生学习的过程中，帮助学生构建对单元主题的认知，发展能力，最终形成素养。

个人实践：以 8A Unit 4 Inventions 为例

本单元属于模块 Science and technology 中的 Computers 和 Inventions 两个单元中的第二个单元。在学生对 computers 有了一定的认识和了解之后，进一步引导学生发散思维，引出更多的有用的和重要的发明：单元整体目标围绕"inventions"这个话题，引导学生了解生活中的发明，了解中国古代的四大发明和现在的新四大发明，并能够描述最有用的、最重要的发明，最终能结合自己的生活实际，设计自己的发明，帮助解决生活中的实际问题，达到培养学生勇于探索、敢于创新的科创精神。

第一，梳理单元语篇，明确单元主题（见图 1）。

第二，分析语篇内容（见图 2），提炼主题意义。

第三，基于语篇主题（见图 3），提炼主题大观念。

第四，梳理语言和结构，提炼语言大观念（见图 4）。

第五，基于主题和语言大观念，建构单元大观念（见图 5）。

单元主题：Inventions

主题范畴："人与社会"

子主题：科学与技术

子主题内容：科学技术与工程，
人类发明与创新；对世界、国家、
人民和社会进步有突出贡献的人物；
身份认同与文化自信

图1　单元语篇和主题

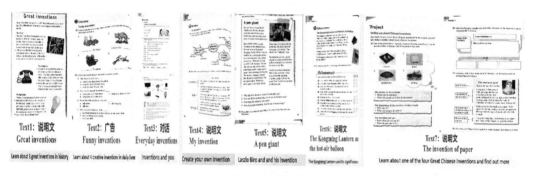

图2　语篇内容

语篇	语篇类型	语篇主题	语篇内容	主题意义
Great inventions	说明文（阅读）	人类发明与创新	历史上3个伟大发明	伟大的发明可以改变人们的生活
Funny inventions	广告（听力）	人类发明与创新	生活中4个有趣的发明	有趣的发明可以给人们带来乐趣
Everyday inventions	对话（口语）	科学技术与工程	生活中对你和你的家人最有用的发明	发明给人们带来的各种便利
My invention	说明文（阅读）	人类发明与创新	我的创意发明	结合信息技术，创造自己的发明
A pen giant	说明文（阅读）	对世界、国家、人民和社会进步有突出贡献的人物	匈牙利发明家László Bíró发明圆珠笔的故事	发明家的故事及其必备品格
The Kongming Lantern and the hot-air ballon	说明文（阅读）	人类发明与创新，身份认同与文化自信	孔明灯及其对热气球发明的作用	弘扬创新精神，树立文化自信
The invention of paper	说明文（阅读）	人类发明与创新，身份认同与文化自信	中国古代四大发明之一：纸的发明	弘扬中国文化，增强文化自信

图3　语篇内容及其主题意义

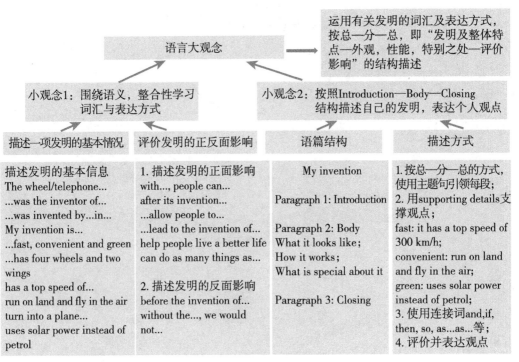

图 4　语言大观念

第六，基于大小观念及学情，确定教学目标（见图 6）。

第七，学思结合，用创为本（见图 7）。

第八，"教—学—评"一体化设计（见图 8）。

在科组教师的共同努力下，围绕 inventions 这个单元话题，将本单元分为 5 个课时。

第 1 课时是 Listening and speaking。通过听力部分的 Funny inventions 到 Speaking 部分的谈论 the most important inventions，让学生对 inventions 这个话题有个初步的了解，同时引导学生敢于去发明一些有趣的东西。

第 2 课时是 Reading。本课时是学生在了解了 invention 这个话题之后，通过结合 Project 部分的中国古代四大发明，引入历史上最重要的三个发明：the wheel，the telephone，the light bulb。然后让学生讨论中国的新四大发明及其最有用的发明，作业结合 Project 部分关于纸的发明，鼓励学生上网查找中国古代四大发明的资料，并写一篇小短文介绍中国古代的四大发明（见图 9）。

第 3 课时是 Grammar。本课时主要讲 good、bad、far、(not) as… as… 的用法，为学生的写作部分做好铺垫。

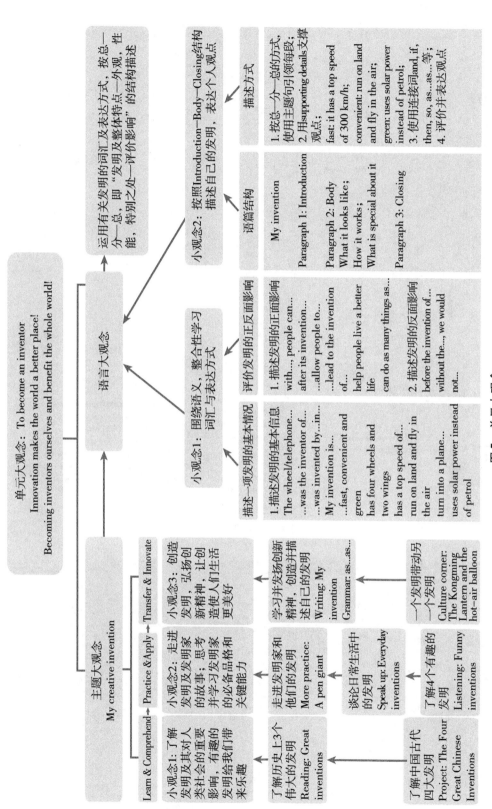

图 5 单元大观念

单元教学目标	课时安排	课时教学目标	单元小观念
分析总结发明对人类社会发展的重大作用； 阐述进行创造发明的重要性； 探讨发明家所需要具备的必备品格，树立向发明家学习的意识，努力成为小小发明家	第1课时 The ancient Four Great Chinese Inventions Great inventions	1. 描述历史上的伟大发明； 2. 谈论发明的作用及影响； 3. 讨论总结发明家的品质特征	发明及其对人类社会的重要影响，激发兴趣及创造热情，树立文化自信
	第2课时 Funny inventions Everyday inventions	1. 谈论有趣的发明的特别之处； 2. 谈论对我们最有用的发明及这些发明带给我们的便利； 3. 谈谈你的创意发明，以及它能给我们带来的便利	
	第3课时 A pen giant	1. 复述发明家及其发明背后的故事 2. 思考并讨论：What makes a great inventor?	走进发明及发明家的故事； 思考并学习发明家的必备品格和关键能力
	第4课时 Grammar: good, bad, far, (not)as...as...	运用good, bad, far, as...as...、not as...as...描述发明如何改变人们的生活	创造发明，弘扬创新精神，进一步培养学生的创新意识和自主发明的主动性，推动社会发展，让人们生活更美好
	第5课时 The Kongming Lantern and the hot-air balloon My invention	1. 借助未来汽车的Video创设情境，用蛛网图理解并分析文章结构及内容； 2. 有条理、有层次地撰写介绍发明的文章	

图6　教学目标

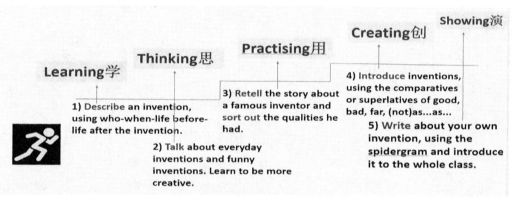

图7　学思用创演

课时教学目标	活动设计说明	设计意图	关键问题	效果评价
1.描述历史上的伟大发明； 2.谈论发明的作用及影响； 3.讨论并梳理发明的品质特征	获取、梳理文本信息（学习理解类活动） 通过一系列听、读的活动总结介绍一个发明的方法： who was the inventor when was it invented life before its invention life after its invention 并获取相应信息	培养学生感知语言、提取文本信息的能力，引导学生了解发明，并思考发明家必备的品格和关键能力	Q1: What kind of people can be inventors? Q2: What did the inventors have in common?	根据课堂提问、小组讨论、全班分享及课后评价量表等来评价学生个人或小组，梳理出发明家的品质特征等； 评价学生能否准确提取发明家的信息、分析发明家的优秀品质，以及他们的发明对社会的影响； 学生自评、互评，然后教师进行评价

图8　"教—学—评"—体化设计

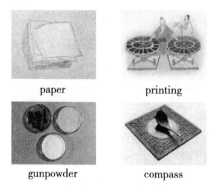

paper   printing

gunpowder   compass

图9 古代四大发明

第4课时是 Extensive reading（见图10）。本课时主要通过学习 Culture corner 部分的 The Kongming Lantern and the hot-air balloon 和 More practice 部分的 A pen giant，引导学生进一步了解古今中外的一些重要发明，思考这些发明给我们的生活带来的便利，鼓励学生进行自我创造和发明。

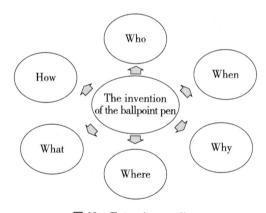

Who

When

How   The invention
of the ballpoint pen

Why

What

Where

图 10 Extensive reading

第5课时是 Writing。通过复习 useful inventions 的热身活动，引导学生思考如何解决交通阻塞的问题——design a flying car。通过对文本的分析，总结 how to introduce an invention 的结构——"Introduction—Body—Closing"，并通过课堂写作练习——A flying bike，引导学生得出结论：Innovation makes the world a better place! Let's keep creating for our great country and benefit the world.（见图11）。

在8A Unit 4 Inventions Reading 的单元整体教学活动设计过程中，笔者的一些具体做法如下所示。

在 Warming-up 部分，笔者结合学生的已有知识及生活经验，整合本单元 Project 中 The Four Great Inventions in ancient China 的部分内容，激活学生已知，切入单元主题 inventions。

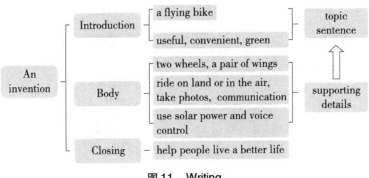

图 11　Writing

在 While-reading 环节的模仿朗读部分，结合 Speaking 部分中关于语调的 rising intonation，引导学生在平时的阅读过程中培养良好的朗读习惯。

在 Post-reading 部分，结合 Speaking 部分的内容，并结合学生生活，引出 Four New Inventions in China（见图 12），并引导学生谈论 "What is the most useful invention to you and your family?"，这个环节的设计也是参考了 Project 部分的 The invention and you 的内容，学生对这个话题很熟悉并有话可谈。

图 12　新四大发明

在 Homework 部分，结合 Project 部分，布置作业 "Search the Internet to find out more information about one of the Four Great Inventions in ancient China and write a short article about it."，鼓励学生更深入地了解四大发明的内容。

新课标的课程实施的教学建议第 4 点提出 "秉持英语学习活动观组织和实施教学"。教学设计与实施要以主题为引领，以语篇为依托，通过创设主题情境，引导学生通过获取与梳理、概括与整合、思考与表达等活动，从语篇中获得与主题相关的文化知识，建立信息间的关联，形成新的知识结构，感知并理解语言所表达的意义。

在 8A Unit 4 Inventions Reading 的活动设计中，笔者以单元整体目标为指导，合理安排和设计教学活动，注意每个活动之间的逻辑关系，以及这些活动对于达成单元整体教学目标的作用，为实现单元教学目标做好铺垫。

从 Warming-up 环节对中国古代四大发明的背景知识做铺垫，到 Pre-reading 部分走进日常生活中的发明，再到 While-reading 部分对三大发明 the wheel、the telephone 和 the light bulb 的学习，最后探讨中国新四大发明如何使得我们的生活更加便利，引导学生谈论对自己和家人最有用的发明，表达自己的观点，加深对发明的认识。所有活动设计围绕单元主题"Inventions"展开，引导学生从语篇中获得与主题相关的文化知识，感知理解，并形成和能表达自己对 inventions 的观点。

个人总结：

（1）单元整体教学设计很重要。需要切实做到以终为始（To begin with the end in mind）。

（2）文本分析非常重要，要求进行六要素整合。通过英语学习活动观，让英语学科素养培养落到实处。

（3）教学目标的描述很重要。应使用可检测的行为动词来描述目标，并用目标来监控教学过程。

（4）注意知识的结构化很重要。在形成性评价中，以学习为目的的评估（assessment for learning）最为重要。

（5）改变观念很重要，观念指导行动。改变传统的教学方式，提高教学效率。强调词汇在语境中的呈现和语法在语境中的学习。

（6）教师的课堂教学要强调逻辑，否则活动频繁切换，学生的思维逻辑也难以形成。教师的逻辑应引领学生的逻辑，活动之间要有连贯性。需要多阅读，多提高自身综合素质。

（7）关注差生（slow-learner），给予不同层次的学生机会和鼓励。

（8）找问题，思考问题出现的背后的原因，寻找问题解决的办法。总之，在今后的教学中，笔者将继续坚持单元教学的整体性，秉持英语学习活动观组织和实施教学，不断学习，努力争取更大进步。

教师个人成长和教学改革

薪火相传　赓续前行

——浅谈教学改革下中学教师春风化雨育桃李

黄小奕　深圳市宝安区凤凰学校

古人云："学然后知不足，教然后知困。"本次培训使我在理论基础、道德水准和业务修养等方面有了明显提高，增强了我对学习理论的自觉性和坚定性。我每日勤勉自励，唯恐学业不恭。经过培训，我对教育工作有了更深的认识，明白只有不断学习、调整心态，才能真正享受作为一名教师的诗和远方。此次培训，给我留下深刻印象的是教与学关系的调整以及"双减"政策下的作业设计优化。现围绕两个主题，我做出如下总结。

一、建构目标意识，实现"教—学—评"一体化

课堂教学改革的重点和核心在于教与学关系的根本性调整。为响应教学改革，课堂应从以教为主转变为以学为主。《义务教育英语课程标准（2022 年版）》强调，教师要坚持以评促学、以评促教，将评价贯穿英语课程教与学的全过程。教师需要把握好教、学、评在育人过程中的不同功能，牢固树立"教—学—评"整体育人观念。同时，注重"教—学—评"一体化设计与发挥核心素养的统领作用，以主题为引领选择和组织课程内容。因此，强调"教—学—评"一体化英语教学设计是教师落实新课标课程理念和强化英语学科核心素养的必然选择。我将结合人民教育出版社出版的《义务教育教科书》八年级英语下册 Unit 1 What's the matter? 中的 Section A 阅读板块，在研读语篇的基础上，制定对应学习目标。基于这些目标，我将设计课堂活动，并在开展活动时嵌入评价，实现边学边评。同时，我将根据评价结果调整教学活动，实现边评边教，最终实现教学目标。

（一）以语篇研读为起点，厘清语篇探究的主题意义

从语篇的主题和内容、表达的情感意义以及文体特征三个方面进行研读，即从 What、Why、How 三方面进行分析。

What：语篇是一篇关于帮助他人的新闻报道，主要讲述了一位公交车司机在路上遇见一位女人在呼救，旁边是一位生病的老人，随后司机选择停车询问是否需要

帮助，乘客也一起帮助女人和老人，最终司机和乘客共同挽救了老人的生命。

Why：司机和乘客帮助老人的故事，赞扬了乐于助人的品质，鼓励学生帮助他人。

How：语篇研读需要注重语境的正式程度和语言表达风格特点。该语篇是以时间为导向，采用第三人称视角，使用过去式叙述，呈现出新闻文本的正式语体特征。

（二）设定教学目标，统筹教学设计

教学目标可以引导教师选择教学方法、设计教学评价方式和教学活动，并在课后根据教学目标反思教学效果。教学目标可以监控学生整个学习过程，促使学生调整自己的学习策略，从而逐渐养成良好的学习习惯以及主动学习和反思的能力。我们可以巧妙运用 ABCD 教学目标设计法，即 Audience（以学生为主体）、Behavior（学习者应该做什么）、Condition（上述行为在什么条件下发生）、Degree（上述行为的标准是什么）。针对本课，我们设定以下学习目标。

（1）掌握本课重点词汇和短语，继续学习一般过去时的用法。

（2）学会借助图片和语境猜测主题意义，培养学生"看"和"说"的能力。

（3）根据时间顺序，学生能够厘清段落与段落之间的逻辑关系，培养学生"读"的能力。

（4）通过语篇学习，学生学会分析语篇结构，熟悉并掌握新闻的文体特征，培养学生"写"的能力。

（三）巧妙设计教学活动，贴近主题和现实

根据印刻效应，人们在接受某种信息后，会对其产生深刻的印象和影响，进而影响其后续的思考和行为。所以，课堂的导入部分会让学生对本节课知识产生初步的印象，应围绕主题展开。导入活动应贴近学生生活、贴近主题、贴近教学内容，并确保具有趣味性、启发性和相关性，从 Warming-up 部分就吸引学生的注意力。比如，首先，可以创设一个情景：假设遇到陌生人处于困境，你是否会伸出援手？引发学生思考。其次，围绕语篇的形式和内容设计活动，关注阅读文章的内容、作者态度，以及阅读技能、文化意识和思维品质的发展。结合本课，可以让学生根据时间、地点、人物三要素绘制一个思维导图，总结文章，并体现作者态度和文章意义。对文章结构的清晰理解和作者态度的明确把握确保活动具有层次性、逻辑性和深刻性。此外，可以创新活动形式，如进行小组活动，让学习

与生活联系，提供应用语言的机会，提升综合技能。学生们可以进行访谈活动，扮演记者询问司机或乘客，探讨故事如何发生以及他们的感想等，使活动具有创造性、交际性和综合性。这些活动不仅能帮助学生厘清文章结构，还能促使学生根据语篇结构组织自己的发言，发展解决问题的迁移能力，调动学生积极性，深化对主题的认识。

（四）提升主题意义深度，潜移默化影响学生思想

韩愈有言："师者，所以传道授业解惑也。"新时代教师教育的核心环节中，立德树人的光辉使命被深刻融入。学校教育以德育为先，而德育教育的主要渠道就是课堂。语言不仅是人类思想情感的主要工具，也是教育的基本手段。思政教育不仅是当务之急，更是长远大计。在英语学习中，尤其是语法教学中，语法形式依赖于具体情景，学生在具体情境中应用语法知识，能更清楚地理解他人和精准地表达自己的想法，从具体语境中学习如何沟通。特定主题语境所传递的思想、文化内涵、情感、态度和价值观，构成了该语境的主题意义。因此在英语语法知识学习中，应对具体语境进行分析，尤其是对主题意义的深入探析。正如"随风潜入夜，润物细无声"所描述的，语言是为意义服务的，学生在学习英语语言的同时，也在潜移默化中学习德育知识。结合文本，学生对这一课主题——帮助他人，构建和谐社会的认知，对学生思想品德有着深远持久的影响。

（五）进行教学评价反馈，实现以评促教闭环教学

教师进行教学评价，是落实"教—学—评"一体化的关键环节。教学评价要充分发挥师生的主体作用，不再只是教师单方面的参与，而是注重学生的主体作用，促进评价主体的多元化，提高教学评价的充分性和质量，同时增强教学评价对教师教学的反馈和影响。教学评价可以通过学生自评与互评、教师评价、课堂内容评价等形式进行，推动课堂目标的优化，促进学生学习，提高教学活动和课堂的质量。在教学的最后阶段，为了解学生对课堂知识和内容的掌握情况，教师可以组织小组讨论，开展总结活动以及个人互评，最后进行小组汇报。采用小组互评形式展现学生对本节课堂的反馈和感受，能够充分发挥学生对教学评价的参与性和积极性；让学生对本节课进行小结，内化知识，能够培养学生总结和反思学习内容的习惯。同时，将反馈提供给教师，为教师课后的总结和反思提供参考，充分发挥课堂双方主体在优化课堂中的作用。

二、落实"双减"政策，提升综合素养，高效学习

　　针对繁重的课后作业和课外机构培训，为减轻学生和教师的负担，国家出台了"双减"政策。这一政策改变了传统的作业布置形式，为学生留出了更多自由支配的时间。学生可以充分利用这些时间，根据自己的学习情况制订计划，从而最大限度地提高学习效率，并充分发挥和培养兴趣爱好。这不仅减轻了师生的负担，也促进了学生综合素质的发展，有利于素质教育的实施。英语教师不仅要做好减负，也要提高教育教学质量。国家减负的根本目的不是通过降低教学质量来顺应减负，而是在减轻学生负担的同时，不断提高教育教学质量，让学生在健康的环境中成长，快乐、轻松地学习。英语作业的设计应从单元整体设计、实践综合、合作探究、分层有效等多方面因素综合考虑。教师应统筹单元整体，设计小组实践作业，让学生之间合作探究，充分发挥实操性和实用性。英语学习的过程中，学生的水平参差不齐，有的基础差，有的水平较高。教师应该针对不同群体布置不同的作业，更加精准地配合学生的学习水平，从而高效地提高学生的学习能力。要抛弃过去一刀切的作业布置形式，实施分层教学和作业布置，确保每一位学生都被照顾到。随着素质教育改革的不断深入和减负政策的不断实施，初中英语教师要遵守国家的法律法规，在国家政策指导下提高学生的英语综合素养，合理控制作业量，保证学生的个性化发展。

　　俯首甘为孺子牛，不待扬鞭自奋蹄。本次培训，我收获颇多，感触颇深。在收获知识的同时，我也认识到自己在理论素质和思想观念上存在差距和不足，成为一名优秀的英语教师仍任重道远。青衿之志，履践致远，今后我将严格要求自己，求真务实，厚德爱生，将一片丹心奉献给教育事业。

重庆跟岗活动总结及反思

樊珊珊　深圳市宝安中学（集团）石岩外国语学校

不负春光花烂漫，薪火交流共成长。2023 年 3 月 12 日至 18 日，作为宝安区"薪火计划"培训初中英语骨干教师的一员，我有幸与同伴一起参加了此次培训。

"行己有耻，君子不器"。站在西南大学附属中学的校门口，我们对这句校训百思不得其解，经查询，才知道其真正的含义。一个人行事，凡自己认为可耻的就不去做，君子不能像器具那样，仅局限于某一方面的作用。这句话教导我们，教人做事为人要有人性、良知和廉耻之心。"行己有耻，君子不器"不仅是西南大学附属中学百年校训，还是该校为学生终身发展奠基的核心理念。

同课异构，精彩纷呈。两位教师创设了真实的学习情境，注重学生思维品质的培养。本科生在说课及模拟上课中表现得自信大方。他们注重文本的分析，引导学生围绕主题意义，通过感知、观察、思考和交流，培养学生乐学善学的品质。

杨晓钰教授引导我们对文本内容和结构进行深度剖析，并强调教学设计注重以结果为导向，目标要具体化，教学要整合六要素，教学过程要注重培养学生的同理心，实现立德树人的育人目标。

通过观摩课例和沉浸式学习，我不禁对教学有了以下思考：如何将语音教学与课本教材相结合？到底是活动重要还是目标达成重要？

学无止境，研无止境。

郭昌荣老师的示范课给我留下深刻的印象。在公开课开始前，他为我们带来了主题为"基于单元主题意义的初中英语语法教学设计与实践"的讲座。他强调英语新课标在语法教学中的引领作用，并介绍了语法是"形式—意义—使用"的统一体，在语法教学中要重视语境的创设以及语法传递的意义。他以"a worried mother"为主线，围绕 show understanding、solve the problem、send some wishes 三个环节设计教学活动，使学生在创设的语境中高效学习"if 条件状语从句"。他的课虽然没有花样繁多的教学活动，但是每个设计与教学目标紧密相连，层层递进，既简单又直接，有效地完成了本节课的教学目标。同时，他的课堂体现了立德树人的育人功能，引导学生在学习中感悟人生，体味人生。

郑丹虹老师的"如何构建初中英语教研组学习共同体"的讲座也给我留下了深

刻的印象。郑老师精益求精、致力钻研、不断求新求变的专业精神和工作热情感染了我们每一位学员，引发我对自己学校的英语教研团队的思考。教研氛围的重要性不言而喻。反思我校的每周集备，很多地方还是没有落到实处。我希望未来可以帮助学校打造一个善研、乐言的教研生态。

之后聆听的几节公开课也让我感慨万分。重庆八中宏帆中学的罗琳琳老师的戏剧课真的是别开生面。学生从阅读戏剧剧本到续写剧本，再到创意表演，整个过程环环相扣。细致的语言输入、巧妙的人物分析、扣人心弦的故事情节，把学生和在场的教师带入一个奇妙的童话世界。学生分组上台展示他们的创意表演，让英语文字化成一个个鲜活的形象，感染了全场。

张丽老师的整本书阅读展示课也让人眼前一亮。角色丰富的阅读圈，驱动深度学习的问题链、揭示主题的文化对比和逻辑清晰的评价量表都令人叹服。张老师充分运用课标六要素的设计，既拓展了学生的思维深度，又拓展了学生的思维广度。

深圳外国语学校（集团）宝安学校的廖茹老师以保护野生动物为主线，设计了丰富多样的课堂，非常符合中考听说考试的要求。

深圳市新安中学（集团）初中部的阳柳老师在主题为"初中英语单元整体教学设计探索"的讲座中，从单元整体设计思路开始，详细阐述了单元整体教学设计的八个步骤。他以学思结合、用创为本为理念，设计了"学思用创演"五项单元整体教学目标。讲座的第二部分是大单元写作课例分享。学生在阅读语篇后，使用蛛网图对文章的结构进行梳理。同时教师设计问题链，引导学生获取主题相关的表达并完成任务式写作。我也从中学到了很多。

《义务教育英语课程标准（2022年版）》指出，学科核心素养是学科育人价值的集中体现。英语课程要培养的核心素养包括语言能力、文化意识、思维品质和学习能力等方面。英语课程要围绕主题、语篇、语言知识、文化知识、语言技能和学习策略等要素，通过学习理解、应用实践和迁移创新等活动，推动学生核心素养的持续发展。新课标的课程实施部分建议推动实施单元整体教学，教师要强化素养立意，围绕单元主题充分挖掘育人价值，确立单元育人目标和教学主线。新课标指出，教师要深入开展语篇研读，以语篇研读为逻辑起点开展有效的教学设计。开展语篇研读，教师要对语篇的主题、内容、文体结构、语言特点、作者观点等进行分析，重点回答三个基本问题：第一，语篇的主体和内容是什么，即 What；第二，语篇传递的意义是什么，即 Why；第三，语篇具有什么样的文体特征、内容结构和语言特点，即 How。在教学中，我们应以单元教学目标为统领，秉持英语学习活动观，设计一系列循环递进的课堂学习活动，引导学生进入主题。同时，始终坚持实施"教—学—评"一体化的理念，在教学过程中通过观察、提问、追问等方式及时诊断学生在学习过程中的问题，根据需要提供必要"支架"和及时反馈，帮助学生达成预设的教学目标，确保学习真正取得成效。

单元整体教学设计解决了以往单元教学缺乏整体意识、内容碎片化、关联不紧密的问题。在今后的教学中，我将继续遵循新课标的要求，发挥教研科组的集体智慧，深入进行单元内容的整体分析，提炼和整理学生需要学习和运用的结构化核心语言。这将为学生基于主题意义开展学习理解和应用实践活动奠定基础，推动学生迁移创新，提升核心素养，实现语言学习和课程育人的有机融合。

各位老师的分享精彩纷呈，包括单元整体教学实践、分层教学实践以及如何开展教学反思等话题，让人受益匪浅。这些分享提示我们，只有不断尝试、深入思考、勤于总结长期的教学实践，才可以提炼出属于自己的"教学真经"。走进西南大学与大学生们交流，分享教学理念、教学经验和教师成长，是人生中一个很特别的经历。这让我更深刻地感受到"薪火相传"的意义：我们在专家的引领下学习与进步，同时又将我们在一线从教的经验与知识传授给未来的教师们。一代人影响一代人，这让教育事业充满了希望。

教书育人是一场永不停歇的修行，这次的薪火研修虽已结束，但学无止境。教育之路漫漫，先行者用灼灼初心带领我们用脚步去丈量、探索英语教研的广阔天地。我将继续不断学习，争取让自己成为宝安初中英语骨干教师队伍中闪亮的那颗星，指引更多的学生热爱英语，为宝安初中英语教学贡献自己的力量！

山花烂漫，且学且思且行

——记重庆跟岗学习心得

李美华　深圳外国语学校（集团）宝安学校

在春日温暖的阳光和滋润的雨露中，宝安初中英语"薪火计划"骨干班全体成员赴重庆跟岗学习一周。作为其中的一员，我为这次来之不易的学习机会感到兴奋，同时，我也明白跟岗学习的目的是薪火传承，发挥薪火骨干班学员的引领作用，为宝安初中英语教育事业贡献自己的一份力量。

一周的重庆跟岗学习，通过观摩同课异构的精彩表现，薪火学员们的精彩分享，以及西南大学附属中学（以下简称"西大附中"）、重庆八中宏帆中学的名师分享和西南大学杨晓钰教授的专题讲座等，我深刻体会到终身学习的重要性。此次跟岗学习，我主要有如下的体会和收获。

一、教学有法，教无定法

第一天上午，西大附中的邓斯垮老师和华中师范大学宝安附属学校的郭嘉颖老师围绕"Problems and Advice"这一主题，进行了同课异构。两节课虽然从不同角度出发，但都紧紧围绕这一主题展开教学。这两节课的教学体现了英语学习活动观和以学生为中心的教学思想，让我受益匪浅。这让我想到教育学上所说的"教学有法，教无定法"。是啊！我们在理论上的学习，不能生搬硬套地应用在教学中。教学方法有很多，没有哪一条是永恒不变的。每一个教师在面对每一节课时，都应该有自己的教学思考和设计，将理论联系实际，用最适合、最符合自己风格的教学方法去开展教学，就能更好地形成自己的教学特色，收获更好的教学效果。

二、音标教学，有趣有味有效

音标教学作为英语学习的重要内容，虽然常被认为枯燥，却是教师们需要特别关注的部分。学生对音标的掌握程度，是学习英语的重要前提和基础。那么作为一线教师，怎样才能有效进行音标教学呢？西大附中初中英语科组长柴华老师给我们带来了精彩的讲座和课例分享。柴老师首先对西大附中的校本语音教材进行解读，从 Looking Ahead，Learning to Learn，Learning Actively，Learning Creatively，Challenging Yourself 和 Learning Reflectively 六个方面进行。柴老师强调，她们团队花费了大量的时间和精力，在确定了目标语音后，对小学六年词汇和初中三年词汇进行整合和前后知识连接，从词、短语到句子逐步训练，融合游戏和活动，通过语境呈现目标语音，合理调整教材内容，并结合专业的语音指导教材，有效地在情境中进行初中语音教学。在实施过程中，她能根据教学结果不断反馈和调整教学，细节考虑周到，并能持之以恒、系统地进行下去。柴老师还分享了她的语音教学课例，通过她的讲解和课例分享，我深深感受到原来音标也可以讲得这么有趣有味。柴老师的分享给了我很多的感触，首先，我反思对比自己的语音教学，有很多的不足和可以改进的地方，通过这次学习，或许可以借鉴西大附中的教学模式，进行更有效的语音教学。其次，作为老教师，要引领年轻教师加强团队合作。最后，这是一个庞大的、比较辛苦且持久的过程，需要有不怕苦、不怕累的精神，正所谓没有付出就没有收获。天道酬勤，勤奋努力向上的人是自己命运的主宰者。

三、主题语境下的语法教学

新课标指出，英语课程内容的组织应以主题为引领，以不同类型的语篇为依托，并融入语言知识、文化知识、语言技能和学习策略等学习要求，以单元形式呈现。西大附中的郭昌荣老师给我们薪火班学员带来了一堂截然不同的语法课，体现了新课标以主题为引领，融入语言知识的学习，让人回味无穷。郭老师的语法课，却让人感觉不到是在上语法课，这种教学方式真是让人印象深刻。从郭老师的讲座分享到课例展示，让我体会最深的是：首先，作为教师，一定要有教育情怀，一个对教育没有热爱的教师是当不好教师的。在当下，很多教师不是热爱教育才当教师，而是看重了教师工作的稳定性。如果没有教育情怀，那可能只能当一个教师，而不能成为名师，不能感受到工作过程中的快乐。而一位具有教育情怀的教师，却可以把教育工作干得出色，并收获成功和幸福快乐。

其次，作为一位教师，一定要善于思考，面对教学中的问题，不是泛泛而想、泛泛而谈，也不是凭经验去处理，更不是靠教师的权威去解决，而是要深入思考、对比，找到问题的根源，而解决问题的关键在于对标新课程标准。面对语法教学，每一位教师都应该明白 What to teach, Why to teach, How to teach，要明白主题意义对学生的意义，以及它对学生的精神世界产生的影响。我们教师需要关注这个主题意义，并围绕这个主题意义开展教学，才能真正做到以主题为引领，融入语言知识、文化知识、语言技能和学习策略等学习要求。

最后，做好文本分析是做好单元语篇教学的前提。作为教师，要在研读单元语篇上下功夫，才能明确主题意义。在语篇研读上，要关注该单元属于教学的哪个板块，它的语篇类型是什么，语篇内容以及语篇意义又分别是什么，然后在这个基础上进行单元主题内容框架图的设置。同时，还需分析学生情况，从而定位主题意义，引导学生通过语言学习，进行深度思考，培养思维，学会处世，认识自我。

四、终身学习促教师专业发展

第三天在重庆八中宏帆中学，观摩了三堂不同风格的课，充分感受到授课教师的个人魅力和扎实的语言基本功。当天下午，薪火班成员何盛琦老师（深圳市宝安第一外国语学校）带来主题为"基于大观念的单元整体教学设计"的分享，张卉老师［深圳市宝安中学（集团）初中部］带来有关科组建设的经验分享。两位薪火学员侃侃而谈，特别是宝安中学的张老师，把枯燥的讲座变得生动，言谈幽默风趣，让人禁不住想继续听下去。我非常钦佩这两位学员，因为从她们身上，我看到了教育工作者孜孜不倦的追求和对专业学习精益求精的态度。她们身上散发的光芒照耀着每一个教育工作者。

来自重庆八中宏帆中学的教学处主任胡波老师也带来了一场题为《衔泥垒窝，抱团成长》的精彩讲座。让我印象最深的是胡老师总能引经据典，出口成章，个人素养非常高。他强调"A teacher can never truly teach unless he is still learning himself"，形成性评价不是为了"prove"，而是为了"improve"。一个人的成长等于经验加反思，在这个充满"不确定性"的时代，教师的专业化发展是必然的。而教师专业发展的路径主要有听专家讲座、组建学习共同体、阅读、课例研究、撰写日志等。从三位教师身上，我深深体会到自己在专业知识方面的不足，而提升的唯一办法就是学习。学习和年龄无关，每一位教师都应树立终身学习理念，真正如古人所说"书中自有黄金屋，书中自有颜如玉"。加强理论知识的学习，通过多途径、多方面进行个人素养提升。此外，还应结合教学实际，进行课题研究，发现教学真问题，让教学问题得到真正解决。

五、文本解读，以评促学

西南大学杨晓钰教授给学员们开展了题为《基于教学评一体视角的教学设计密码——目标与文本分析》的专题讲座。杨教授引导学员们对比传统教学和现代教学，让教师们认识到，课堂教学应该在教师的引导下，以学生为中心，通过学习理解、应用实践和迁移创新等活动，实现由以教为中心到以学为中心的转变；杨教授强调要重视学生的 input 和 output，更应该给学生搭好"脚手架"，把 intake 做到位；

教学过程应该更关注学生的学习状态，包括阅读文章的内容、结构和作者所表达的态度。杨教授通过实践课例，指导教师们如何进行文本分析，从 what、why、how 出发，基于语篇进行活动设计，并深入语篇进行活动设计。在杨教授的讲座过程中，我也在不断反思自己的平时教学，特别是关于后进生方面的教育。确实如杨教授所说，后进生并不存在智力上的差异，而是没有正确的学习方法和引导，帮助后进生的最好办法就是解决他们的语音问题。那么，在接下来的教学中，首先，我将致力于思考如何改善后进生的学习动力，希望能改变目前学生基础薄弱的现状。其次，预习的重要性不可忽视。预习有助于学生的学习，但是很多学生不知道如何预习。因此，我需要思考如何预习，预习有哪些方法等，从而可以更好地帮助学生。最后，英语作为一门语言，听写单词和短语等很重要，但是应符合学生的实际水平，听写的形式可以多样化，尽量听写短语，并进行滚动重复听写，从而避免遗忘。在教学词汇时，应不断在不同的语境中复现。

路漫漫其修远兮，吾将上下而求索。重庆跟岗学习虽然只有短短的一周，但是学习的快乐是无穷的，带给我的不仅是知识的增长，更是思想的一次洗礼。未来，我将不断做出改变，保持终身学习理念，提升自我。

脚踏实地　仰望星空

——深圳市宝安区 "薪火计划" 重庆跟岗研修心得

张彩静　深圳市宝安区实验学校（集团）海乐实验学校

　　晨起爱听鸟谈天，夜静细观鱼吞月，这样的意境在西南大学附属中学得到了完美的体现。这里不仅环境优雅，还是教育理想光芒最先照耀之地。正是阳春三月，草长莺飞的季节，迎着和煦的春风，沐着温暖的春光，宝安区"薪火计划"初中英语骨干教师，在宝安区教育科学研究院卢秋莲老师和初中英语教研员陈锦香老师的带领下，踏进了美丽的西南大学附属中学校园，开展筹划已久的重庆跟岗研修活动。在西南大学外语学院，我与同学们做了主题为"脚踏实地　仰望星空"的名师成长之路分享报告，启迪那些即将成为教师的同学，树立教育理想、信念和仁爱之心。

一、仰望星空，立德树人铸师之魂

　　同学们先观看了一段关于目前我国教育常态化的视频，引发思考："我国教育存在哪些问题？""教育的根本问题是什么？"

　　本文将围绕我国教育的根本问题——"培养什么人？怎样培养人？为谁培养人？"与同学们一起探讨解决这些根本问题的途径。

（一）培养什么人

　　通过南辕北辙的故事，学生意识到方向的重要性。"The direction is wrong. The harder you work, the worse the result is."无论做什么事，都要首先看准方向，如果方向错了，就会适得其反。既然方向如此重要，那么我国要培养什么样的人？

　　首先，我国要培养时代新人，担当民族复兴的时代新人。其次，我国要培养全面发展的人，即有理想、有担当、有本领的人和德智体美劳全面发展的社会主义建设者和接班人。最后，我国要培养拔尖创新人才，因为实现中华民族伟大复兴需要我们培养出拔尖创新人才。

　　为全面贯彻党的教育方针，落实立德树人的根本任务，2016 年教育部发布《中国学生发展核心素养》，以培养全面发展的人为核心，分为三个方面：文化基础、自主发展、社会参与；包括六大素养：人文底蕴、科学精神、学会学习、健康生活、责任担当、实践创新。

作为一名教师，首先要精准把握教育教学方向，六大素养包含以下18个具体素养目标——人文底蕴包括人文积淀、人文情怀、审美情趣；科学精神包括理性思维、批判质疑、勇于探究；学会学习包括乐学善学、勤于反思、信息意识；健康生活包括珍爱生命、健全人格、自我管理；责任担当包括社会责任、国家认同、国际理解；实践创新包括劳动意识、问题解决、技术应用。因此，教师的任务不仅仅是传道、授业、解惑，更重要的任务是通过传授知识来提升学生的核心素养，为国家培养人才。

（二）怎样培养人

首先，要坚持党的教育方针。习近平总书记在党的二十大报告中指出，实施科教兴国战略，强化现代化建设人才支撑。他提出四点要求：一是办好人民满意的教育；二是完善科技创新体系；三是加快实施创新驱动发展战略；四是深入实施人才强国战略。这四点要求的关键词分别是满意、创新、发展、人才。其次，要学习新版课程方案和课程标准。课程方案和课程标准是国家指引中小学教师"怎样培养人"的指南针，也是中考、高考的命题依据。最后，要学习"双减"政策。2021年7月，中共中央办公厅、国务院办公厅出台《关于进一步减轻义务教育阶段学生作业负担和校外培训负担的意见》（以下简称"双减"），"双减"政策是国家指引教育部门"怎样培养人"的一项重要措施。"双减"就是轻减校内作业和校外培训的负担，加减并用，旨在优化教育环境，提高教育质量。

（三）为谁培养人

我们要坚定，教育要为党育人，为国育才，努力办好人民满意的教育。

二、脚踏实地，不忘初心正师风

德国哲学家雅斯贝斯在《什么是教育》一书中说："教育的本质，就是一棵树摇动另一棵树，一朵云推动另一朵云，一个灵魂唤醒另一个灵魂。"这就告诉我们，教师始终都要坚守教育初心。2021年教师节，我作为宝安区初中教师代表发言时说："教育的本质是点燃一把火，是激发学生积极向上的内驱力。26年前，当我从师范学院毕业成为一名教师起，我就决心通过润物细无声的引导和影响，来点燃孩子们生命的力量，帮助孩子们成为有益于社会的人。"接着，我与同学们一起回顾

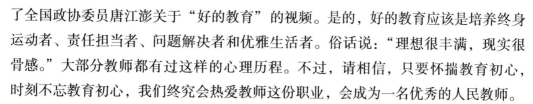

了全国政协委员唐江澎关于"好的教育"的视频。是的，好的教育应该是培养终身运动者、责任担当者、问题解决者和优雅生活者。俗话说："理想很丰满，现实很骨感。"大部分教师都有过这样的心理历程。不过，请相信，只要怀揣教育初心，时刻不忘教育初心，我们终究会热爱教师这份职业，会成为一名优秀的人民教师。

要成为一名优秀教师，需要具备以下两个方面的能力。

（一）个人素养要全面发展

新时代的中小学教师需要具备顶层设计的思维、机制优化的策略、管理提升的能力和 IT 支持的环境。新时代对中小学教师提出更高的要求。教师应具备宽广的视野（给学生一滴水，教师需要储存一池水）；领导能力（课堂组织与调控能力）；教学能力（高水平的教学能够形成巨大的课堂吸引力）；战略思维（教育是一生的事情，教师的工作出于良心，不能因为考试不考就不讲，很多内容虽然不在教材中，但却能让孩子受益终身）；分析能力（根据学情和校情因材施教）；培养学生合作和创新意识；通过调研、计划、参加工作室工作等培养管理等能力。

（二）教育教学要出类拔萃

首先，课前不仅要备教材和教案，还要了解学生和学情，设计教学活动中要谨记以学生为中心的原则，课后作业要分层布置，重在落实。此外，课堂是关键。在教学过程中教师要遵循学习金字塔规律，学生只听讲，教学效率是 5%；通过阅读，教学效率可以提高到 10%；通过声音和图片的教学，效率可达 20%；通过示范和演示，效率可达 30%；通过小组讨论或师徒结对等方式，教学效率可达 50%；学生通过实际演练，在实践中学习，教学效率可达 75%。最高的教学效率是学生立即应用所学知识，或学生之间相互教学。因此，不同的学习方法会导致不同的教学效果。

其次，要根据语篇开展大单元教学。建议采取三步走：第一步，梳理每个单元话题；第二步，按照话题整合语篇；第三步，基于语篇整合知识。从 7A 至 9B 共有 44 篇话题文章，可以归纳为三类：人与自然、人与社会和人与自我。以"人与自然"话题为例，7A 模块二、7B 模块三、8B 模块三和模块四、9B 模块二的主题都是"人与自然"，复习时将这些文本放在一起，结合课标主题语境内容要求，提取相关词块和句型，通过段落写作（或句群翻译）的方式，使学生在动脑动笔中积累素材和语料。书面表达万变不离其宗，只要学生积累足够的主话题语料，写作便是顺理成章的事情。例如，从语块"protect the environment"到句型"It's + adj. for sb. to do sth. "，包括 in order to 引导的目的状语从句和 if 引导的条件状语从句，再到句群翻译和写作，整个学习过程是连贯的。

再次，教学中要善于培养学生的思维能力，比如运用思维导图培养学生复述课文的能力，通过制作单元复习的思维导图巩固和梳理单元知识。培养学生逻辑思维能力时，可以划分词汇、句子、语法及个人认为重要的语法点四个模块。例如，我曾指导的黄同学为 7A 八个单元制作了思维导图。再如，我布置学生观看 "Hello, China" 的 100 集视频（每集三分钟左右）作为寒假作业，每位学生精选两个主题做思维导图，开学后上交，举行年级优秀作品展示和评比活动，并颁发奖状。

最后，要坚持以学生为中心的原则。比如可以通过逆向思维法组织思维训练的活动。首先教师精选篇章，然后由学生命题。例如，八年级下册 B 本教材第二单元的 Culture corner 文段，我们以班级命题比赛的方式，请学生将本文改编成语法填空题，然后让学生展示和分享优秀命题作品。让学生站在命题者的角度思考是一种逆向思维，这不仅能培养学生的逆向思维能力，还可以让学生知其所以然，激发学生兴趣，提高应变能力，取得事半功倍的效果。此外，还包括学习经验分享和每日报告等活动。

时光在流逝，但学习从不停歇；万物在更新，我们在不断成长。在这个阳春三月的西南大学附属中学，我们遇见博学多识、文思敏捷的教师们，遇见勤学好问、善思笃行的学生们，美好总能如期而至！

"薪火"之旅

——重庆站 "三感"

周慧媛 深圳市松岗中学

为期三年的"薪火计划"初中英语教师培训伴随着 7 天重庆跟岗学习的结束，即将画上句号。回想 2019 年为期 7 天的北京学习，每天早上 7 点匆匆吃完早餐，便随着早高峰的人流开始一天充实的学习。下午 5 点半在学生饭堂吃完晚餐又立即赶回酒店整理当天的学习资料。我自认为每天都非常认真地聆听和做笔记，但现在想想过去的三年，我发现我成为大家所说的"讲座时十分激动，回去后一动不动"的典型。我真心愧对组织集体的信任与培养。因此，这次学习之初，我给自己定下目标：把培训中印象及感悟深刻的地方用文字记录下来。接下来，我想分享重庆之行给我带来的三个感动：一堂 E 课、一个理念和一份成功。

一、一堂 E 课

这次重庆之行，让我们从自己的学校走进了别人的学校，从自己的课堂走入别人的课堂。毫不夸张地说，我就希望成为这样的教师——一个受人尊敬、有影响力、有魅力的好教师。要成为这样的教师，首先就应该从每天的每一节课开始。我们每一堂课面对的都是人，一个个鲜活、各具特点的人。着眼于促进学生的生命成长，课堂应基于学生的实际需求，从学生生命发展的必要条件出发。一堂好课，教师会从实际的教学情境出发，开发和利用相关教学资源，这些资源既包括教师自身的经验积累，也包括学生的互动。此外，一堂真正让学生融入其中的课，教师应善于激发兴趣，让学生在课堂上迫不及待地去发现、去挑战、去分享、去成功。因而，没有设计完美的课堂，只有"动态生成"的课堂。教师根据课堂的实景调整教学预案和教学方法，课堂才是充满张力和灵气的。

恰巧，所有我认为的好课标准都一一在柴华老师的课堂上得到了印证。柴华老师在题为《基于人教版听说课与语音教学的有效结合及探究——以七上"Unit 3 Is this your pencil?"为例》的讲座上做了分享。

首先，柴华老师带领学生重复练习，对上一课时的语音重点以及语言重点进行复习，朗朗上口的节奏迅速把学生带入英语课堂里，并立马激活了英语课堂的气氛。其次，柴老师以对话的方式引领学生进入今日学习的情境，即去失物招领处寻找丢失的东西，同时明确了本节课的学习目标。接下来的 6 个活动设计引导学生先通过看图说单词，复习并加深理解单词的意思，然后通过连线活动，将单词与相应的读音联系在一起。第三个活动则是再次将单词与失物招领的情境联系起来。课堂中 3～5 次的复现，已经有效地帮助学生在课堂上记住了当天的词汇。第四、第五个活动关注学生的音节和重音。最后一个活动旨在整合前面的词汇，在失物招领这一具体真实的情境中进行对话操练，并通过询问物品的主人来练习物主代词的运用。最后，让学生在不同情境中完成对话，以促进自我拓展和创新。

小初衔接的语音教学几乎是每所中学初一必开展的内容之一，几乎所有的英语教师都已经意识到语音教学的重要性，语音教学是听说读写的基础，也是英语教学的第一关。"如果将英语学习看作是一个木桶，听说读写就是木板，而语音则是桶底。"然而，在真正的英语语音课堂上，我自己也会倾向于一味讲解语音知识、示范口型、讲解发音部位等乏味且难度较高的内容，对小初衔接的学生而言，这无疑就是一个沉重的心理负担。课堂上机械式地领读、跟读单个音节或词汇，一节课下来，教师很累，学生也累，而且学生兴趣索然。一个音一个音地教，一个词一个词地读，实际上是违反了语言的真实性和语言生成规律。因此，语音教学不应是孤立存在的。

从柴老师的课中，我最大的收获是意识到应将语音教学和单词教学相结合，把单词放在句子里，放在语段中，才能让一个个音节、词汇变得有意义，变得生动。为了让语音训练更加生动有趣，提高语音训练的效果，教师可以创设学生熟悉并感兴趣的情境，如开展诗歌朗读、绕口令、歌曲、配音等生动的活动。例如，柴老师在一开始使用的重复练习环节，就能很好地帮助学生练习单音音素的发音及重音，并且重复练习中强烈的节奏感能对学生进行连读、节奏和韵律的强化。在语音教学中创设的一对一的对话或多人对话均是日常生活中常见的交流模式，它让学生在真实对话的情境中，把语音知识带入生活中使用，并在对话中促进学生对情境内容的思考，对交流能力的训练；同时，同学间互帮互助，提升了自我能力，也相互成就，充分发挥了学生同伴的力量。这样，班级中每个同学的自我效能感都得到了提升，班级学习氛围得以营造，学生自我学习的意识及能力也就自然而然地形成了。

接下来几天，西南大学附属中学郭昌荣老师带来的 if 条件状语的语法课，重庆八中宏帆中学两位年轻教师带来的阅读课都让我的内心感受到了无比的震撼，这些教师展现了卓越的教学风采、深厚的教学功底和精湛的教学艺术。这一切源于他们的教育理念，即他们对教育方法的观念，是教师在教学实践和教育思维活动中形成的对教育对象的理性认识和主观要求。

二、一个理念

在这次重庆跟岗学习中，杨教授引领着我们从课堂出发，从聆听西南大学附属中学教师及深圳市宝安区教师带来的三堂课开始本次的学习，从教师的设计理念及具体实施出发，展示如何实现课堂的"教学评一体化"，如何真正培养"学生英语学习的核心素养"。这种接地气的教学引导，让我自然而然地反思自己的课，课前的学情分析是否准确，学生听了我的课能有什么收获，以及在学生离开学校忘记了教师的授课内容后，在他内心又有哪些品质能帮助他更好地适应社会、自我成就呢？这就需要教师在设计每节课时，不仅关注语言知识的输入，还要关注思维模式及学习能力的培养过程。布鲁姆曾说："有效的教学始于知道希望达到的目标是什么，这个目标不仅教师要知道，学生也要知道。"杨教授反复强调，每位教师一定要有强烈的目标意识。杨教授多次在培训中跟我们分享巴菲特的一句话："The direction is wrong. The harder you work, the worse the result is."这也再次论证了目标的重要性。除此之外，教师不应只关注眼前每个课时的目标，而应从长远的 Aim（本学期学完的终极目标）到中期的 Goal（每个月我们需要完成的目标），再到短期的 Objective（每周或每天的目标）进行规划。因此，从初一开始，教师就应设定好三年后学生应达到的目标，并结合学生身心发展的规律，逐步规划接下来每天、每周、每学期的目标。这样教师们在日常教学中才不会偏离方向，正如杨教授反复强调的"To begin with the end in mind"，意味着要以终为始。

杨教授一直鼓励教师在日常教学中要与学生分享教学目标，让学生明白目标，并与教师共同努力，达成最佳的学习效果。这样学生才能在学习过程中努力实现目标，有意识地监控和调整自己的学习，为自己的学习承担更多的责任，从而逐渐养成良好的学习习惯以及主动学习和反思的能力，即实现教师的终极目标："A teacher's job is to help students learn, to help them learn to take responsibility for their own learning."（教师的职责在于引导学生学习，最终达到学生能够自主学习的目的。）

如何写教学目标也是我自己在日常教学中的一个难题，尤其是如何制定出符合杨教授所说的具体（Specific）、可检测（Measurable）和可达成（Achievable）的教学目标。这次重庆之行，杨教授再次讲解了教学目标的 ABCD 的原则，其中 A 代表 audience，意味着行为主体是学生而非教师，指学生要通过本节课学会什么。B 代表 behaviour，指具体的行为动词，比如会读、会写、会描述或者会做什么事情，而且这些行为必须是可以观察和测量的，以便教师能看到学生的表现，如根据流程图以四人小组的方式复述故事。C 代表 condition，指在什么条件下学生可以完成这件事情，这也是教师需要思考的，比如是基于关键词汇、思维导图，还是图片或者表格。D 代表 degree，指学生完成学习任务需要达到的程度，教师需要给出具体的标准。比如：学习对话后，要求学生根据所提供的语境，使用本节课所学的重要句型和词汇进行对话表演，同时规定所需的话轮和所用时间。

最后，杨教授通过具体的阅读课案例，引导我们从三个维度（what、why、how）进行文本分析。what：分析主题和内容；why：分析作者的写作意图和价值取向；how：如何建构文本形式、设计语篇结构、呈现语言特点。在文本分析过程中，我们需要整合课程"六要素"，即主题内容、语篇类型、语言知识、语言技能、学习策略和文化知识。在进行语篇分析时，既要从宏观的角度分析语篇的组织结构，包括语篇的类型、文体和组成部分等，也要从微观的角度分析语篇结构，如语篇内部的语法结构、词汇的搭配使用、句子之间的衔接等。

有了具体且可实现的目标后，如何检测这些目标是否达成又是一个关键问题。杨教授着重强调了教师评价反馈的重要性，并提出了三种评价类型：为了学习的评价（assessment for learning）、关于学习的评价（assessment of learning）和作为学习的评价（assessment as learning）。

为了成为自己理想中的教师，我不断学习新的教育理念，并努力将这些理念转化为教学实践，支持学生的成长和发展。正如杨教授所说："教师好好学习，学生天天向上。"

三、一份成功

这次重庆之行，不仅是一次思维的引领和智慧的启迪，更是一次行动上的鞭策。我参观了两所中学：西南大学附属中学和重庆八中宏帆中学。在西南大学附属中学，欧健校长介绍学校时，一个成绩数据惊艳在座的每一个人——中考英语平均分 139 分！而重庆八中宏帆中学，创办仅 13 年，却已连续 12 年诞生了重庆市中考状元。

在羡慕学生取得这样成绩的时刻，我脑中立刻浮现出杨教授说的那句话："成功是成功之母。"学生和教师在教学过程中都获得了成就感。自我效能感也许和一个人的实际能力并没有多大的关联，但它有效地激励师生们走出舒适圈去提升自己，去接受一些新的挑战和未知的刺激。当师生们超越自我时，主观效能感也随之提升。这份成功当然离不开教师每堂课的精心准备和学生的积极配合互动。先进的教育理念在每位教师心中生根发芽，帮助他们站在巨人的肩膀上，看得更远，想得更全，做得更好！

因此，在接下来的教育教学中，我将给自己制定以下目标。

第一，不断充实自己、提升自己，加强专业学习与个人修养。能否对学生实施高素质的教育，促进学生主动、活泼、生动地发展，关键就在于教师的素质。只有在教育实践中不断学习，根据学生实际情况对教学进行创新，才能逐渐提高教学水平。同时，教师应注重对学生创新和实践能力的培养，并接受以人为本的教育理念。

第二，做好单元主题教学设计与研究。在单元主题教学设计中，要懂得借助恰当的教学手段，完整地把握教学内容，教师应以单元为整体，展开系统化、科学化的教学设计。依据学生的情况和特点，确立单元教学目标，并学会"瞻前顾后"地设计任务以及"化零为整"地创设情境。通过这些方式，开展单元学习活动，设计并实施单元作业，从而达到优化整体教学的目的。这样的教学设计能使学生在融语言、文化、思维为一体的活动中内化知识，从而提升课堂教学实效，确保英语学科核心素养的培育在教学中真正得以落实。

第三，认真做好课题研究，以研促教，深入日常教研活动，坚持稳中求变。"课题都是来源于实践"，通过做课题，我们可以重新认识和感知教学。通过搜索资料、找论文阅读、请教前辈的方式，反思自己的教学情况，希望以此促进自己在教育教学中不断探索和追求自我成长。

最后，愿我们能像大海那样敞开胸怀、容纳百川，像太阳那样不断地进行新的核聚变，积蓄新能量，去照亮人类，照亮未来，真正做到不负"阳光底下最光辉的职业"的称号。

德育聚心，教学求新

——浅谈德育与英语教学的融合

张燕丽　深圳市宝安区海韵学校

党的十八大报告指出，坚持教育为社会主义现代化建设服务、为人民服务，把立德树人作为教育的根本任务，培养德智体美全面发展的社会主义建设者和接班人。在此基础上，新修订的《义务教育英语课程标准（2022 年版）》以习近平新时代中国特色社会主义思想为指导，进一步落实立德树人的根本任务，强调育人为本。依据"有理想、有本领、有担当"的时代新人培养要求，该标准明确了义务教育阶段的培养目标。

在此背景下，英语教师在开展初中英语教学时，需要将立德树人教育理念融入教学中。教师应基于学生现有的认知水平和能力状况，合理创设教学内容所需要的情境，让学生在情境中理解所学的英语知识，同时对学生的道德品质进行潜移默化的教育。这样做不仅可以提升课堂趣味性，吸引学生学习注意力，还可以引导学生形成正确的价值观，提升他们的素养和思想道德水平。那么，英语教师应如何在教学过程中渗透德育教育，落实立德树人的教育理念呢？笔者认为，教师要做到用心耕耘、潜心教研，并不断学习和创新。

一、牢记立德树人理念，渗透日常教学

新课标指出，英语是义务教育阶段的必修课，应通过培养学生学习英语的积极态度，帮助学生了解中西方文化，培养学生的爱国主义精神，增强世界意识，形成健康的人生观，为他们的终身学习和发展打下良好的基础。英语教师需要牢记立德树人的理念，深入研读新课标，转变教学观念，优化教学策略。在教学过程中，教师应研究如何将道德品质与课堂教学内容相结合，找到德育的切入点和结合点。通过巧妙地融入德育知识，教师可以潜移默化地影响学生的言行和素养。例如，在教授表达意见和建议的时候，教师可以创设真实的语言情景，利用语言操练的机会，不失时机地对学生进行文明礼貌教育，重点培养学生的良好习惯。这包括同学之间要互相尊重、耐心倾听别人发言而不打断，以及在使用不同的句型去发表意见和建议时保持尊重和礼貌。又如，在日常教学中，教师应引导学生在日常生活交往中使用礼貌用语，以礼

待人，尊重和爱护家人和朋友，并鼓励他们多表达感恩之情。总之，在日常教学中，教师要成为一个"有心人"，应积极营造一个互相尊重、和谐民主的课堂氛围，激发学生的学习积极性，并根据学生的特点进行因材施教。同时，教师应时刻关注学生的发展动向，抓住机会，适时适度地进行德育教育。通过这种方式，学生能在自然的学习过程中受到情感的熏陶，从而将德育知识内化为自己的道德意识。

二、深入挖掘教材资源，拓展教育素材

英语课堂主要依托教材进行英语教学，学生对课本中的知识较为熟悉。因此，英语教师应充分利用教材，深入挖掘其中的德育信息。在传递学生知识的同时，教师还需深入探讨和解读教材中隐含的德育教育内容，以实现立德树人的教育目标。例如，在学习九年级下册 Great explorations 这一单元时，除了教授课文中的英语知识，教师还应当加强对学生的历史教育，特别是关于郑和的事迹和品格。通过这样的学习，学生可以被引导成学识渊博、勇挑重任、具有强烈责任感的人。同时，应在教学中找到合适的切入点，加强学生的爱国主义情感教育，树立民族自信心。例如，在教学补充 B 本拓展知识中，通过学习活字印刷术的制作工艺和过程，学生可以深入了解我国璀璨的历史文化，从而增强民族自豪感和自信心，激发学生的爱国情怀。再如，"Protect the Earth"这一主题探讨了人与环境的关系。教师可以深入挖掘教材内容，引导学生用英文介绍地球上存在的问题，特别是环境污染方面。在学生列举出这些问题后，教师可以组织头脑风暴活动，鼓励学生思考如何在日常生活中为保护地球做贡献。在后面的写作任务中，教师可以利用多媒体为学生播放野生物种逐步灭绝的视频，让学生感受自然环境的变化及其对野生动物的影响，从而培养他们对动物和环境保护的意识。这种活动旨在引导学生思考如何在日常生活中保护和热爱身边的动物，培养他们成为善良、有爱、尊重生命的人。总之，通过深挖研读教材和拓展教育素材，教师可以充分结合课程知识，实现立德树人的教育目标。

三、融合小组合作学习，提升合作能力

新课程改革强调学生自主和合作探究的重要性。因此，英语教师在教学中应根据学生的实际情况，融入小组合作学习，以培养学生的合作精神和道德品质。通过这种学习模式，学生不仅能提高合作技能，还能在德育活动中树立合作意识。具体做法如下：根据"同组异质、异组同质"的原则，将班级划分为若干个学习小组，每组人数相等。为了保证小组学习的有效性，通过投票的方式在小组内部选出组长等不同角色。这样的角色分配旨在促进不同能力水平的学生在小组内进行自主、合

作、探究学习，激励学生的学习积极性，提高学生的学习能力。此外，这种方式还可以让不同层次的学生发挥所长，互补互助，从而激发学习兴趣，树立学习信心，共同提高。例如，在进行较难的文章阅读，如报刊阅读和文学作品欣赏时，教师可以引导学生以小组为单位分任务对该文本进行阅读，小组可分为讨论组长（Discussion Leader）、总结者（Summarizer）、词汇大师（Word Master）以及篇章解读者（Passage Person）等。这些角色将帮助小组成员深入理解文章内容，其中的单词、语法、文章的深层思考，以及与生活的联系。通过这种方式，小组成员可以共同探讨和学习。在规定的小组学习时间结束后，每个小组的成员向班级的其他学生展示本组的学习成果，展示完成后，其他小组依次补充，并且通过小组形式进行评比。这种方式不仅让学生感受到合作的重要性，还能在班级中逐步增强学生的合作意识和能力。这种活动旨在实现立德树人的教学目标。

四、优化教学评价方式，增强道德意识

新课程改革要求教师将有效的教学评价融入课堂教学中，关键在于抓住教学的重点环节，以此激发学生的主动性，并充分发挥教学评价的积极作用。因此，在英语课堂上，教师应采用多样化的评价方法来全面评估学生的学习情况。例如，学生课堂表现度，可以通过学生是否积极参与活动等来评价；学生对知识的掌握度，可以通过作业情况、测试成绩等来评价；学生道德素养提升度，可以通过自评、小组评等形式评价。此外，教师也可以通过问卷调查、访谈等方式收集学生对教师、教学内容、教学方法和教学策略等方面的反馈和建议。利用这些信息，教师可以逐步优化教学评价方式。这样，不仅能够在传授英语知识的同时渗透德育教育，还能潜移默化地提升学生的道德素养，从而全面落实立德树人的教育目标。例如，在每节课中设置明确的教学目标，在自评和小组评中，评价的内容不仅应包含对英语知识和技能的掌握，还应包括对文化意识和素养提升的评价。通过这样的评价，学生可以逐步增强社会责任感和道德意识。

总而言之，在初中英语教学中教师不断探索如何创新渗透德育教育，既落实了党的十八大报告提出的把立德树人作为教育的根本任务，也迎合了新课标和新课程改革的要求，而且更有利于培养符合社会需求的全面型人才。在实践的过程中，教师不仅要做"有心人"，全身心投入以立德树人为核心的教育教学工作中，还要在新课程改革的背景下更新教育理念，创设多样化的教学方法和教学评价方式，将教学内容和立德树人教育理念深度融合，为学生营造一个和谐民主的学习氛围。在这样的环境中，学生不仅能学习英语知识，还能发展个人能力，提升个人品质和道德素养。